Dorle Ferber · Hartmut E. Höfele · Susanne Steffe

Kinderleichte Klimper-Lieder

So einfach begleiten ErzieherInnen Kita-Lieder
mit Glockenspiel, Gitarre, Handtrommel & Co.

Illustrationen von Irene Brischnik

Ökotopia Verlag, Münster

Impressum

AutorInnen	Dorle Ferber · Hartmut E. Höfele · Susanne Steffe
Illustrationen	Irene Brischnik
Covergestaltung	Percepto mediengestaltung
Satz	Jeanette Frieberg, Buchgestaltung | Mediendesign, Leipzig
Notensatz	Ja.Ro-Music, Hünstetten
ISBN	978-3-86702-313-9

1. Auflage

Bleiben Sie in Kontakt

www.oekotopia-verlag.de

Inhalt

Vorwort

Dass Musik für die Entwicklung von Kindern sinnvoll ist, ist bekannt. Schon für den Pädagogen und Begründer des Kindergartens, Friedrich Fröbel (1782–1852), war Musik notwendiger Teil einer „um- und erfassenden Erziehung und Menschenbildung."

Musik ist eines der wichtigsten Bildungselemente für Kinder. Sie begleitet sie bei der Erschließung ihres Lebens und unterstützt sie darin, sich ästhetische Weltzugänge zu erschaffen. Musikalische Anregungen wie Singen, Tanzen, das Spiel mit Wörtern, Rhythmen und Klängen fördern sämtliche Bereiche des frühkindlichen Lernens sowohl in der kognitiven als auch in der sozialen Entwicklung. Auch das „live" Musizieren ist in diesem Kontext ganz wichtig.

Soweit so gut. Singen ist supertoll und macht Spaß. Aber, wer singt nun mit den Kindern im Kindergarten? Oder, wer musiziert mit ihnen? Es sind Sie, die ErzieherInnen. Und die wenigsten von Ihnen verfügen über eine musikalische oder gar musikpädagogische Ausbildung. Genau an diesem Punkt setzen wir mit dem vorliegenden Buch mit CD an.

Wir möchten:

- allen PädagogInnen, Eltern und Interessierten Hilfestellung geben, mit einfachen, elementaren Mitteln zu musizieren und dazu zu singen.
- Berührungsängste mit Instrumenten, „Musik machen" und Singen abbauen und dadurch Erfolgserlebnisse beim Musizieren ermöglichen.
- ErzieherInnen ohne musikalische oder musikpädagogische Ausbildung mit „ihren" Kindern von ca. 3–6 Jahren bei der Bildungsplan-Umsetzung „Musikalische Förderung" unterstützen und in die Lage versetzen, einfache Kinderlieder auf Instrumenten zu begleiten.

Unsere Musikauswahl orientiert sich dabei zu einem großen Teil an Liedern, die bei Live-Auftritten und Workshops mit Kindern besonders gut angekommen sind. Die ausgewählten Kinderlieder sind so arrangiert, dass sie zur harmonischen Begleitung mit größtenteils zwei Akkorden auskommen. Dafür wurden im Buch zwei zusammengehörende Notenzeilen untereinander abgedruckt:
Erste Notenzeile: Melodie und Text mit Akkordsymbolen für Gitarre und Ukulele.
Zweite Notenzeile: Töne für das Stabspiel, Xylophon oder Glockenspiel.

Die rhythmischen Begleitfiguren werden für jedes Lied in der anschließenden Musizieranleitung erklärt. Dort finden sich auch beschreibende grafische Symbole für Percussions- oder Körperinstrumente sowie für das Rhythmuslernen hilfreiche Sprechsilben.

Alle Lieder auf unserer **Begleit-CD** sind musikalisch ansprechend mit Original-Instrumenten und Singstimme aufgenommen. Sie können ihnen daher sehr gut zunächst einmal „hörend" begegnen. Begleitfiguren und Rhythmen sind deutlich erkennbar gespielt.

Auf eine kurze Einführung und den ganz einfachen Einstieg mittels freiem rhythmischem Spiel und einer Klanggeschichte folgt ein Kapitel mit kurzen lustigen eigens komponierten Tierliedern über Katze, Nilpferd, Eselchen, Specht und Frosch. Dazu gehören jeweils einfache, bausteinartig aufgebaute Musizieranleitungen und Bewegungsimpulse.

An dieses erste Kapitel schließt sich als zweites das der „Lieder-Schätzchen" an. Dabei handelt es sich um von uns neu geschaffene Lieder, die sich inhaltlich und strukturell mit Abläufen des Kindergartenalltags beschäftigen: Vom Guten-Morgen-Begrüßungslied bis zum Verabschieden. Auch hier sollte die Lust am Musizieren schon beim Ausprobieren der leicht verständlichen musikalischen Elemente einsetzen, denn: Der freudige gemeinsame musikalische Weg ist ein ganz wichtiges Ziel.

Als nächstes folgen dann unsere „Evergreens" – überlieferte Kinderhits, die unsere Eltern schon mit Begeisterung gesungen haben, die immer noch ganz viel Spaß machen, und – wie wir finden – wunderbar in unser musikalisch leicht umzusetzendes Grundkonzept passen.

Im Vordergrund stehen das jeweilige Lied, die Begleitungsanleitung mit Noten und das dadurch ermöglichte Singen mit den Kindern im Kiga-Alltag. Außerdem gibt es zu möglichst vielen Liedern einen passenden Spielimpuls, z. B. ein Bewegungs- oder Gestenvorschlag.

Mit etwas Ehrgeiz, ein wenig Engagement, diesem Buch und unserer CD lässt sich mit unseren Anleitungen recht schnell ein motivierendes und befriedigendes Ergebnis erzielen. Das kann ein Einstieg in eine Karriere sein oder einfach nur den Zugang zur wunderbaren Welt der Musik eröffnen.

Viel Spaß

Dorle Ferber, Hartmut E. Höfele und Susanne Steffe

Motivation zum Singen und Musizieren

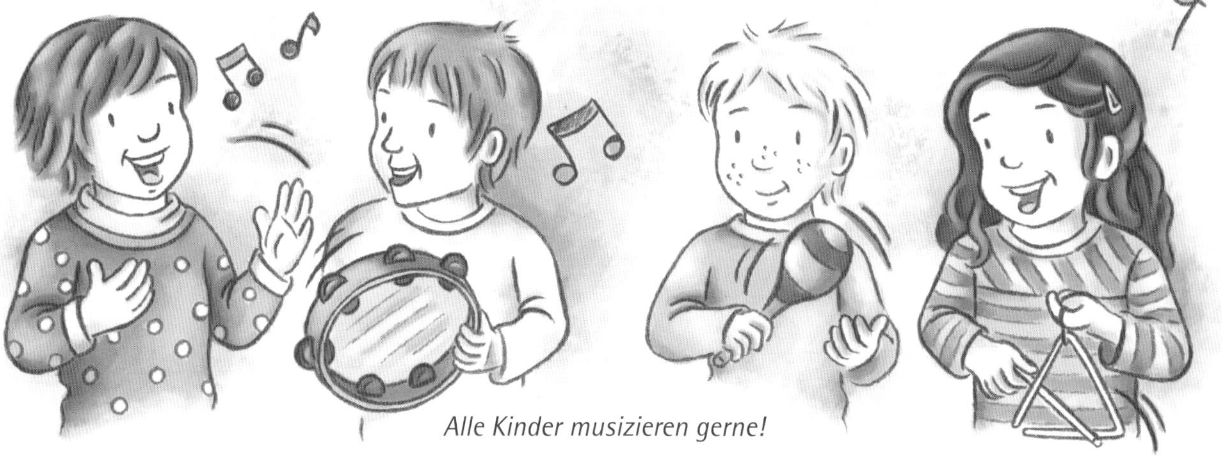

Alle Kinder musizieren gerne!

Wenn Kinder von klein auf zum Musizieren motiviert werden, profitieren sie davon – laut zahlreicher Forschungsstudien – auch in vielen anderen Bereichen ihrer Entwicklung und Persönlichkeit. Lasst uns also Kinder zum lustbetonten Umgang mit Stimme und Instrumenten bewegen!

Kindern einen positiven Musizierimpuls zu vermitteln sowie ihren Lerneifer zu fördern macht Spaß und motiviert wiederum wechselseitig die anleitenden Erwachsenen. Dabei gilt es zunächst einmal die musikalische Neugier zu wecken, um danach mit Freude tief in die Welt der Klänge einzutauchen.

Heut wolln wir musizieren
Und lachen auch dabei
Klopfen, rasseln, tröten
Leise – und mit Geschrei

Mit Musikritualen *Geborgenheit* vermitteln

Regelmäßig das gleiche Lied zu singen ist besonders für jüngere Kinder ein überaus förderliches Ritual. Musizieren in der Kita sollte daher unbedingt zu den alltäglichen Beschäftigungen gehören oder in bereits bestehende Abläufe einbezogen werden. Denn: Das Musizieren mit einer vertrauten Bezugsperson in einem strukturierten Rahmen gibt Kindern Sicherheit und stärkt außerdem ihr Selbstbewusstsein.

Mit kleinen Musik- und Gesangsritualen lassen sich Kinder viel besser an feste Bestandteile und Abläufe des Alltags gewöhnen. Das ist für alle Seiten angenehm, erfreulich, auflockernd und erleichternd. Wenn regelmäßig zu bestimmten Anlässen gesungen wird und dabei die Freude an der Musik im Vordergrund steht, trägt das zur Rhythmisierung des Kita-Alltags bei – und weckt bei den Kindern den Spaß am gemeinschaftlichen Singen und Musizieren. Da bietet es sich natürlich an, die Möglichkeit zu nutzen, im Jahreskreis wiederkehrende Ereignisse und Feste, gemeinsame Aktivitäten oder eben tägliche Rituale mit dem Musizieren fest zu verbinden.

Zum praktischen Gebrauch unserer Klimperlieder

Mit unserer sorgfaltig zusammengestellten Liedersammlung überreichen wir Ihnen einen Schatz, in dem sich sowohl alt bewährte als auch ganz neue Lieder zu verschiedenen Themen rund um die Kita entdecken lassen.

Bei den Gesangslinien haben wir uns bemüht, auf den naturgegebenen Tonumfang der kindlichen Singstimme zu achten, wozu die Fachleute auf dem Gebiet der Kinderstimmbildung explizit raten. Unsere Melodien sind dabei so kinderliedschlicht und einfach gestaltet, dass sich die Singzeilen leicht einprägen und auch mit einem Melodieinstrument wie Melodica oder Flöte relativ einfach umsetzen lassen.

Als Schritt Nummer Eins empfehlen wir wärmstens, zuerst die CD anzuhören und anschließend das Lied auszuwählen, welches Sie gerne als erstes mit den Kindern singen und musizieren möchten. Die Reihenfolge in Buch und CD ist nicht zwingend eine aufeinander aufbauende. Suchen Sie einfach das aus, was Sie beim Hören als erstes anspricht, oder gerade zu dem Zeitpunkt, oder vom Thema her am besten zu Ihren Vorstellungen passt.

Finden Sie dann zunächst einmal selbst einen spielerischen Zugang zu dem von Ihnen ausgewählten Lied. Vielleicht summen Sie sofort ein Melodieteil oder klopfen mit den Fingern den Rhythmus mit? Übrigens: Auch professionelle Musiker können nicht sofort alles auswendig! Lassen Sie den Liedern also durchaus etwas Zeit zum „Ankommen".

Hören Sie sich in das „Besondere" des ausgewählten Liedes ein. Ist es ruhig oder bewegt? Schwingt es oder „hupft" es? Fordert es zu Bewegung auf? Hören Sie das Lied über Ihre Anlage laut im Raum. Versuchen Sie, dazu im Rhythmus zu gehen oder zu tanzen. Achten Sie auf die rhythmischen Impulse und versuchen Sie einfach mal über das Gehör die gespielten Rhythmen zu erfassen.

Dann schauen Sie doch mal in die Noten und Spielanleitungen. Auch wer das Notenlesen nicht beherrscht, kann nämlich durchaus lernen, eine aufgeschriebene Melodie durch Mitlesen und Hören zu erfassen. Wer keine Noten lesen kann, sieht trotzdem, ob die notierte Melodie sich nach oben oder nach unten bewegt.

Durch wiederholtes Hören und Mitlesen können sich sowohl Melodie als auch Text einprägen. Sie werden erstaunt sein, wenn Ihnen bei irgendeiner anderen Tätigkeit dann ganz plötzlich zum Beispiel das „Katzen-Tapp-Tapp Lied" in den Sinn kommt. So entstehen Ohrwürmer!

Lernen Sie das Lied kennen, als würden Sie einem fremden, unbekannten Menschen begegnen. Lassen Sie sich drauf ein und entwickeln Sie Neugier!

Das schönste Feedback ist Ihnen sicher, wenn Sie Ihr musikalisches Erleben mit den Kindern teilen und es Ihnen gelingt, sowohl Spielfreude als auch Begeisterung zu wecken und sie mitzunehmen in das spannende, immer neu und weiter zu entdeckende Land der Musik ...

Als Grundinstrument zur Liedbegleitung geben wir Ihnen Spielanleitungen für das Orff'sche Stabspiel mit auf den Weg. Das Stabspiel gibt unserer Gesangsmelodie gleichzeitig einen tonalen und einen rhythmischen Halt und ist dabei einfach und „kinderleicht" zu spielen, ohne dass es nötig ist, sich eine besondere Instrumental-Spieltechnik anzueignen.

Wir verwenden hier vor allem das Altxylophon, das mit genau auf Töne gestimmten schmalen

Holzplatten belegt ist. Diese Instrumente sind so gebaut, dass ganz links der tiefste Ton zu finden ist, gleichzeitig auch die längste Klangplatte. Nach rechts hin werden die Töne immer höher. Die zur Liedbegleitung benötigten Klangplatten werden mit den jeweiligen Schlägeln angeschlagen. Altxylophone spielt man am besten mit festen Filzschlägeln, Glockenspiele mit Hartgummischlägeln. Selbstverständlich können Sie auch ausprobieren, welches der Instrumente Sie für ein Lied am liebsten einsetzen.

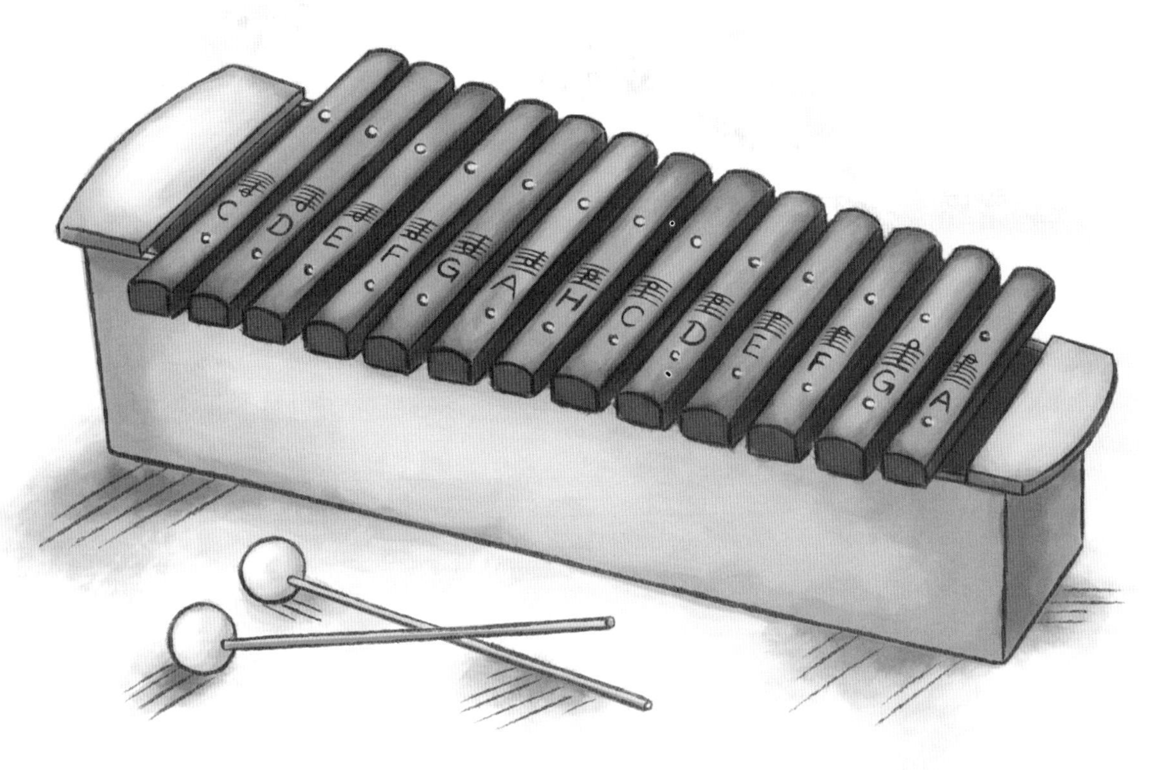

Für die musikalische Begleitung unseres Klimperliederrepertoires mit dem Stabspiel verwenden wir vor allem die Grundtöne der Lieder sowie andere harmonisch dazu passende Töne, die auch in den entsprechenden Akkorden der Gitarre zu finden sind.

Die Namen der Töne sind auf den jeweiligen Stäben aufgemalt oder eingraviert, so dass sie sich auch ohne Notenkenntnisse spielen lassen. Oft brauchen wir nur drei, vier Töne für die Begleitung eines Liedes und entfernen alle, die darin nicht vorkommen: Im Instrument sind dann nur die in den Begleitfiguren notierten Töne vorhanden. So lässt sich ganz leicht erkennen, welche Töne gemeint sind.

Werden später Kinder in das Instrumentalspiel mit einbezogen, können die Klangplatten, die gespielt werden, auch mit farbigen Punkten markiert werden, welche Sie dann ad hoc bestimmten Tönen zuordnen wie z. B. rot für D, blau für A.

In manchen Liedern erklingen gleichzeitig zwei Töne. Diese lassen sich auch auf zwei SpielerInnen aufteilen, von denen eine den unteren, die andere den oberen Ton spielt. Es ist aber auch möglich einfach nur mit der unteren Stimme zu begleiten.

Die Begleitfiguren des Stabspiels haben wir bis auf einige Ausnahmen in einer separaten Notenzeile direkt unter dem Lied notiert. Manchen rhythmischen Motiven haben wir zur Verdeutlichung einfache Silben oder Worte beigefügt, die beim Lernen mitgesprochen oder mitgesungen werden können.

Alle Stabspielfiguren sind auf unserer CD ganz deutlich zu hören. Vergleichen Sie das, was Sie hören, mit dem jeweiligen Notenbild und versuchen Sie einen Teil der Begleitung ohne CD-Begleitung zu spielen, vielleicht auch etwas langsamer als auf der CD zu hören. Wiederholen Sie einzelne Teile der Spielfiguren ein paar Mal, bis Ihre Arme und Hände diese sozusagen „von allein" ausführen, Sie innerlich schön mitschwingen und gar nicht mehr aufhören wollen ...

In unsere „Klimperkiste" zur Liedbegleitung packen wir Orff'sche Klanginstrumente und dazu noch Percussionsinstrumente aus aller Welt. Carl Orff selbst hat sich ja auf allen Kontinenten nach dort gebräuchlichen Instrumenten umgesehen, bevor er daraus „sein" ganz spezielles Instrumentarium entwickelt hat. In einigen Ländern Afrikas oder Asiens werden zum Beispiel Instrumente mit Klangplatten aus Holz oder Metall traditionell virtuos bespielt. Daraus hat Orff für seine Methode der elementaren Musikpädagogik einfach zu spielende Stabspiele entwickelt, die wir heute dem Orff'schen Instrumentarium zurechnen.

In die Klimperkiste packen wir noch dazu einige Gebrauchsgegenstände aus Küche und Werkstatt. Kinder werden dabei ungeahnte Klangmöglichkeiten erforschen, finden und einsetzen. Einige Klang- und Percussions-Instrumente werden im Kapitel über die Instrumente noch genauer vorgestellt.

Auch das körpereigene Instrumentarium wie Klatschen, Patschen, Trampeln etc. darf frohgemut eingesetzt werden. Für diese Instrumentengruppe gibt es zu jedem Lied rhythmische Vorschläge und Anregungen, teils notiert, teils beschrieben und natürlich auch über die CD hörend zu erfahren. Diese Elemente lassen sich selbstverständlich ebenfalls ausgiebig für sich ausprobieren.

Über unsere Vorschläge hinaus darf natürlich auch einfach nach Herzenslust geklappert, gekleppert und geklopft werden. Wichtig ist, dass die Kinder Freude an der vielfältigen Welt der Klänge finden, in die musikalische Aktivität und auch in das Hören von selbst gespielter Musik kommen. Wie wir aus Erfahrung wissen, wird ihnen dabei noch manch Überraschendes einfallen, das sie selber ausprobieren möchten. Die von uns neu geschaffenen Kinderlieder kommen durchweg mit jeweils zwei Grundbegeleitakkorden aus.

Über das Musizieren hinaus geben wir zu den Liedern weitere Spielanregungen oder Bewegungsimpulse, so dass sich ein Lied auf ganz vielfältige Art und Weise in der Kita einsetzen lässt.

Die Instrumente stellen sich vor

Unsere (körper-)eigenen Instrumente

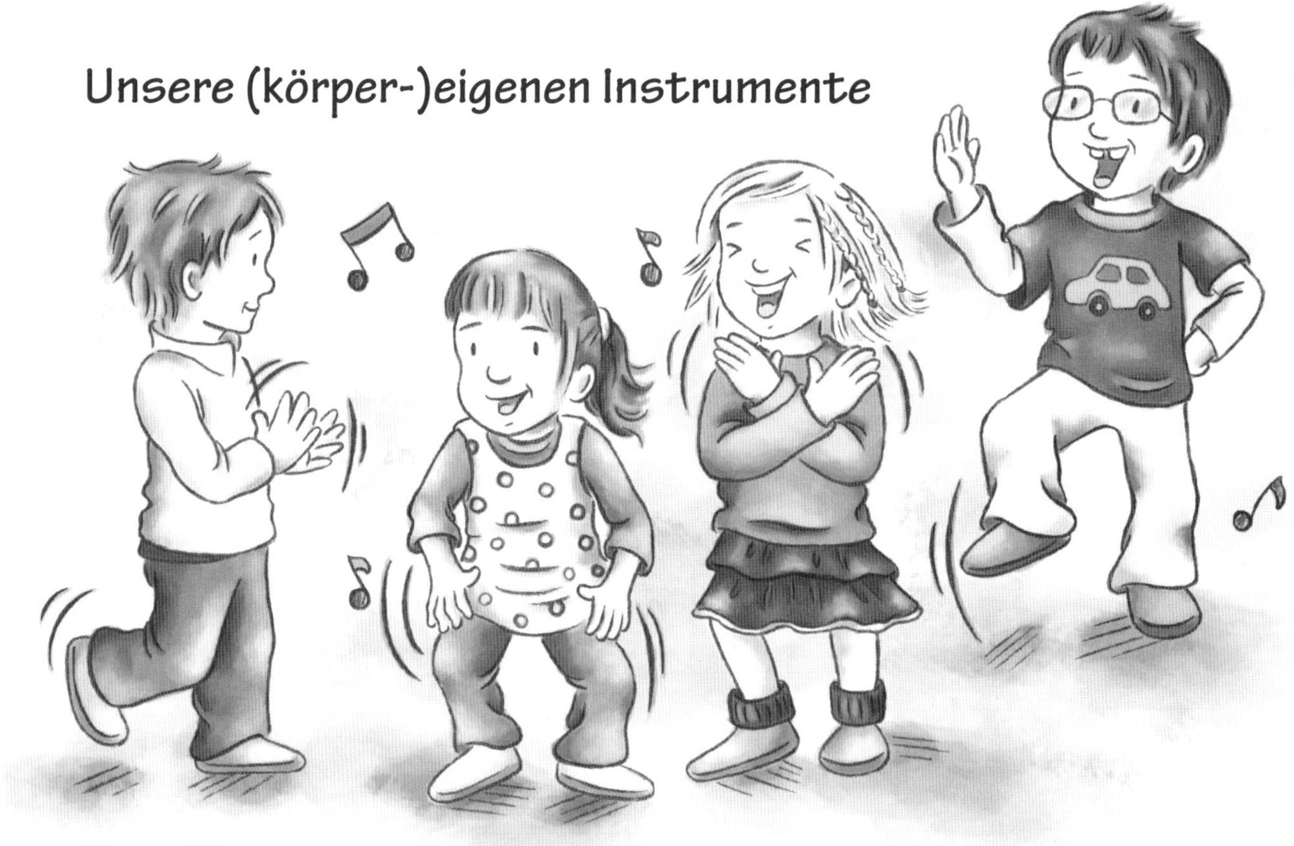

Unsere Stimme

Vom ersten Schrei an treten wir über unsere Stimme in Kontakt mit der Welt. Wir nehmen als Babys und Kleinkinder die Laute und Stimmklänge unserer Umgebung auf und lernen dadurch sprechen und singen. Unsere Stimme verrät aber auch unsere „Stimmung", unsere Freude, Ärger usw.

Wenn wir mit Kindern musizieren, steht das Singen an vorderster Stelle. Unsere eigene Freude und Lust am Singen überträgt sich dabei auf die Kinder. Wir sind das Vorbild, das sie nachahmen.

Im Kita-Alltag singen Sie ja sicherlich schon das eine oder andere Kinder- oder Spiellied. Dabei beginnen Sie wahrscheinlich einfach mit einem Ton, der Ihnen in der Situation einfach „kommt". Wenn Sie aber nun vorhaben, mit den Kindern gemeinsam zu musizieren, geben Ihnen die Instrumente die Tonhöhe vor. Das sollten Sie auf jeden Fall vorher ausprobieren.

Dazu spielen Sie auf dem Altxylophon oder Glockenspiel einmal die Töne von unten nach oben an, vom C ganz links bis zum nächsten C durch. Das entspricht in etwa dem Tonumfang unserer Lieder. Vielleicht prägen Sie sich dabei auch die eingravierten Notennamen schon mit ein.

Versuchen Sie dann, die Töne beim Spielen mitzusingen, und zwar auf eine Silbe wie „no" oder „da." Oder: mal rauf, mal runter. Üben Sie, um darin Sicherheit zu bekommen. Lernen Sie, sich selber dabei zuzuhören. Achten Sie darauf, dass Sie entspannt sind und frei atmen. Vielleicht kennen Sie ja ein paar einfache Atemübungen aus anderen Zusammenhängen, wie z. B. Yoga? Wichtig ist, dass

Sie beim Einatmen die Schultern nicht hochziehen, und dass Ihre Nase frei ist. Atmen Sie einfach ein paar Mal auf ffff oder auf ssss aus.

Nehmen Sie sich vor dem Durchsingen Zeit zu schauen

- mit welchem Ton das Lied beginnt
- welches der tiefste und welches der höchste vorkommende Ton ist
- wie die ersten Tonschritte der Melodie klingen.

Spielen Sie diese ersten Tonfolgen auf dem Xylophon und singen Sie die Töne auf Text oder auch auf eine Silbe Ihrer Wahl an. Machen Sie sich keine Gedanken darüber, ob Ihre Stimme nun „schön" klingt oder nicht. Die Kinder werden spüren, dass Sie gerne mit ihnen singen und musizieren wollen – und auf die Freude, die Sie dabei empfinden, entsprechend reagieren. Hören Sie sich beim Ausprobieren gut zu, ob Sie mit Hilfe der Xylophon-Töne die Tonfolgen richtig singen können.

Um die Lieder an die Kinder weiterzugeben, sollten Sie ton- und textsicher sein, das Lied vorsingen und auch Ihren Spaß an der Vermittlung zeigen können. Wenn dann beim Spielen die CD im Hintergrund läuft, werden die Kinder die Lieder, die sie kennen gelernt haben, auch immer wieder und wieder hören wollen.

Auch die Vermittlung unserer einfachen Rhythmusfiguren kann durch rhythmusbetontes Sprechen von Silben oder Worten erleichtert werden und gleichzeitig Spaß machen!

Unsere Hände und Füße

Mit unseren Händen und Füßen probieren wir durch Vormachen und Nachahmen einfach alles Mögliche aus:

- Wir klatschen langsam oder schnell, ganz leise bis ganz laut.
- Wir versuchen Schritte im Raum mit Klatschen zu begleiten.
- Wir klatschen gemeinsam einen musikalischen „Puls".
- Wir erzeugen sogar mit den Händen leise Geräusche, indem wir sie reiben.
- Wir patschen uns auf die Schenkel oder auch mal mit vor dem Körper gekreuzten Armen auf die Schultern.
- Wir stampfen mit den Füßen auf der Stelle oder trippeln auf Zehenspitzen im Raum herum ...

All das erzeugt Geräusche, die wir in unser musikalisches Repertoire einbauen können.

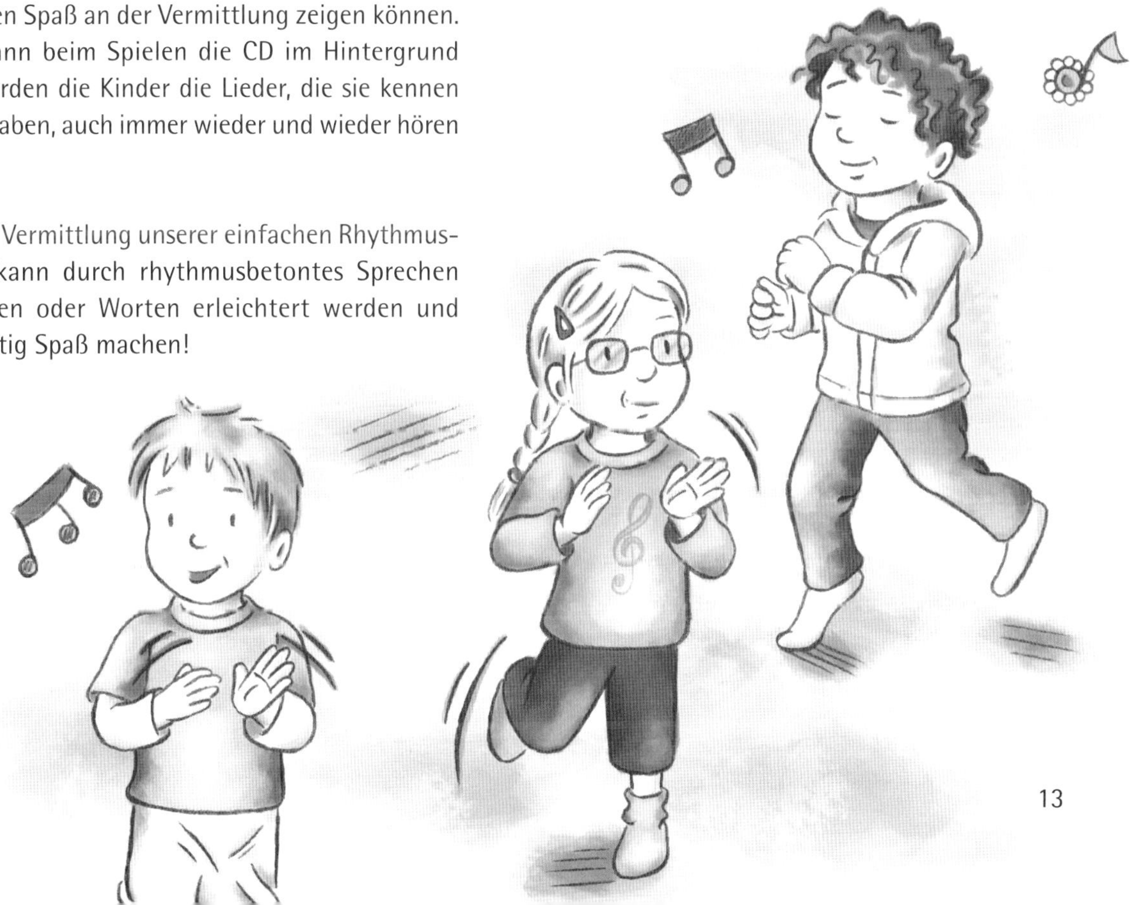

Klimperleichtes Saitenspiel

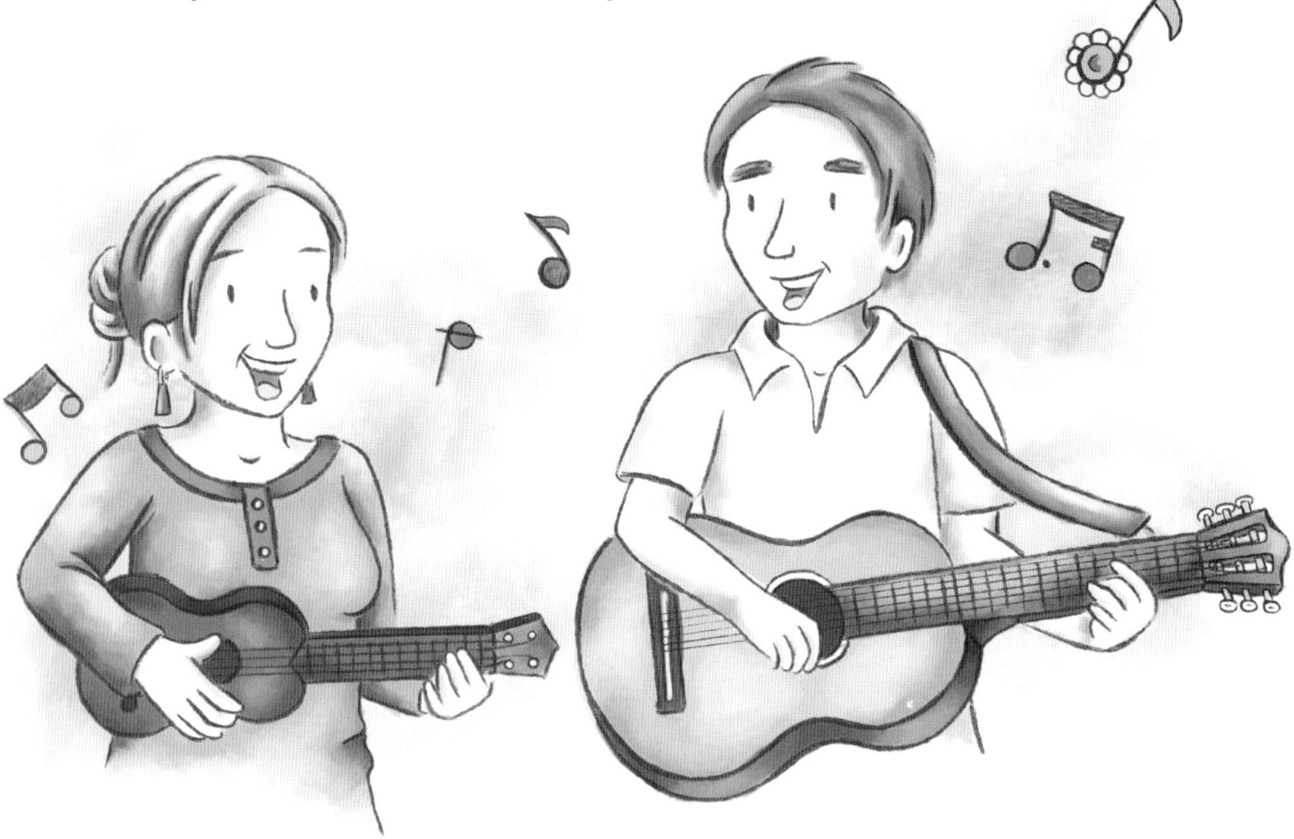

Die Gitarre

Bei unzähligen Auftritten mit dem Kindermusiktheater „Firlefanz" durften und dürfen wir bis heute immer wieder die Faszination erleben, die das Gitarrenspiel auf Kinder ausübt. Die Gitarre ist schon lange das beliebteste Instrument zur Liedbegleitung und so sollte für alle, die mit Kindern arbeiten, das elementare Gitarrenspiel mit wenigen Grundakkorden unserer Meinung nach zu einer Selbstverständlichkeit werden. Mit nur zwei bis drei Akkorden lassen sich die meisten Kinder- und Volkslieder bereits auf einfache Weise begleiten. Und selbstverständlich auch unsere Klimperlieder. Nur Mut!

Für Gitarrenneulinge eignet sich am besten eine mit Nylonsaiten bespannte Konzertgitarre. Wenn wir uns dazu noch eine Hülle besorgen, lässt sich das Instrument auch immer und überall hin mitnehmen! Damit stets auf einer gut gestimmten Gitarre gespielt werden kann, empfiehlt sich zusätzlich die Anschaffung eines Stimmgerätes. Der Fachhandel berät und erklärt gerne und kompetent beim Kauf von Instrument und Zubehör.

Unsere Gitarre ist mit 6 Saiten bespannt, und wenn wir sie ausprobieren – Hals nach links gehalten – klingt die oberste, dickste Saite am tiefsten. Die Töne der Standard-Stimmung heißen von oben nach unten E – A – D – G – H – E, was man sich mit folgendem Merksprüchlein leicht einprägen kann:

EIN ANFÄNGER DER GITARRE HAT EIFER

Die Zwischenräume zwischen den metallenen im Gitarrenhals eingelassenen Querstäbchen heißen Bünde. Mit Zeige-, Mittel-, Ringfinger und kleinem Finger der **linken** Hand greift man dort auf den Saiten die Akkorde. Der Daumen liegt dabei unter dem Gitarrenhals. Im Anhang sind zur Verdeutlichung die in unseren Liedern verwendeten Gitarrengriffe und der dafür geeignete Fingersatz abgebildet. Zu Beginn schmerzen nach den ersten Übungsminuten die Fingerkuppen, aber mit der Zeit bildet sich dort eine Hornhaut, und als Belohnung winkt schließlich die erste gelungene Liedbegleitung. Bei unseren eigen geschaffenen Liedern haben wir darauf geachtet, dass wir mit möglichst nur zwei verwendeten Akkorden auskommen. Zu Beginn will, wenn zwei Griffe für sich gelernt worden sind, vor allem der Wechsel geübt werden. Dabei können Sie sich zunächst jeweils Zeit lassen. Setzen Sie die Finger ganz bewusst auf und wenn Sie sich sicher fühlen, nehmen Sie sich mal ein erstes Lied vor.

Mit der **rechten** Hand werden die Saiten in Höhe des Schalllochs zum Klingen gebracht. Dazu zunächst von oben nach unten mit den Fingern der rechten Hand leicht über die Saiten streifen. Die Finger sollten dabei ganz locker bleiben, ohne dass zwischen ihnen eine Lücke entsteht. Dann leise beginnen und versuchen, zwischendurch auch mal kräftiger zu spielen. Man kann die Saiten rasch oder langsam nacheinander anschlagen, und auch mal die Anschlagsrichtung wechseln. Wenn Sie mit der Zeit sicherer in der Koordination von linker und rechter Hand sind, können Sie versuchen, einfache Rhythmen anzuschlagen. Dabei kann man sich bei unseren Liedern prima an den Rhythmen des Stabspiels orientieren. Alternativ gibt es die Möglichkeit, die Gitarrensaiten auch mit einem weichen Gitarrenblättchen, einem Plektrum, anzuspielen.

Sobald Sie sich mit beiden Händen auf Griffbrett und Saiten gut zurechtfinden, probieren Sie in langsamem Tempo die Begleitung eines unserer einfachen Lieder aus. Wenn Sie sich dabei sicher fühlen, legen Sie die CD ein und versuchen das Lied mit der CD mitzuspielen. Gleichzeitig verfolgen Sie das Lied in der Notation, und wahrscheinlich können Sie schon bald die angegebenen Akkorde auch gut wechseln, ohne hinzugucken. Bei den Abmischungen der Instrumentalversionen im Tonstudio wurden die Gitarren übrigens „extra laut" gemischt.

Üben? Am besten jeden Tag mindestens 15–20 Minuten. Dann wird man rasch sicher und es macht erst richtig Spaß! Vielleicht gibt es im Umfeld ja auch eine Person, die schon Gitarre spielen kann? Zu zweit oder in der Gruppe macht Gitarre spielen und lernen nämlich noch viel mehr Freude!

Übrigens lassen sich mit drei gelernten Akkorden schon eine Menge populärer Songs begleiten. Und wenn einen das „Gitarrenfieber" erst mal gepackt hat, will man gar nicht mehr aufhören zu spielen. Auch ein Profi hat mal mit wenigen Akkorden angefangen ...

Wer mehr wissen und sich mehr Technik aneignen möchte, kann sich in der Musikbücherei oder im Musikgeschäft eine „Gitarrenschule" besorgen, Workshops oder eine Musikschule besuchen und auch online Rat suchen. Für Autodidakten stehen im Internet inzwischen jede Menge tolle Hilfsangebote zum selbständigen Gitarre lernen bereit.

Hier unsere Top-Tipps:

- www.gitarre-spielen.org
- www.online-gitarrenkurs.de
- www.einfach-gitarre-lernen.de

Die Ukulele – der kleine Floh

Es ist noch gar nicht so lange her, da wurde man im Musikfachhandel bei der Frage nach einer Ukulele mitleidig belächelt und bekam den Rat: „Gehen Sie doch in die Spielwarenabteilung." Inzwischen hat sich vor allem in der Musikpädagogik dahingehend ein großer Wandel vollzogen. Ukulele spielen ist in Deutschland so populär wie noch nie. Dieser „kleine Floh" ist nämlich tatsächlich ein interessantes Instrument, welches – auch ohne Vorkenntnisse – relativ leicht und schnell zu erlernen ist und jede Menge Spaß und Freude bringen kann!

Bei unseren Auftritten und Workshops sowie Fortbildungsangeboten für PädagogInnen ist die Ukulele ein unverzichtbares Instrument. Gerade wegen ihrer Größe ist sie ein ideales Begleitinstrument (!) und auf Hartmut E. Höfeles Recherchereisen zu Kindermusik aus aller Welt erwies sich die handliche Ukulele im Reisegepäck als „Türöffner" zu fremden Kulturen: Ob im Brandberggebirge in Namibia, in Malaysia in einer islamisch geprägten Schule oder im Kinderzelt beim Jazzfestival von New Orleans: Das Ukulele Spiel findet bei Kindern und Erwachsenen stets großen Anklang.

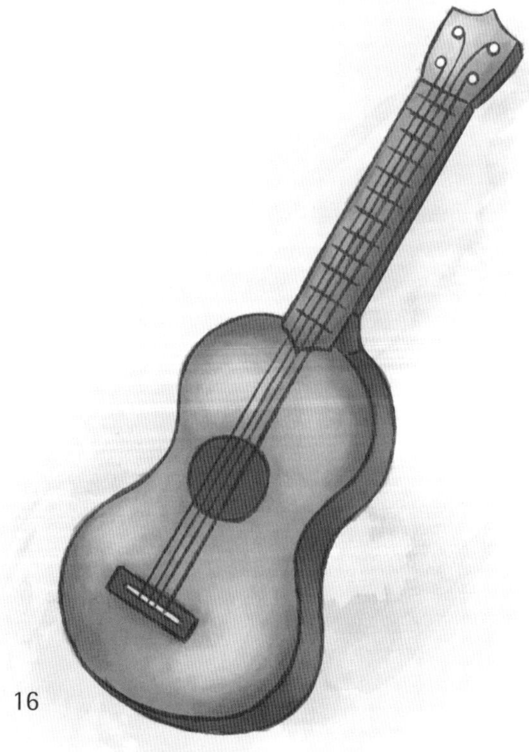

Was beim Kauf einer Ukulele unbedingt zu beachten ist

Beim Kauf einer Ukulele in einem Musikgeschäft ist es sicher von Vorteil, sich von einer Person begleiten lassen, die eine Ahnung von Saiteninstrumenten hat. In der Regel sind gute Ukulelen tatsächlich am Preis erkennbar.

Eine Ukulele muss leicht zu stimmen sein. Hier gilt es, ein besonderes Augenmerk auf die Spannwirbel zu legen. Die Mechaniken sollten nicht zu schwer, aber auch nicht zu leicht zu betätigen sein. Wirklich gut klingende Ukulelen bestehen aus Massivholz, während für günstigere Modelle laminiertes Holz (Sperrholz) verwendet wird. Die Bundstäbe sollten bei einer guten Ukulele sauber in das Griffbrett eingearbeitet worden sein. Es gibt vier verschiedene Ukuleletypen, die sich lediglich in ihrer Größe unterscheiden (Sopranino, Sopran, Concert und Tenor).

Für AnfängerInnen ist die Sopranukulele gut geeignet. Wer über kräftige Finger verfügt, hat es mit der „größeren Kleinen", einer Tenorukulele meist etwas leichter.

Sopran Ukulele – die Kleine

Die Sopran ist die kleinste und auch ursprüngliche Größe der Ukulele, daher auch „Standard" genannt. Wir bevorzugen für diese Größe die verbreitete G-C-E-A Stimmung.

Tenor Ukulele – die größere Kleine

Die Tenor-Ukulele ist die zweitgrößte Ausführung dieses Instrumentes. Für die 4-saitige Tenor-Ukulele wird in der Regel ebenfalls die G-C-E-A Stimmung verwendet. Allerdings klingen die Saiten auf ihr wesentlich voluminöser als auf der Sopran Ukulele.

Die Ukulele Stimmung

Unser Gehör ist daran gewöhnt, dass die Töne meist in aufsteigenden Reihenfolgen zu finden sind, wie es beispielsweise auf einem Klavier, dem Xylophon oder auf einer Gitarre der Fall ist. Für die Ukulele trifft das allerdings nicht zu: Da ist die tiefste Saite nicht die erste, sondern die zweite (C), während die erste Saite (G) die zweithöchste ist! Eine hervorragende Möglichkeit zum Stimmen einer Ukulele für Anfänger und Fortgeschrittene (und Gitarre) findet sich im Internet:
www. musikschuleonline.com/stimmgabel.html

Darüber hinaus gibt es preiswerte elektronische Stimmgeräte, oder die klassischen Stimmmethoden nach einem Referenzinstrument oder Stimmgabel.

Zur Spieltechnik einer Ukulele

Die Ukulele ist, was das Greifen angeht, viel einfacher als eine Gitarre:

- Mit der linken Hand die Akkorde greifen. Dass die Fingerkuppen am Anfang ein wenig leiden ist normal. Mit der Zeit bildet sich da Hornhaut.
- Mit der rechten Hand Akkorde „anschlagen" oder mit den Fingerkuppen sanft, möglichst rhythmisch über die Saiten streichen. Oder mit einem Plektrum die Saiten mit Schlagrichtung von oben nach unten anschlagen (Saiten schrubben). Das Ganze dann möglichst in einem rhythmischen Schlagmuster.

Für das Anschlagen der Ukulele-Saiten sind dünne Plectren (light oder medium) geeignet. Von Filzplectren raten wir ab, da dadurch der Klang der Saiten weniger brillant ist.

Die einfachsten Griffe:
Akkordbegleitung zu unseren Klimperliedern – mit der Ukulele ist das eine sehr dankbare Angelegenheit. Das flinke Umgreifen der einzelnen Akkorde erfordert zwar etwas Übung, und die Finger wollen sich zuerst schier verknoten, aber mit der Zeit geht das dann ganz fix.

Im Anhang (S. 107) finden sich die von uns verwendeten Ukulele-Akkorde, mit denen sich spielend leicht ein echtes Lagerfeuer-Musikdiplom erwerben lässt.

Übrigens:
Im Internet finden sich jede Menge Ukulele-Grifftabellen und Online-workshops zum autodidaktischen Ukulelespiel.

- www.ukulelenunterricht.de
- www.ukulele-tabs.com/de
- www.ukctune.com
- www.ukulele-tv.de
- www.ich-spiele-ukulele.de

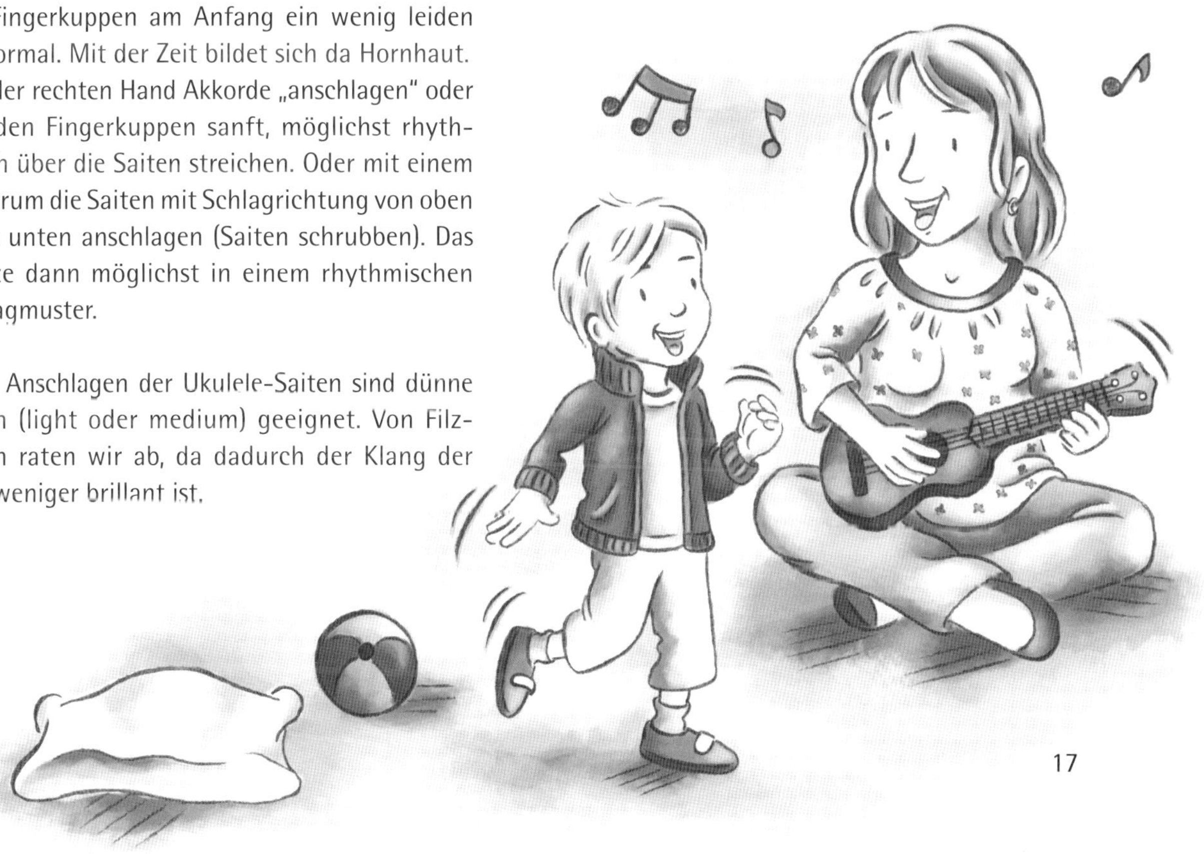

Das klingende Stabspiel

Xylophon, Metallophon, Glockenspiel

Unter dem Begriff Stabspiel fassen wir Instrumente wie Xylophone, Metallophone oder Glockenspiele aus dem Orff'schen Instrumentarium zusammen, die uns gestimmte Töne auf Klangplatten aus Holz oder Metall zur Liedbegleitung zur Verfügung stellen.

Die Klangplatten der Xylophone bestehen aus bearbeiteten, genau gestimmten länglichen, schmalen Holzplatten, die auf einen Klangkasten aufgelegt sind. Bei Metallophonen oder Glockenspielen bestehen die Klangstäbe aus unterschiedlichen Metallen. Mit einem Altxylophon und einem Glockenspiel lassen sich im Kindergarten schon ganz viele Lieder begleiten.

Die Instrumente werden mit Schlägeln aus Filz oder Holz mit einer leicht aus dem Unterarm heraus federnden Bewegung angeschlagen, die Schlägel berühren die Klangplatten nur kurz, sollen dabei nicht darauf liegen bleiben.

Ist in der Kita noch kein Instrument vorhanden, kann man sich im Fachhandel über Instrumente und Schlägel von verschiedenen Herstellern informieren und diese ausprobieren.

Die Begleitfiguren finden sich jeweils in der Notation wieder, manchmal wurden rhythmische Motive durch Unterlegung einfacher Silben oder Worte klanglich verdeutlicht.

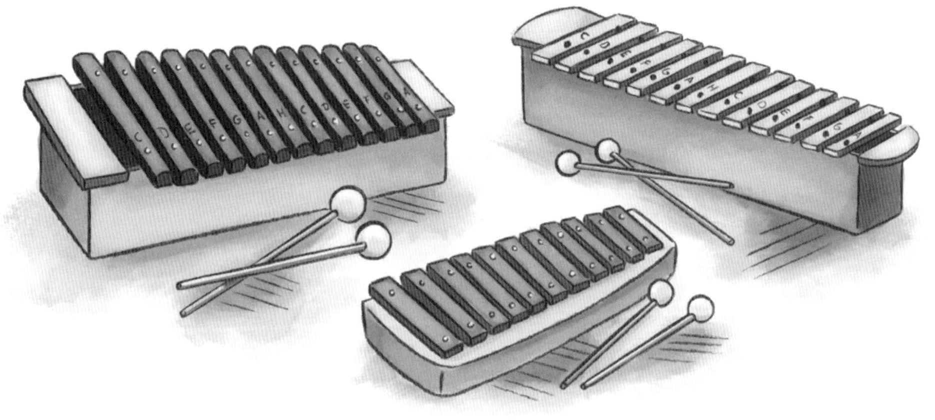

Die Orff'sche Klimper-Klapperkiste

Zur Förderung der musikalischen Früherziehung haben sich Orff-Instrumente schon lange bewährt. Sie verdanken ihren Namen dem Komponisten und Pädagogen Carl Orff (1895–1982) und seinem Orff-Schulwerk der elementaren Musik- und Bewegungserziehung, welches seit mehr als fünfzig Jahren die Musikpädagogik für Kinder prägt. Mit Orff-Instrumenten entwickeln Kinder auf spielerische Art und Weise ein Gefühl für Töne und Rhythmen, haben Spaß am Musizieren und erwerben dabei wichtige musikalische Grundlagen. In jeden Kindergarten gehört daher eine Auswahl dieser Instrumente, die für die ersten Musizier-Erfahrungen mit kleineren Kindern geeignet ist. Wir stellen im Folgenden einige davon vor:

Triangel mit Triangelstab

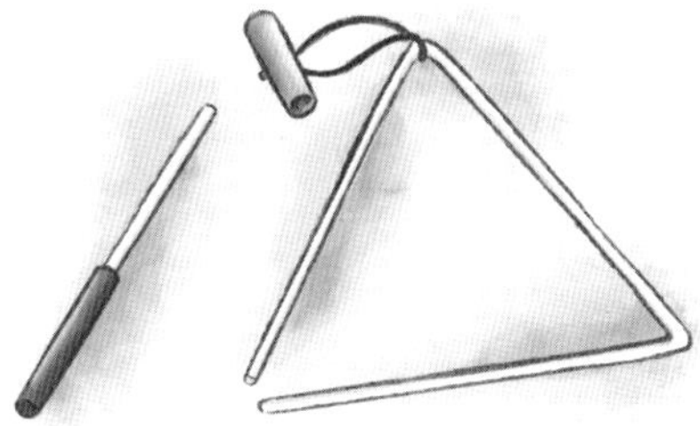

Der Triangel ist aus einem runden Metallstab in der Form eines gleichseitigen und an einer Ecke offenen Dreiecks gebogen worden. Sein heller Klang eignet sich dazu, musikalische Akzente zu setzen und musikalische Aktionen einzuleiten oder abzuschließen. Im oberen Winkel wird das Instrument an einer dünnen Schlaufe aufgehängt, an der man es mit der einen Hand halten kann. Mit der anderen Hand greift man das Anschlagstäbchen locker mit Zeigefinger und Daumen und schlägt den Triangel damit zart aus dem Handgelenk an.

Tamburin oder Rahmentrommeln

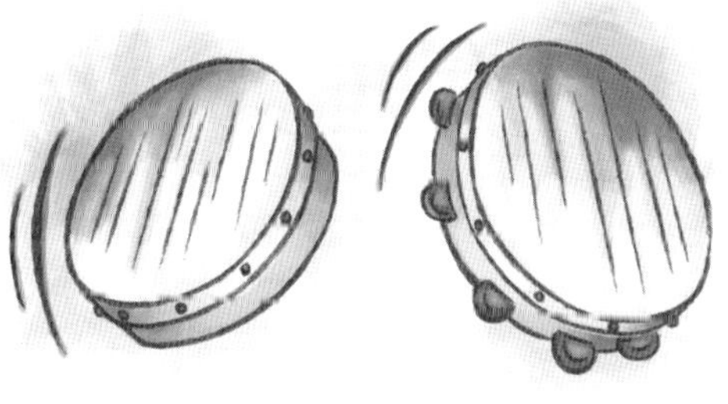

Rahmentrommeln gibt es in verschiedenen Größen, mit und ohne Schellenring. Manche Instrumente besitzen eine Stimm-Stellschraube mit der sich die Tonhöhe verändern lässt. So kann man sie auf den Grundton eines Liedes stimmen. Gespielt wird mit der Hand, den Fingern oder auch mit einem Filzschlägel. Eine weitere Möglichkeit besteht darin, mit der ganzen Hand vorsichtig darüber zu reiben und eine Klangfläche (z. B. Wind) zu erzeugen.

Schellenrassel oder Schellenring oder Schellenband

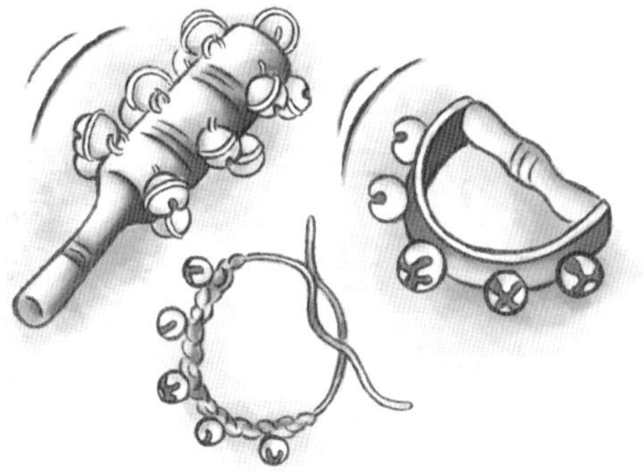

Das sind die Lieblingsinstrumente vieler Kinder. Sie werden geschüttelt oder im Takt auf die Hand geschlagen, und man kann sie auch beim Tanzen spielen!

Zimbeln oder Becken

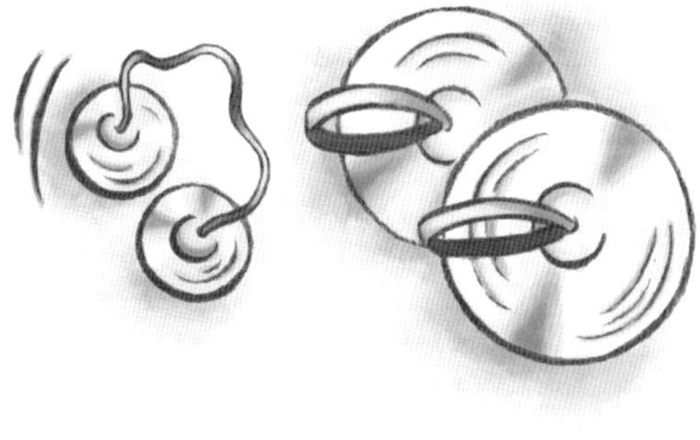

Zimbeln oder Becken sind oft paarweise vorhanden. Große Becken haben in der Mitte Lederschlaufen, in die man mit der Hand greift. So können sie locker gegeneinander angeschlagen zart oder kräftig zum Klingen gebracht werden. Beim Ausprobieren ist festzustellen, dass das ganz schön laut sein kann. Einzeln gehalten lässt sich ein Becken mit einem Schlägel kräftig oder zart anstupsen. Kleine Zimbeln sind oft mit einem Band verbunden und werden locker hängend zusammen zum Klingen gebracht.

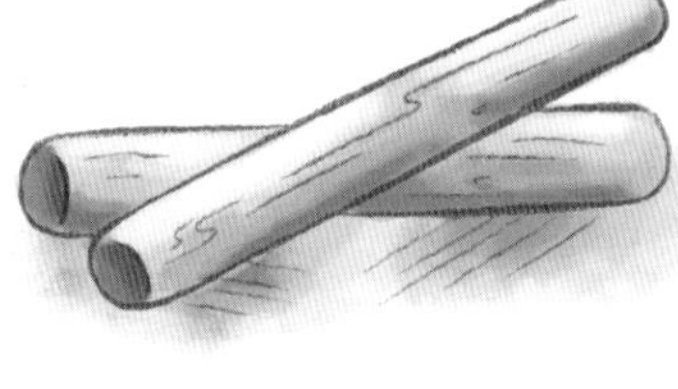

Übrigens: Kinder lauschen gerne einer angeschlagenen Zimbel oder einem Becken, bis der Ton völlig ausgeklungen ist – ausprobieren!

Klanghölzer

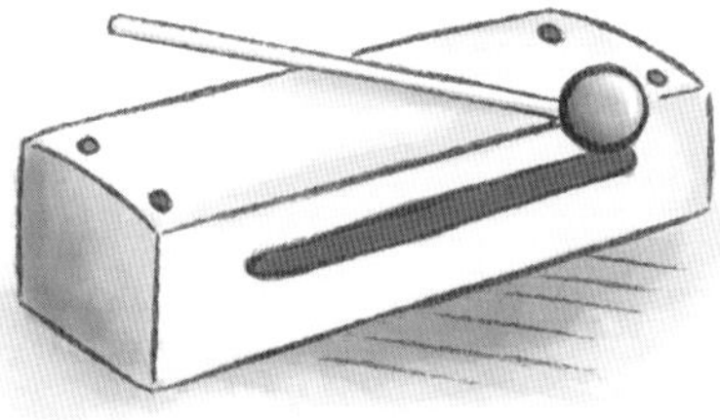

Ein Paar Rundhölzer locker aneinander geschlagen, ergibt ein kräftiges „klack" und setzt klare rhythmische Signale. Die gleiche Funktion erfüllt auch die **Holzblocktrommel.**

Percussionsinstrumente aus aller Welt

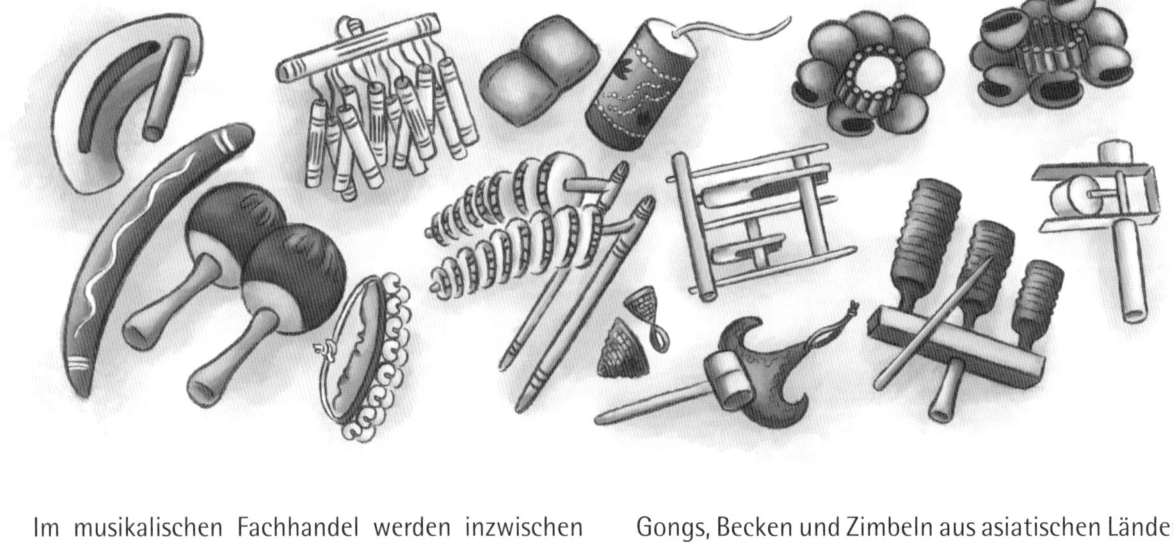

Im musikalischen Fachhandel werden inzwischen zahlreiche Percussions- und Klanginstrumente aus aller Welt angeboten, die unsere Klimper-Klapperkiste mit vielen Klangmöglichkeiten bereichern können.

Ratschinstrumente wie das Guiro gibt es z. B. in vielen Erscheinungsformen, als Frosch, als Gurke oder Fisch.

Gongs, Becken und Zimbeln aus asiatischen Ländern werden auch mit wachsender Begeisterung von Schlagwerk-Profis gekonnt eingesetzt.

Raschelinstrumente wie kleine geflochtene, mit Samen gefüllte Körbchen, große Bohnenfrüchte zum Schütteln, Rasselkürbisse, Rainsticks, Samenrasseln, Rasseleier usw. dürfen gerne mit in die Klimperkiste gepackt werden.

Die Klimper-Klapperkiste aus Küche und Werkstatt

„Alles, was uns umgibt, ist Musik."

Das sagte der Avantgarde-Komponist John Cage. Was für andere nur Lärm ist, ist für uns Musik!

Um Klänge und Rhythmen zu erzeugen, kann man sich durchaus in der nächsten Umgebung nach geeigneten Instrumenten umsehen. Übrigens: Nicht erst seit Helge Schneiders Eierschneider-Spielaufführung ist der Eierschneider unser Lieblingsinstrument in der Klimper-Klapperkiste. Unsere Percussions-Spielanleitungen lassen sich auch mit Alltagsgegenständen ausführen.

Davor wird aber erst mal ausprobiert, welche Klänge mit welchem Gegenstand erzeugt werden können. Wir können ihn vielleicht mit den Fingern klopfend bespielen oder mit einem Stab, der gerne ein hölzernes Ess-Stäbchen, eine Stricknadel oder ein Rührlöffel sein darf. Manche Gegenstände lassen sich auch aufhängen und mit einem Schlägel anschlagen. Blumentöpfe lassen sich z. B. mit einem Fensterleder bespannt in eine Trommel verwandeln. Schnüre über einen Pappkarton gespannt, ergibt ein tiefes Saiteninstrument. Eine leere Konservendose mit Rillen (scharfe Ränder abkleben oder mit einem speziellen Dosenöffner öffnen, der gleich die Ränder umfalzt!) wird zu einer Ratsche, oder mit Reis oder trockenen Linsen gefüllt zu einer Rassel.

Hört mal wie das klingt: der eine Gegenstand ganz hell, der andere dunkel, ein anderer weich. Mancher will hart angeschlagen werden, ein dünnwandiger Becher möchte vielleicht entsprechend zart behandelt werden.

Klimper-Klacker-Kloing-boing-boing, bim ...

Wählen Sie für Ihre Kiste aus, was Sie zum Klingen bringen wollen: Eierschneider, Rührlöffel, Schneebesen, Blechdosen, Kuchenbleche, Kochtöpfe, Topfdeckel, Gläser, Pappkartons und einiges mehr. Manchmal finden sich auch beim Waldspaziergang oder im Park Hölzer, die schön klingen, wenn man sie anschlägt. Die dürfen dann auch mit in die Kiste!

Schlägel, Klöppel & Co

Ob Sie Xylophon, Glocken oder Küchenutensilien anspielen, Sie brauchen Schlägel, Klöppel oder Stöcke, um manche Instrumente zum Klingen zu bringen.

Es gibt:

- feste Filzschlägel für Xylophone
- Schlägel mit hartem Gummikopf für Glockenspiele
- Große dicke weiche Filzschlägel für große Rahmentrommeln oder Gongs
- wollumwickelte Klöppel zum Anschlagen von einem Becken

und viele, viele mehr.

Vielleicht schauen Sie nach, was in der Kita schon vorhanden ist oder lässt sich bei Anschaffungen im Fachhandel beraten. Essstäbchen oder Kochlöffel lassen sich auch zum Anschlagen oder Ratschen verwenden.

Ein Tipp: Packen Sie sämtliche Schlägel in einen separaten Behälter, ähnliche Schlägel bündeln, Schlägel und Anschlagstöckchen haben nämlich auf unergründliche Weise die Tendenz, wie Socken in der Waschmaschine in einem Bermuda-Dreieck der Kita zu verschwinden – und dann hat sie keiner gesehen ...

Klänge aus Küche und Urwald

„Ich habe den Traum von einem
seltsamen Konzertereignis,
an dem viele große und kleine Menschen
mit den verschiedensten Instrumenten
und ihren Stimmen teilnehmen."

Dorle Ferber

Dorles Orchester könnte z. B. wie folgt aussehen.

Die Instrumente:

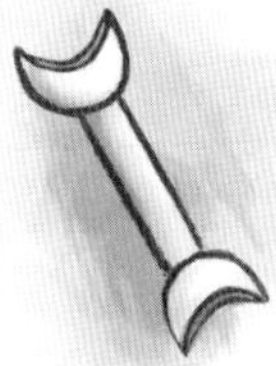

- Backbleche
- Schraubenschlüssel
- Schneebesen und Rührschüsseln
- Eierschneiderharfe und Sieb-Gong
- Radkappen und Pfannen
- mit unterschiedlich viel Wasser gefüllte Gläser
- Papier wird langsam zerrissen
- Papier wird langsam geknüllt
- Ketten rasseln

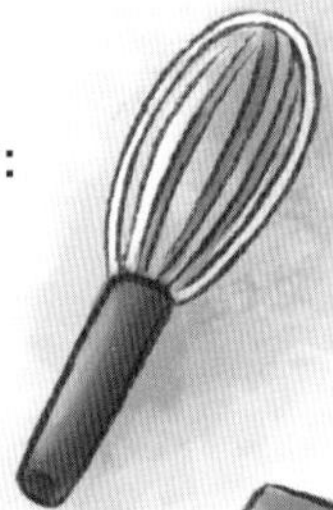

Die Spielerinnen und Spieler:

- flüstern
- zischen
- schnauben
- husten
- haben Schluckauf
- erregen sich
- seufzen
- stöhnen
- lachen
- begrüßen sich laut

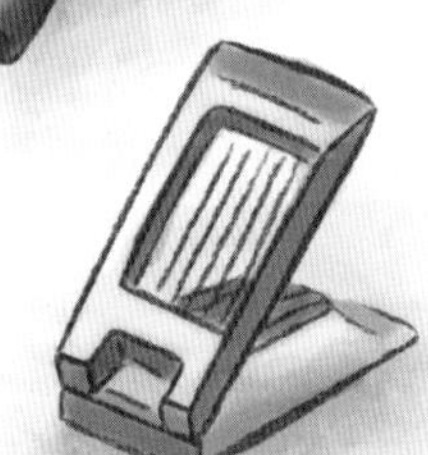

- murmeln erfreut
- murmeln geheimnisvoll
- schnäuzen sich
- girren
- säuseln
- jubilieren
- jodeln
- räuspern sich
- hauchen
- fauchen
- tirilieren ...

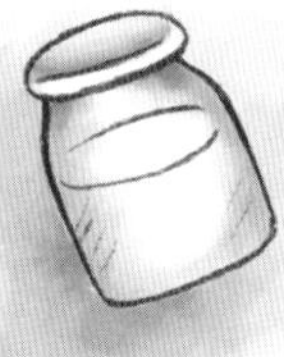

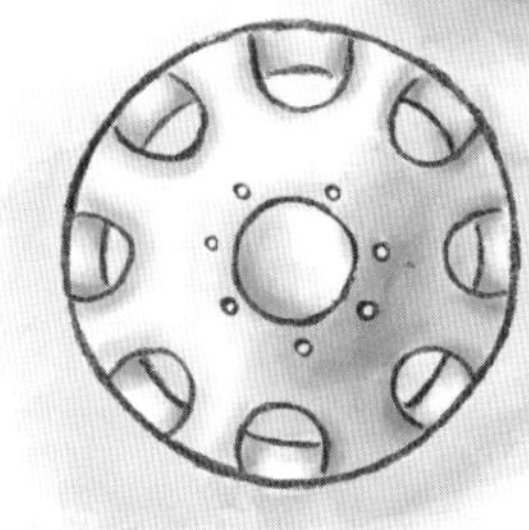

Dorles fantastisches Traumkonzert

Dorles musikalischer Traum ist gar nicht so abwegig. Die Kinder können einfach mal ausprobieren, ob es ihnen gelingt, so ein lustiges Konzert auf die Beine zu stellen. Die Instrumente, die benötigt werden, sind ja im Text beschrieben. Diese lassen sich aber durchaus nach eigenem Geschmack oder vorhandenem Fundus austauschen und ergänzen. Auch die übrigen Materialien sind als wandelbare Vorschläge zu betrachten.

Die Kinder in eine „Orchester-" und eine „Stimmgruppe" aufteilen. Und dann zum Beispiel zu einem von unseren Klimperlieder-Evergreens oder einem anderen Lied, das alle Kinder kennen, ein tolles Konzert mit Klimper-Orchester und ziemlich ungewöhnlicher Stimmbegleitung einüben. Vielleicht lässt sich das Ergebnis ja sogar mit viel Brimborium vor Publikum aufführen?

Einfach losklimpern

Im freien rhythmischen Spiel erwerben die Kinder die Grundlagen elementaren Musizierens. Unsere spielerisch vorbereitenden Übungen lassen sich nach Belieben variieren und sollten jede Musiziereinheit einleiten. Dadurch wird die Fähigkeit, aufeinander zu hören und zu reagieren, als notwendige Grundlage für gemeinsames Musizieren immer wieder geschult.

So kommen die Kinder spielerisch ins musikalische Gestalten und ins gemeinsame musikalische Erleben. Das macht Spaß und spornt Kinder richtig an!

Wichtig: Als Zeichen für Beginn und Ende einer Übungseinheit sollte stets ein ritualisierter Klang stehen, z. B. von einem Gong, einem Triangel oder einem kleinen Becken etc.

Die Klimperkiste wird aufgemacht

Bevor die Kinder mit musikalischer Liedbegleitung beginnen, erhalten sie die Möglichkeit, das vorliegende Instrumentarium gründlich zu erkunden.

Material: 1 mit Instrumenten gefüllte Klimperkiste

Die Spielleitung zeigt die verschiedenen Klanginstrumente und stellt deren Spielmöglichkeiten vor, bevor sie in die Kinderhände gelangen.

Wie heißt denn dieses Instrument?
Wo kommt es her?
Aus welchem Material besteht es?
Wie bringt man es zum Klingen?
Tönt es laut oder leise?
Ist der Klang kurz und laut?
Klingt er lange nach?
Wie kann man ihn mit Worten beschreiben?
Macht es „bum", „tok" oder „dig" oder „grrrrrr"

Alle Kinder hören zu. Danach dürfen sie der Reihe nach das jeweilige Instrument selbst zum Klingen bringen. „Hört mal wie das klingt! Hört mal wie das schwingt."

Klangkette

Jedes Kind bekommt ein Instrument seiner Wahl. Dann dürfen alle nacheinander ihr Instrument und seine Klänge, seine „Sprache" vorstellen und ausprobieren.

Fragen und Antworten

Weiterführend lassen sich mit den Kindern in einem Frage- und Antwortspiel kleine musikalische Dialoge führen.

Die Kinder bilden einen Spielkreis. Eine Rassel „fragt" ein Kind im Kreis. Dieses „antwortet" mit seinem Instrument und „fragt" anschließend ein anderes Kind.

Echo-Spiel

Die Spielleitung gibt einige Klänge vor. Nach einem Moment des Lauschens reagiert die Kindergruppe ihrerseits mit einem gleichen (oder ähnlichen) Klang.

Klangwolke

Die Kinder suchen sich ein Instrument aus und spielen eine „Klangwolke". Zuerst sind die Instrumente ganz still.

- Angeregt durch kleine Hand- und Armgesten der Spielleitung, dürfen dann alle gemeinsam ganz leise spielen.
- Werden die Bewegungen der Spielleitung größer, darf auch die Wolke lauter musizieren.
- Nach und nach darf es sogar richtig laut werden.
- Aber aufgepasst: Die Wolke wird mit kleiner werdenden Bewegungen auch wieder leiser, bis sie am Ende ganz zart verklingt.

Vielleicht möchte auch mal ein Kind die Klangwolke dirigieren?

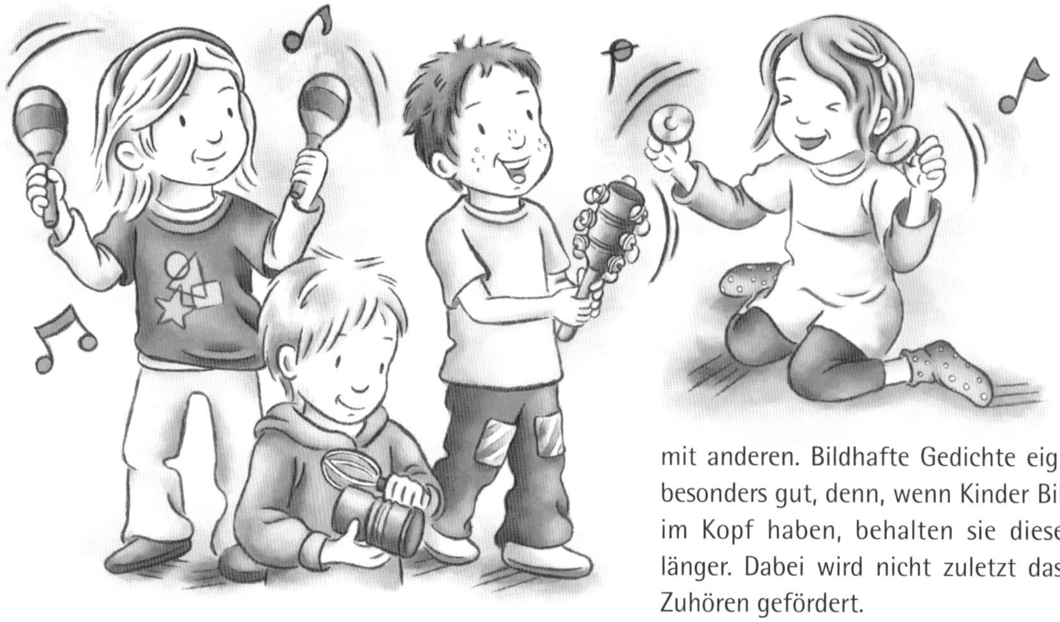

mit anderen. Bildhafte Gedichte eignen sich dafür besonders gut, denn, wenn Kinder Bilder zu Reimen im Kopf haben, behalten sie diese leichter und länger. Dabei wird nicht zuletzt das konzentrierte Zuhören gefördert.

Tipp: Wenn die Kinder unter Anleitung schon einiges erfahren und ausprobiert haben, kann die Klimperkiste auch mal eine halbe Stunde zum freien unangeleiteten Spielen und Ausprobieren geöffnet werden. Während einer solchen Experimentierphase sollte das „Musik Spielen" möglichst von Erwachsenen nicht kommentiert werden.

Übrigens: Nach den ersten Impulsen der Spielleitung ergeben sich oft aus der Kindergruppe heraus neue Spielvorschläge. Diese sollten auf jeden Fall aufgenommen und ausprobiert werden. Vielleicht bekommen die „neuen" Spiele ja auch einen wohlklingenden Namen? Und – aus einem solchen Spiel heraus können sogar schöne kleine Klanggeschichten entstehen.

Bimmel-Rassel-Klimper-Reim-Klanggeschichte

Das Inszenieren von Klanggeschichten ist eine tolle Möglichkeit, Kindern wirklich Spaß am elementaren Musizieren zu vermitteln.

Eine Handlung (Kurzgeschichte) oder ein Gedicht mit klanglichen Mitteln akustisch zu illustrieren, fördert gleichzeitig Fantasie, Kreativität und die Interaktion

Die Qualität einer Klanggeschichte hängt im Übrigen maßgeblich vom Vortrag des Erzählers ab: Je engagierter die zu vertonende Geschichte von der Spielleitung vorgetragen wird, desto stärker steigt auch die Bereitschaft und Kreativität der Kinder.

Egal, mit welchem Geräusch oder Instrument ein Kind etwas klanglich darstellt: Im Vordergrund steht die Individualität der jeweiligen Interpretation. Es geht hierbei nicht um „richtig" oder „falsch". Beim gemeinsamen Umsetzen geht es in erster Linie um die Freude am Klang.

Umsetzung: Mit unserem „Klimper-Klapperkisten-Instrumentarium und einer Portion Fantasie lassen sich sehr schöne Klangerfahrungen machen. Die Kinder nehmen Geräusche in ihrer Umwelt bewusst wahr, erzeugen Rhythmen mit Alltagsgegenständen und entwickeln am Ende eine eigene Komposition.

Tipp: Nehmen Sie die Ergebnisse in Ihrer Gruppe auf, wenn Sie die Möglichkeit dazu haben. Die Kinder haben dann ihre klanglichen Ergebnisse nicht nur dokumentiert, sondern können diese auch reflektieren. Mit einem anderen Gedicht oder einer Geschichte können sie dann weiter üben und schärfen so ihre Ausdrucksweise – nicht nur in klanglicher Darstellung!

Bumm-bu-di-bumm – Eine Klanggeschichte in Reimform

Kinder lieben Reime und ...

Material: Klimperkisten-Instrumente (Trommeln, Glöckchen, Rasseln ... auch Töpfe, Deckel, Dosen ...)

Die Kinder bilden einen Sitzkreis. In der Kreismitte liegen die Klimperkisten-Instrumente. Die Spielleitung trägt die Reime vor und übernimmt die Rolle der Trommel „Bumm-bu-di-bumm“. Den Textzeilen entsprechend probieren die Kinder dann die verschiedenen Klänge aus ...

Der Kindergarten ist wieder mal leer.
Die **Instrumente** langweilen sich sehr.
Sie haben es satt, in der Ecke zu liegen.
Musik ist nun mal ihr größtes Vergnügen.
Verschiedene Instrumente stellen sich vor. Jedes Kind erzeugt mit seinem Lieblingsinstrument eine beliebige Tonfolge.

Da flüstert das **Glöckchen** Bimmeldibimm:
„Ach, ihr wisst gar nicht, wie fröhlich ich bin.
Lasst uns jetzt nacheinander erklingen:
Wir wollen nun jedes einzeln bimmeln.“
Erst bimmelt ein Glöckchen. Danach stimmen verschiedene Glöckchen mit ein.

„Du liebes Glöckchen“, rasselt die **Rassel.**
„Was ist denn das für ein müdes Gequassel?
Wir rütteln und schütteln uns tüchtig aus
Und machen ein Rasselkonzert daraus!“
Erst rasselt eine Rassel. Danach stimmen verschiedene Rasseln mit ein.

„Bumm-bu-di-bumm!“, die **Trommeln** lachen.
„Lasst uns jetzt ein Trommelspiel machen:
Mit **Töpfen** und **Deckeln** – mit **Dosen** und Spaß.
Ich schlag euch was vor – und ihr schlagt das nach.“
Erst ertönt eine Trommel. Danach stimmen verschiedene Schlaginstrumente mit ein.

Wir werden jetzt ein **Trommelspiel** machen
mit allem, was klingt – mit allem, was schwingt.
Wir lauschen der Trommel und ihrem Klang.
Bumm-bu-di-bumm! Und du gehst voran.
Jetzt gibt die Trommel kurze Tonfolgen vor – und alle anderen Trommeln ahmen die Klangfolge nach.

Schon wandern sie fröhlich im Kreis herum.
Vorneweg läuft Bumm-bu-di-bumm.
Klanghölzer, Rasseln, Glocken und Tröten,
Triangel, Trommeln, Tamburin, Flöten.
Alle Kinder stehen auf und laufen gemeinsam im Takt hinter Bum-bu-di-bumm (Spielleitung) im Kreis. Erst gibt die Trommel einen langsamen Rhythmus vor, der schneller und immer schneller wird.

Zum Schluss sagt die Trommel: „Auf Wiedersehen!
Der Kling-Klang-Ausflug war wirklich schön.“
Alle Instrumente gehn fröhlich nach Haus
Und schlafen zufrieden. Die Geschichte ist aus.
Die Kinder setzen sich wieder in den Kreis.

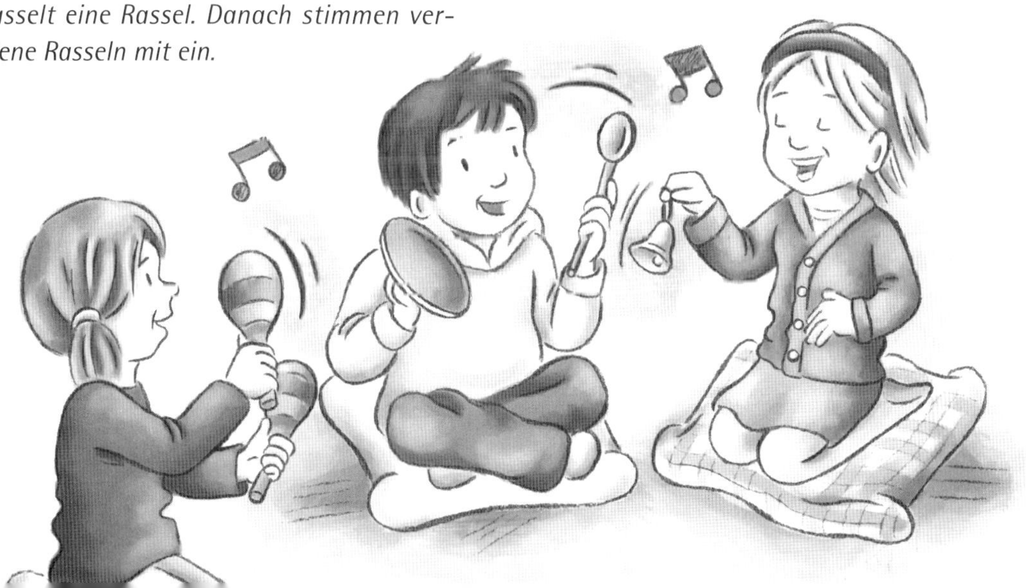

Bumm-bu-di-bumm – Die Regentrommel Geschichte

Neben unserer Klanggeschichte in Reimform gibt es unzählige weitere Möglichkeiten, mit Kindern eine „Geschichte" zu verklanglichen. Bei Kinder-Musizierkreis-Aktionen, die unser Kindermusiktheater „Firlefanz" gerne nach einem Auftritt veranstaltet, ist der vertonte Regenspaziergang eine Geschichte, bei der auch die Allerkleinsten schon begeistert mitmachen. Dabei wird mit den Händen auf den Oberschenkeln eine Körperpercussion ausgeführt. In der hier vorgestellten Version von „Bumm-bu-di Bumm" wird dagegen auf einer Klimperkistentrommel (Plastikeimer, Dose, Karton ...) geklöppelt. Das klingt ganz schön bedröppelt!

Die Spielleitung erzählt die Geschichte und animiert die Kinder mit ihrem begleitenden Geklöppel zum Nachahmen.

Stellt euch mal vor: Es ist Sommer und wir machen alle zusammen einen tollen Spaziergang. Munter stapfen wir drauflos. Kommt ... lauft alle mit!

Gemeinsam im gemäßigten Tempo mit der flachen Hand rhythmisch auf die Trommel schlagen.

Die Sonne scheint. Puh, ist das heiß. Dunkle Wolken ziehen auf. Es sieht aus, als würde es bald einen Regenguss geben.

Das Getrommel wird heftiger.

Ganz plötzlich fährt ein Windstoß durch die Bäume. Die Zweige an den Bäumen rüttelt und schüttelt er, bis die Blätter anfangen zu rauschen. Erst leise, dann lauter. Und in der Ferne hören wir den Donner: Einmal: Bumm! Zweimal: Bumm-Bumm! Dreimal: Bumm-Bumm-Bumm.

Mit der flachen Hand erst gemäßigt über das Trommelfell streichen, dann intensiver und lauter. Schließlich wie im Text beschrieben laute Donnerschläge.

Schon platschen die ersten dicken Regentropfen vom Himmel. Pitsche-Patsche-Patsche-Pitsche. Trippel-trappel-tripp-trapp-trapp ...

Mit einzelnen Fingerkuppen auf das Trommelfell tippen. Regentropfen andeuten.

Wenn wir nicht patschnass werden wollen, müssen wir zusehen, dass wir uns irgendwo unterstellen können. Los Kinder! Wir laufen so schnell es geht in eine kleine Hütte.

Gemeinsam im beschleunigten Tempo mit der flachen Hand wild durcheinander auf die Trommel schlagen.

Uff, geschafft. Endlich sind wir da. Der Regen, der auf das Dach fällt, klingt wie leises Getrommel. Und dazu singt der Wind sein Rauschelied in den Bäumen.

Mit einzelnen Fingerkuppen auf das Trommelfell tippen. Regentropfen andeuten. Dazu mit dem Mund Zisch-Zisch-Geräusche machen.

Langsam lässt der Regen nach. Die Sonne schiebt sich zwischen den Wolken hervor und wir entdecken einen wunderschönen Regenbogen. Dazu machen die Vögel „Piep-Piep", denn die Vögel haben die Sonne ganz lieb.

Mit den Handflächen sanft über das Trommelfell reiben und dazu fröhlich piep, piep, piep „zwitschern"

Nun ist der Regen vorbei. Alles ist ganz still. Und wir gehen nach Haus. Mit Trippel-Trappelschrittchen. Die Geschichte ist aus.

Gemeinsam im gemäßigten Tempo mit der flachen Hand rhythmisch auf die Trommel schlagen. Erst laut ... dann leiser und immer leiser ...

Tierische Ohrwürmer

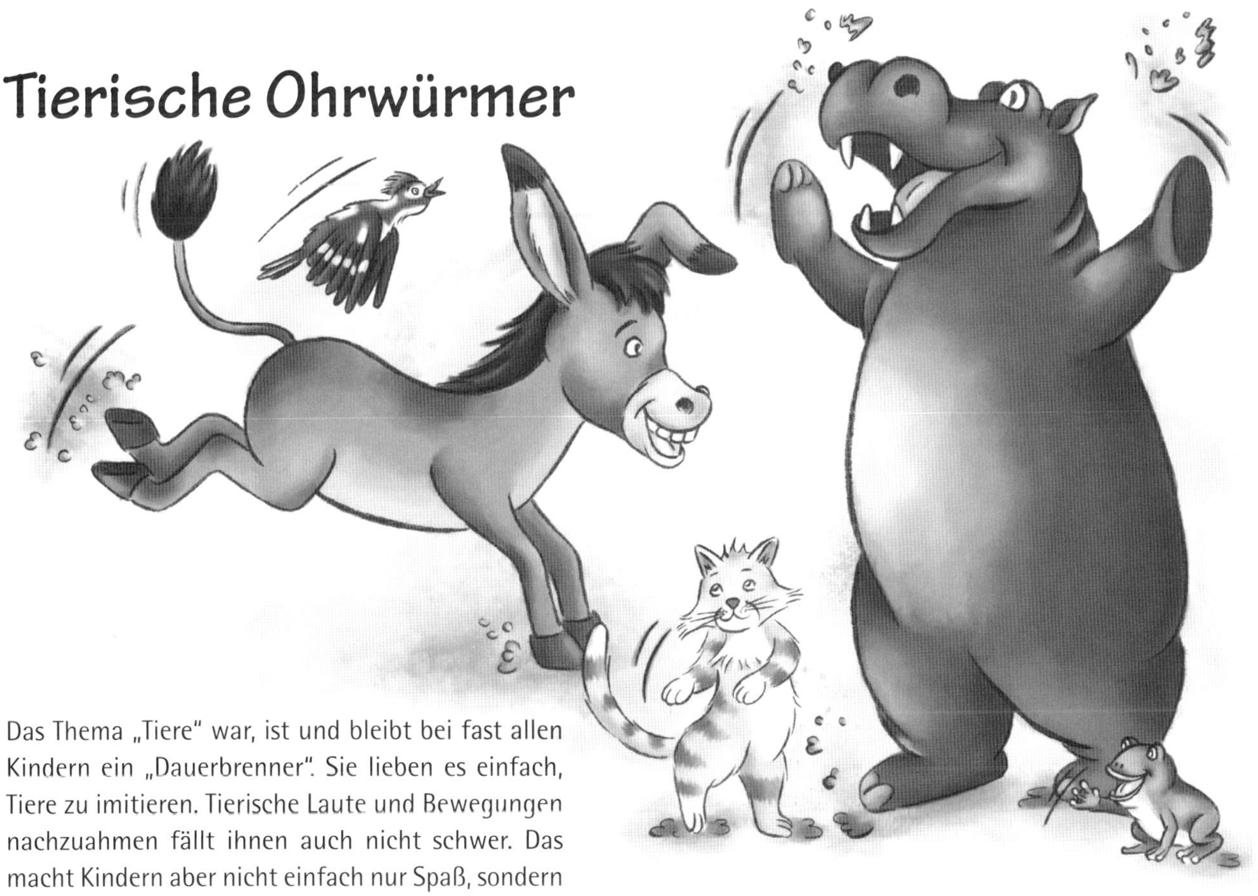

Das Thema „Tiere" war, ist und bleibt bei fast allen Kindern ein „Dauerbrenner". Sie lieben es einfach, Tiere zu imitieren. Tierische Laute und Bewegungen nachzuahmen fällt ihnen auch nicht schwer. Das macht Kindern aber nicht einfach nur Spaß, sondern lässt auch Bilder im Kopf entstehen.

Zum Einstieg und „Aufwärmen" haben wir uns fünf lustige Tierlieder ausgedacht, die sich auf verschiedene Arten einsetzen lassen, z.B.: zu Beginn einer fröhlichen Sing- und Musizierrunde oder einfach mal zwischendurch, einzeln oder im Block, je nach Gelegenheit und individuellem Bedarf.

Beim gemeinschaftlichen Musizieren mit Kindergruppen übernehmen die PädagogInnen grundsätzlich eine Vorbildfunktion. Die Kinder werden stets zum Nachmachen – zum Nachahmen – inspiriert.

> Nachahmung ist eine spielerische Form von Einprägen. Kinder lernen durch Nachahmung. Dies ist beim Musizieren und Singen nicht anders als beim Sprechen- oder Laufenlernen. Das Ziel dabei ist das natürliche Interesse des Kindes an Musik zu wecken.

Unsere tierischen Ohrwürmer laden zum Mitsingen, -klatschen, -musizieren ein. Sie sind derart gestaltet, dass sie sich zum rhythmischen Bewegen besonders eignen.

Alle Lieder sind in einem überschaubaren Melodiebogen gehalten und sind mit nur zwei Akkorden für Gitarren und Ukulele leicht zu begleiten. Darüber hinaus bietet sich die Möglichkeit die Lieder mit unseren Klimperkiste-Percussions-Instrumenten in der Kindergruppe musikalisch umzusetzen.

Die Texte sind alle so gestaltet, dass nach Ende eines Liedes nahtlos wieder von vorne angefangen werden kann. Kinder lieben diese Wiederholungen. Es könnte also sein, dass sie ein Lied mehrere Male hintereinander singen wollen. Gut so. Denn durch wiederholtes Mitsingen ergibt sich zusätzlich ein positiver Effekt auf die Sprachentwicklung.

Miau und viel Spaß!

Katzen Tapp-Tapp

1 und 26 (instr.)

Text: Susanne Steffe / Musik: Dorle Ferber

Wenn Katzen spazieren gehen, bestechen sie durch ihre geschmeidigen und eleganten Bewegungen. Sie verbringen auch viel Zeit damit, sich zu putzen. Doch obwohl sie meist freundlich und gelassen wirken, sind sie doch Raubtiere, die blitzschnell ihre scharfen Krallen ausfahren können. Das fasziniert Kinder und regt sie ebenso zur Nachahmung an wie auch die Laute, die sie von sich geben.

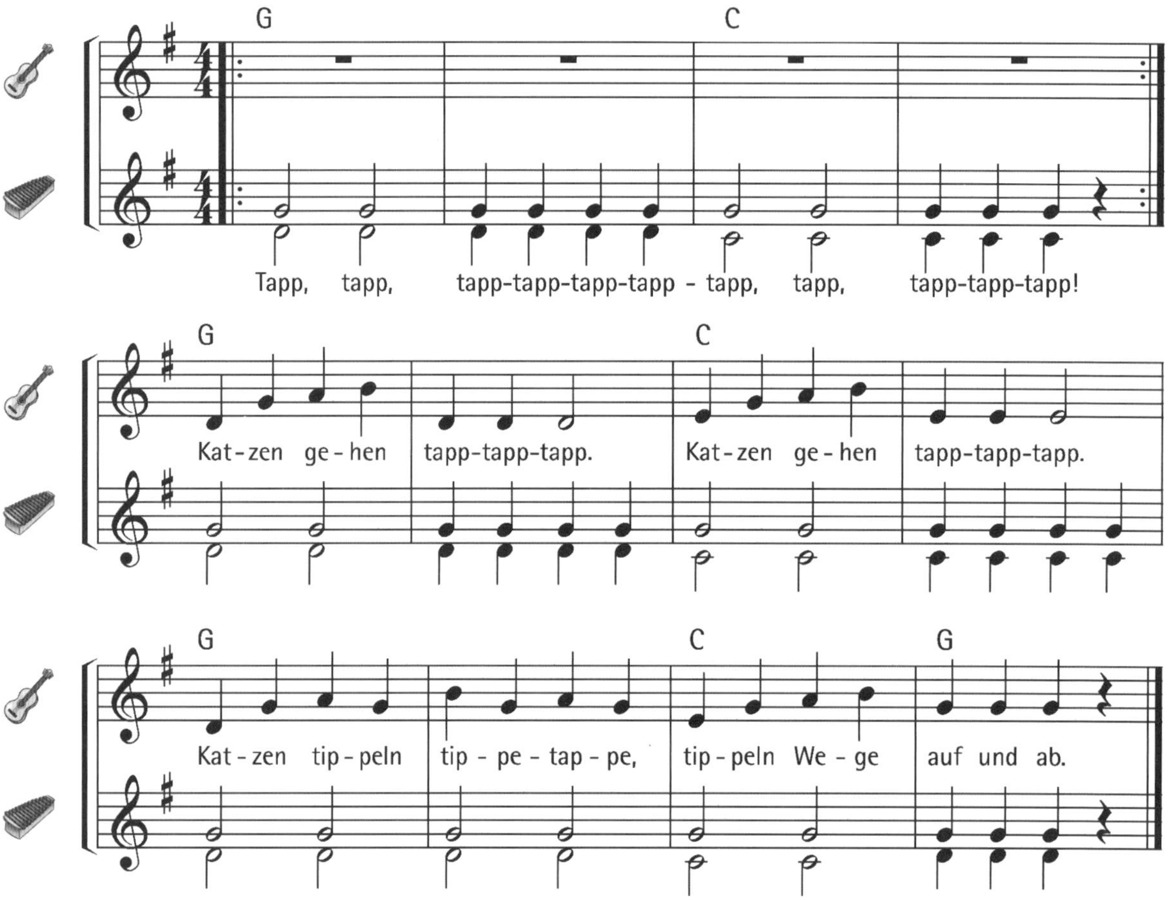

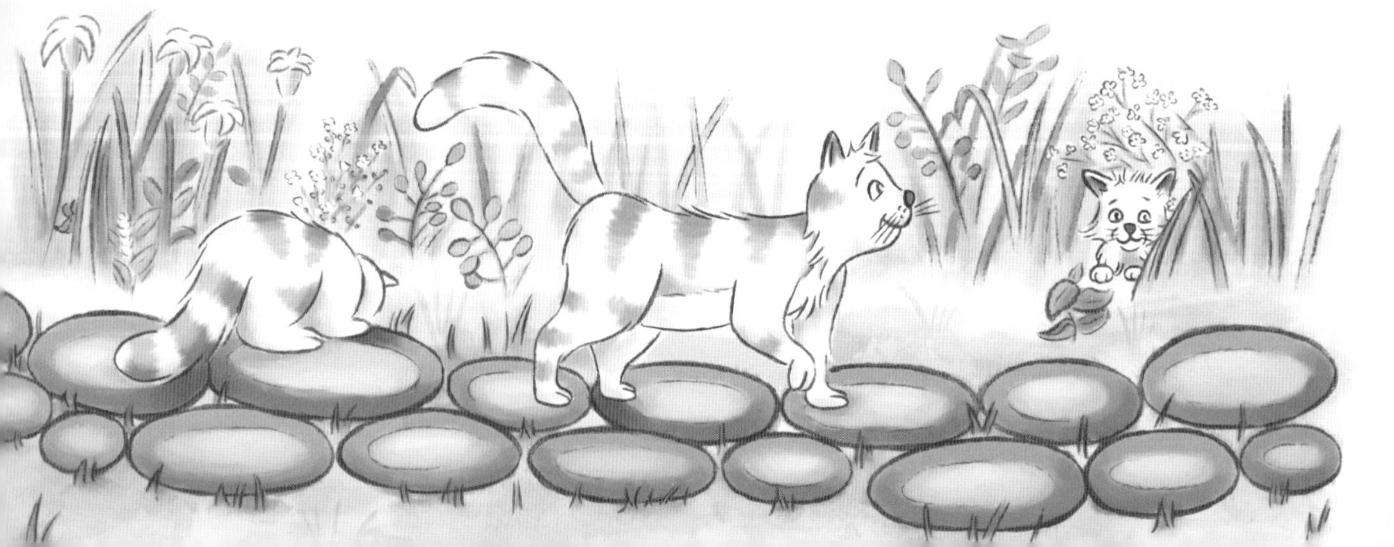

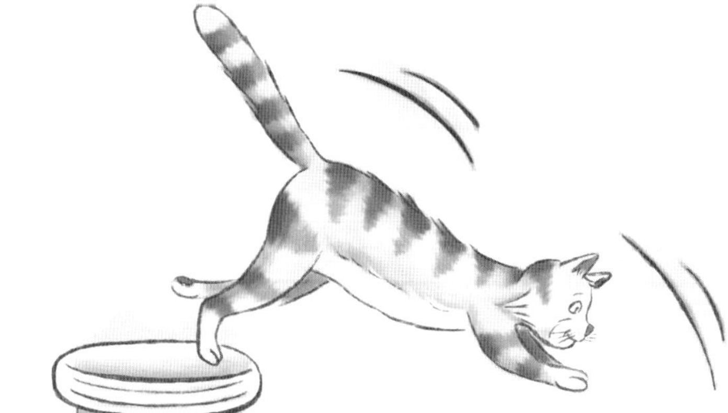

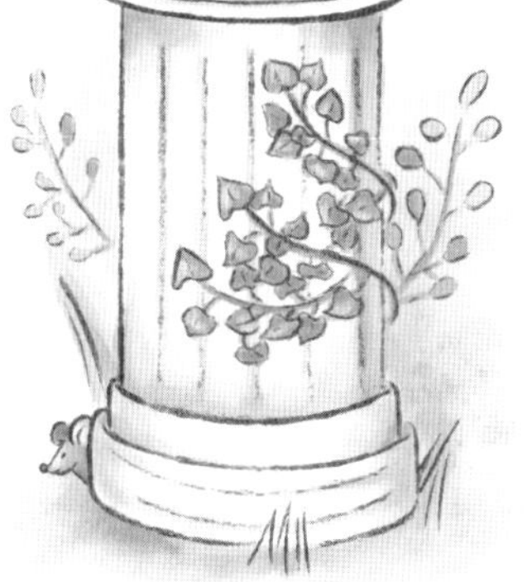

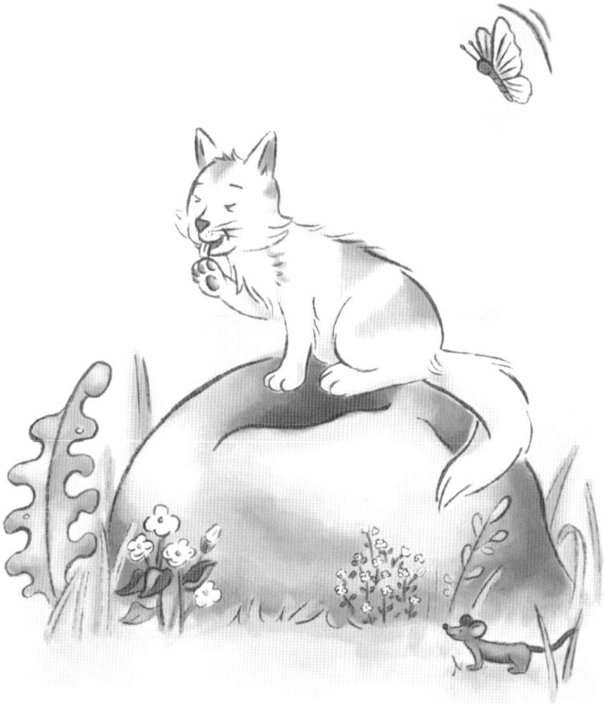

Die Kinder bilden eine Reihe.

Katzen gehen tapp-tapp-tapp
Katzen gehen tapp-tapp-tapp
Katzen tippeln tippe-tappe
Tippeln Wege auf und ab
auf und ab tippeln

Katzen schlecken lapp-lapp-lapp
Katzen schlecken lapp-lapp-lapp
Katzen schlecken lappi-lapp
Schlecken ihre Pfoten ab
stehen bleiben und Finger „abschlecken" erst die eine, dann die andere „Pfote"

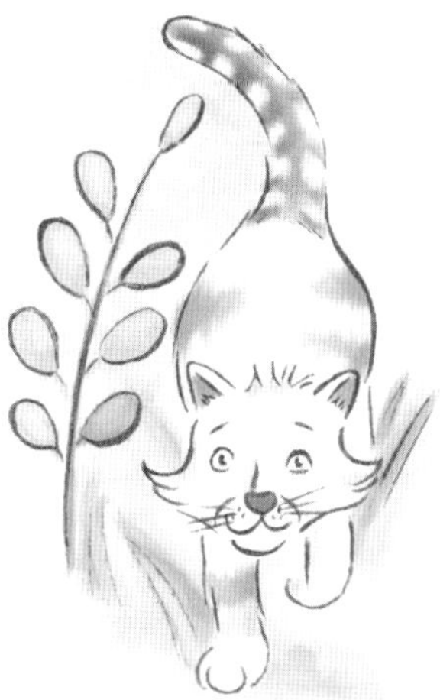

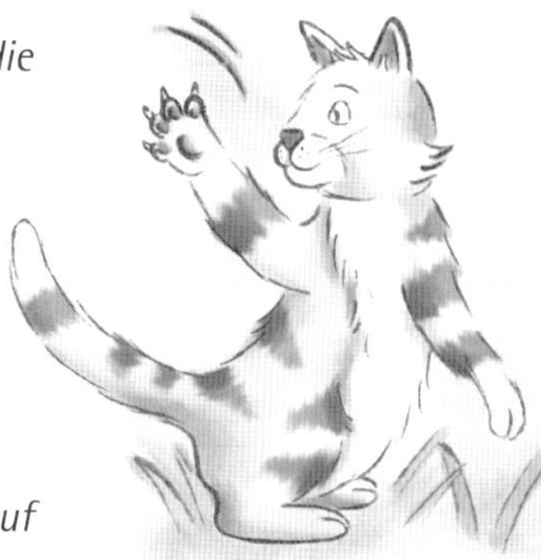

Katzen machen miau-miau-miau.
Katzen machen miau-miau-miau.
Katzen miauen mau – mio
auf und ab tippeln und miauen
Zeigen ihre Krallen – oh!
Hände vorstrecken und die Finger als Krallen auf und ab bewegen

Auf in die nächste Runde:
Katzen gehen tapp-tapp-tapp ...

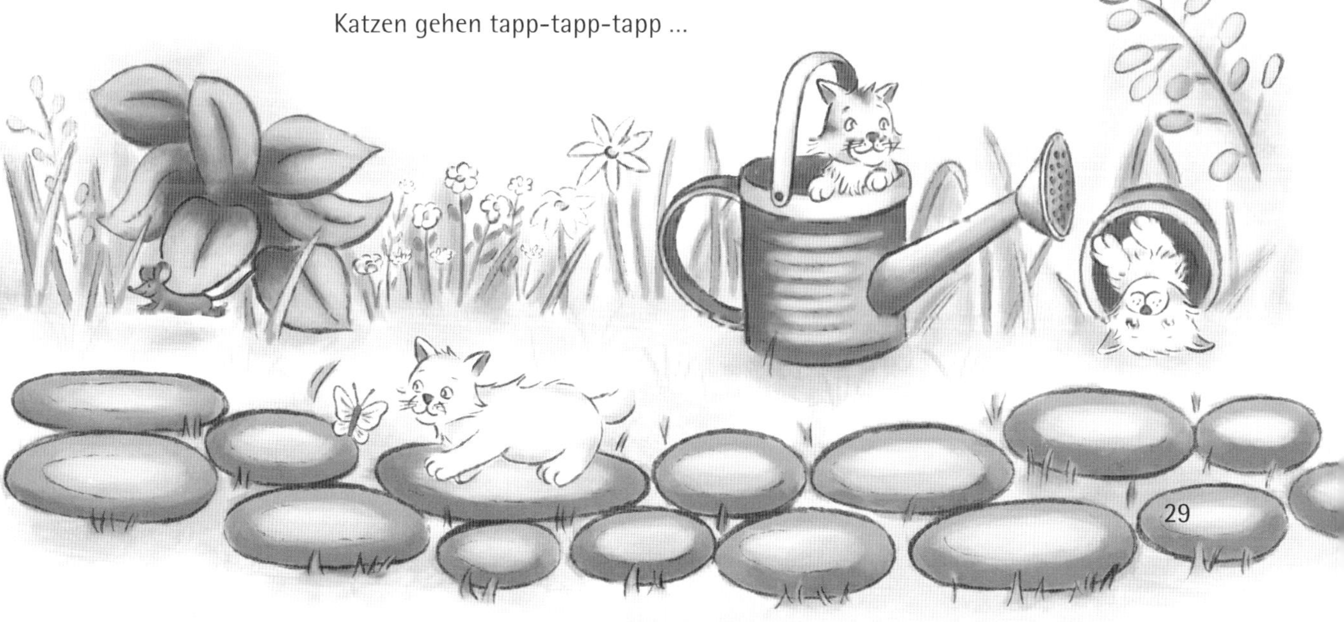

Bühnenreifes Katzenkonzert

Es gibt bei Katzen nicht nur ein simples „Miau" zu hören, sondern unzählige Abwandlungen davon. Die verschiedenen „Miaus" haben auch verschiedene Bedeutungen. Wer seine Katze gut kennt, weiß auch, was sie mit dem jeweiligen Laut „sagen" will. Da liegt es doch nahe, die Kinder dazu zu motivieren, diese Laute vorzustellen – um dann gemeinsam ein mehrstimmiges Miau-miau-Katzengejaule anzustimmen.

Die Spielleitung fragt jedes Kind, ob es eine Katze hat oder eine kennt – und ob es weiß oder sich vorstellen kann, wie sie miaut oder welche Laute sie sonst noch macht. Das Kind macht dann Katzenlaute nach und sagt auch immer, was diese seiner Meinung nach zu bedeuten haben.

Wie klingt denn z. B.: „Ich habe Katzenhunger?"
Oder: „Ich muss mal – lass mich raus."
Oder: „Ich habe gejagt und Beute gebracht – sieh nur!"
Oder: „Oh – ich bin so verschmust – streichle mich doch mal."
Oder: „Wow – geht's mir gut ..."
Oder: „Achtung, Kollege – geh aus dem Weg – oder es gibt Ärger!"
Oder: „Miauuuuuuuuuuohhhah – ich bin ja sooo verliebt. Katzendame, bitte antworte mir!"

Zum Schluss sucht jedes Kind sich sein Lieblings-Miau aus und dann miauen alle gemeinsam auf die Melodie unseres Tapp-Tapp-Liedes.

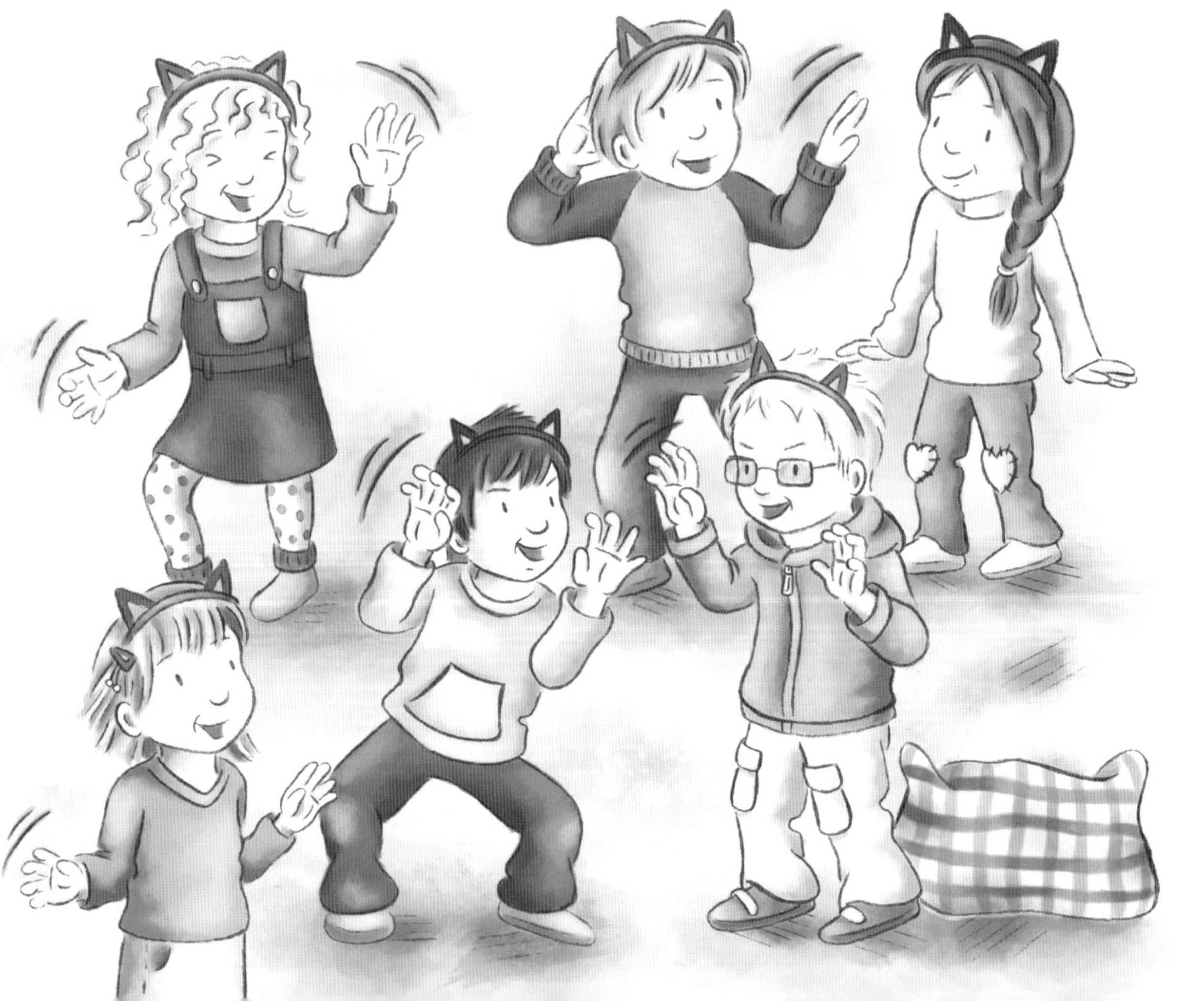

Wir musizieren zum „Katzen Tapp-Tapp-Lied“

Tonart: G-Dur
Taktart: 4/4 Takt, ein gemütliches Katzentempo

Wir musizieren mit: Gitarre / Ukulele, Xylophon, großer Rahmentrommel & viel guter Katzenlaune! Miau!

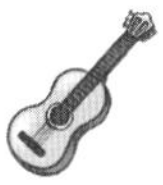

Gitarre / Ukulele

Akkorde: G-Dur, C-Dur
Wir streichen immer, wenn ein Akkord angegeben ist, ganz langsam mit den Fingern über die Saiten.

Gitarrengriffe

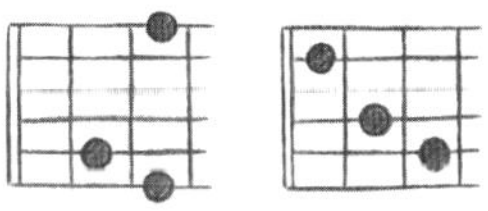

Ukulelegriffe

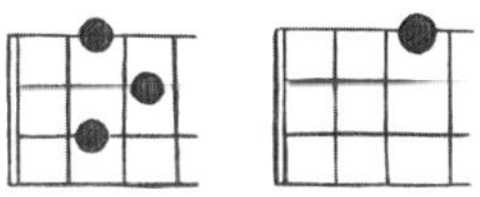

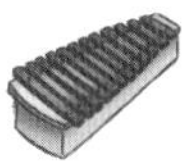

Xylophon

Wir bespielen nur die Töne **C**, **D**, **G** und entfernen alle anderen Klangstäbe oder markieren C, D und G mit farbigen Klebepunkten. Die Xylophonstimme könnt ihr auch zu zweit an einem Instrument spielen.

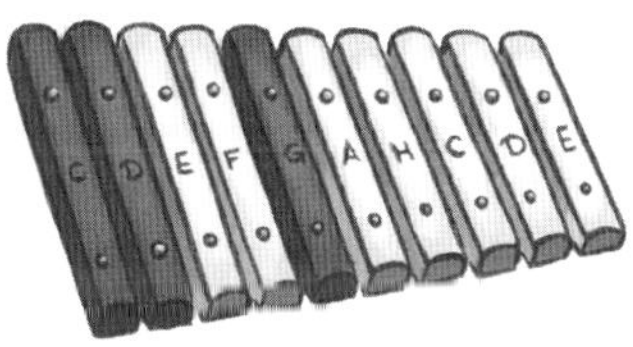

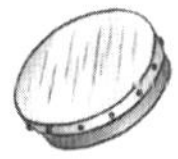

Rahmentrommel

Die Rahmentrommel darf gerne groß sein.

- Wir versuchen, wie es klingt, wenn wir mit der Hand über das Trommelfell streichen, so als würden wir ein Kätzchen streicheln. Diesen Klang nehmen wir für den **langen Ton.**

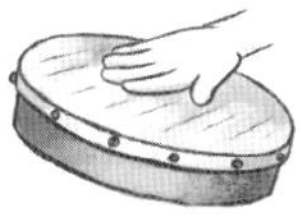

- Die **kurzen Töne** werden mit der ganzen Hand gespielt: Unser „rundes“ Katzenpfötchen klopft auf das Trommelfell.

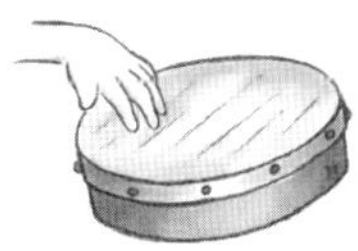

Rhythmusfigur:
| llaaaang, kurz, kurz | llaaaang, kurz, kurz | und immer so weiter

Kleiner Esel Wackelohr

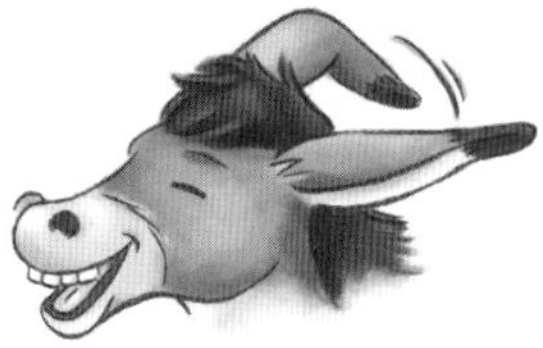

2 und 27 (instr.)

Text: Susanne Steffe / **Musik:** Dorle Ferber

Esel sind bei uns inzwischen recht selten. Unsere Kinder kennen sie meist nur aus dem Urlaub oder aus dem Streichelzoo. Die vielen Esellieder, die es gibt, beweisen allerdings, dass das in früheren Zeiten mal anders gewesen ist. Die sehr belastbaren und genügsamen Tiere, die mit ihren langen Ohren richtig nett aussehen, wurden zu vielen Arbeiten herangezogen. Die lieben Esel können aber auch sehr stur und trotzig sein, und ihr lautes I-Ahhh ist eine bemerkenswert durchdringende Lautäußerung.

Unser Lied fasst nun für Kinder diese typischen Eigenschaften in leicht singbaren Versen zusammen. Zum musikalischen Einleitungsteil/Zwischenspiel werden die Kinder motiviert als „Kleine Eselchen" ihr heiteres I-Ahhh I-Ahhhh anzustimmen.

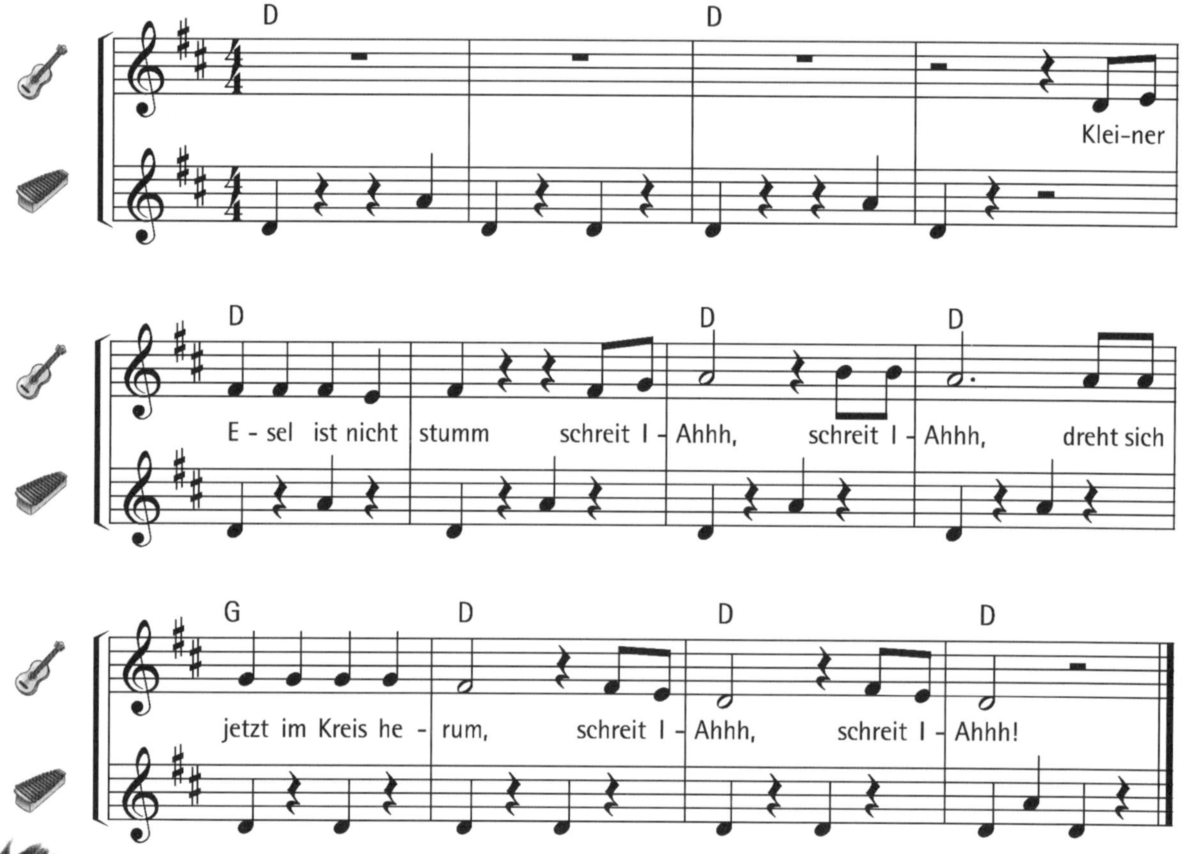

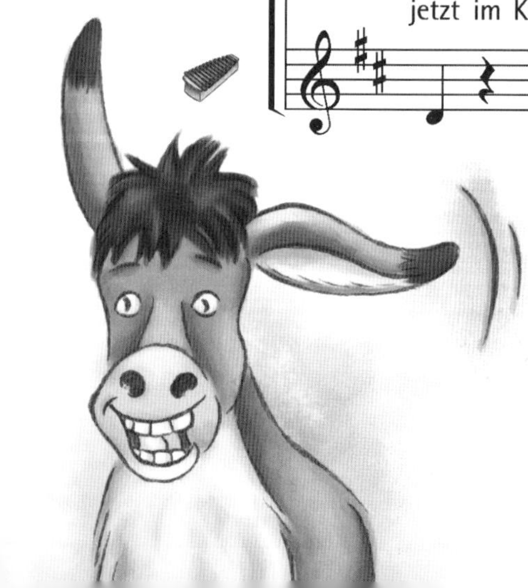

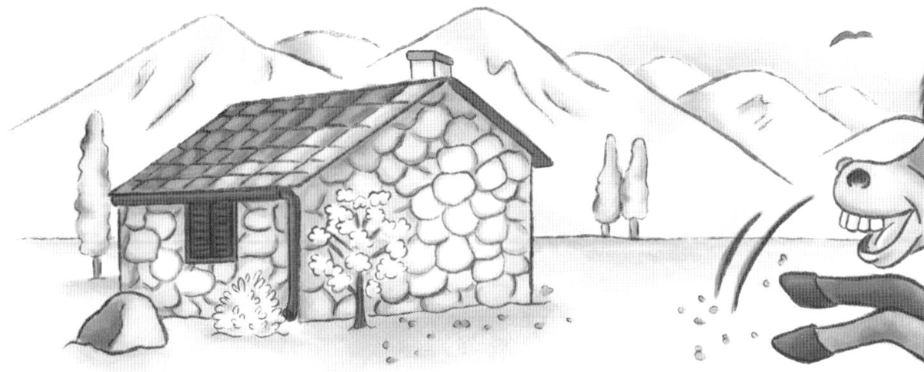

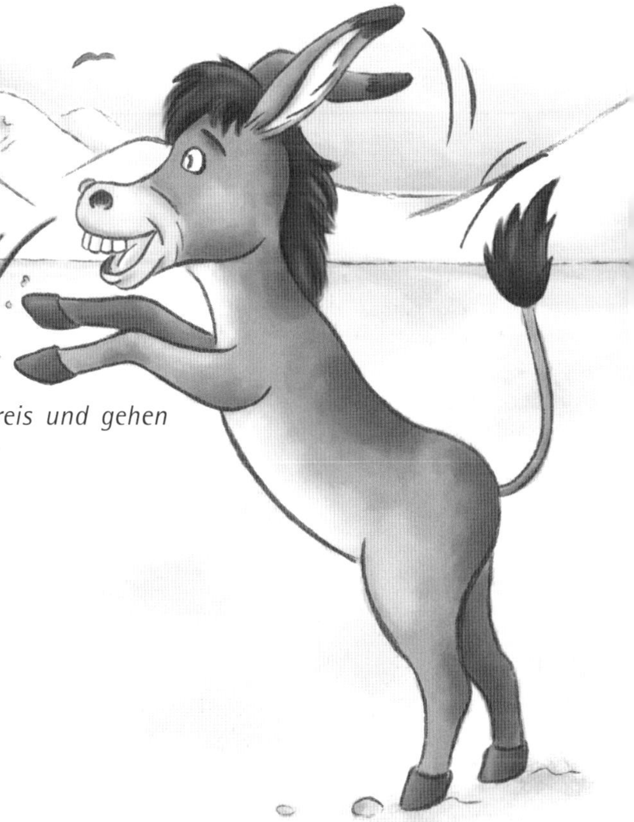

Die Kinder bilden einen Spielkreis und gehen singend im Rhythmus zur Musik.

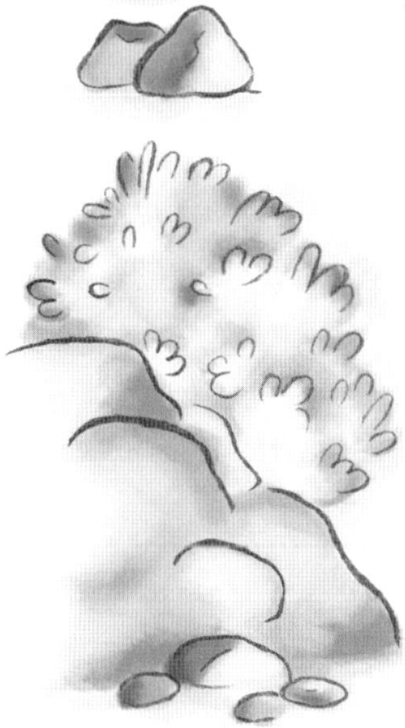

Kleiner Esel ist nicht stumm
Schreit I-Ahhh, schreit I-Ahhh
Dreht sich jetzt im Kreis herum
um sich selbst drehen
Schreit I-Ahhh, schreit I-Ahhh

Kleiner Esel Wackelohr
stehen bleiben
Schrcit I-Ahhh, schrcit I-Ahhh
Geht zwei kleine Schritte vor
zwei Schritte vorwärts gehen
Schreit I-Ahhh, schreit I-Ahhh

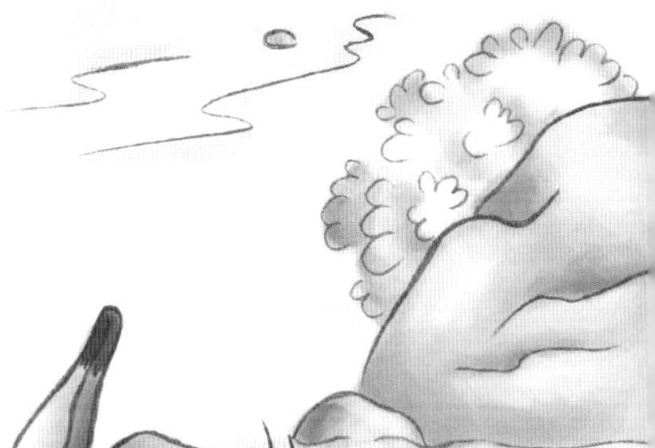

Kleiner Esel will nicht gehen
stehen bleiben
Schreit I-Ahhh, schreit I-Ahhh
Bleibt wie angewurzelt stehn
Schreit I-Ahhh, schreit I-Ahhh

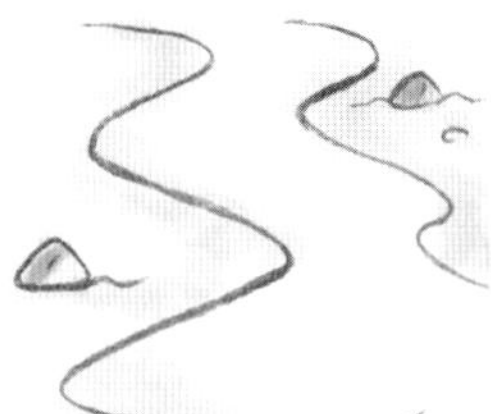

Auf in die nächste Runde:
Kleiner Esel ist nicht stumm ...

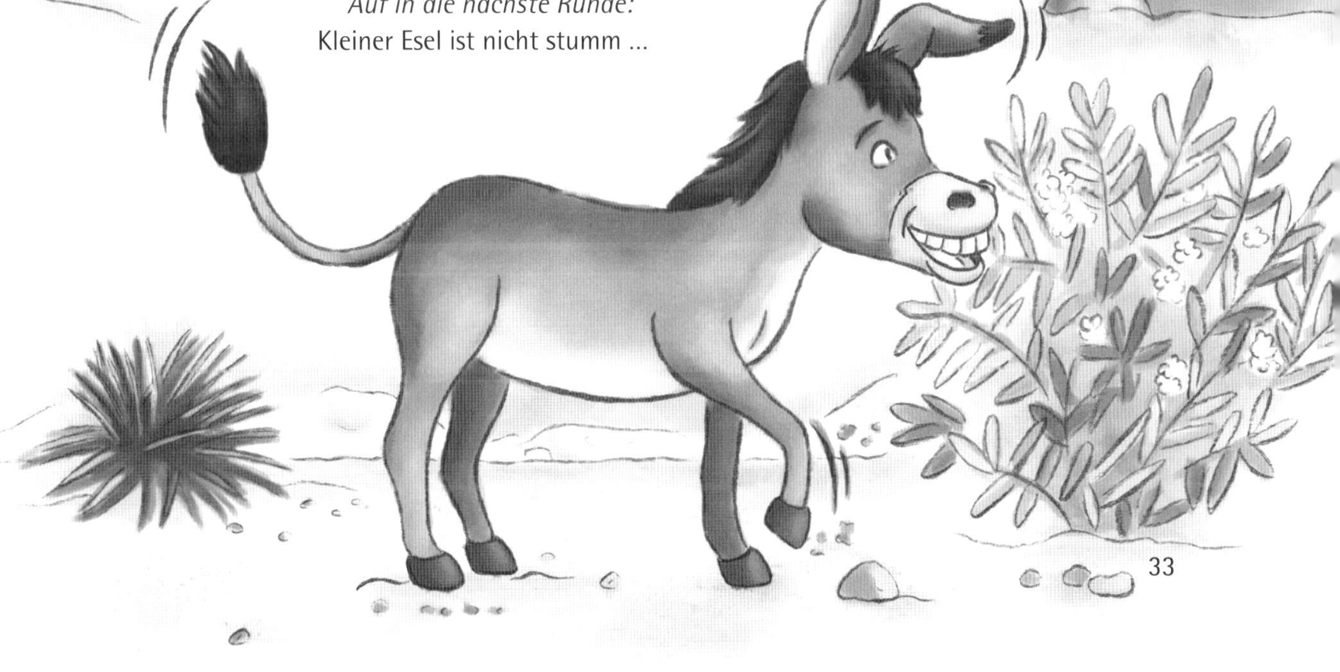

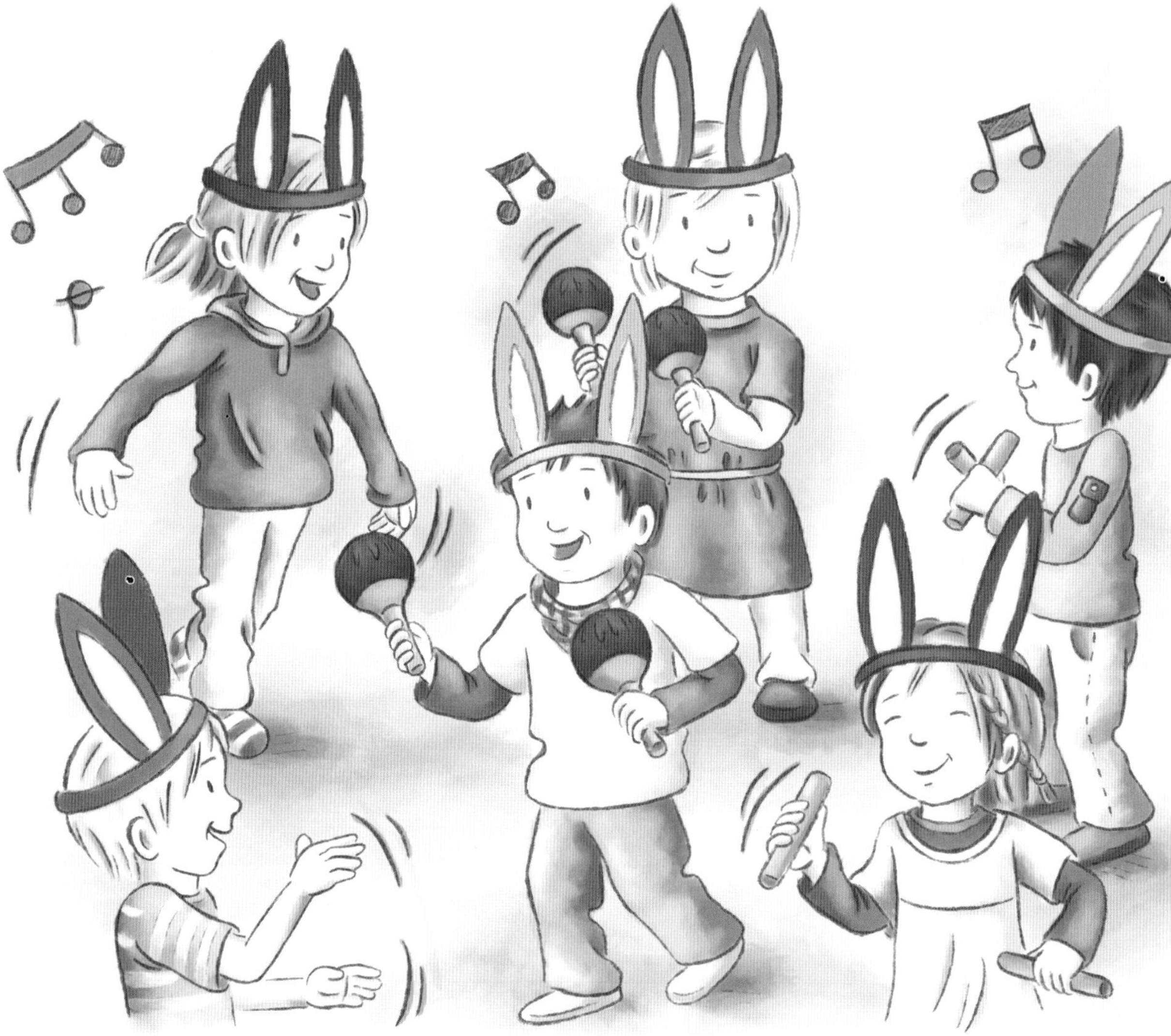

Eselsohren-Bastelei

Mit richtig schönen langen selbst gebastelten Wackel-Eselsohren macht unser Spiellied den Kindern noch mehr Spaß.

Material: graues, braunes oder schwarzes Tonpapier, Schere, Lineal, Maßband, Schere, Tacker

Zuerst aus Tonpapier einen ca. 4 cm breiten Streifen ausschneiden, den die Spielleitung in der Länge an den jeweiligen Kinderkopf anpasst und mit dem Tacker zu einem Ring schließt. Dann zwei schöne Eselsohren auf Tonpapier aufmalen, ausschneiden und mit dem Tacker am Papierstreifen befestigen. Fertig sind die Eselsohren – und zum Esellied immer schön mit den Ohren wackeln.

Tipp: Zum Thema Esel bietet es sich an, den Kindern Märchen, Fabeln und Geschichten vorzulesen, die es in Hülle und Fülle gibt, z. B. Tischlein deck dich oder die Bremer Stadtmusikanten, oder eine der vielen Geschichten über den allen türkischen Kindern bekannten Nasreddin Hodscha und seinen Esel.

Wir musizieren zu „Kleiner Esel Wackelohr“

Tonart: G-Dur
Taktart: 4/4 Takt, im nicht zu langsamen Eselstrab!

Wir musizieren mit: Gitarre/Ukulele, Xylophon, 2 Klanghölzern oder 2 Kokosnussschalen

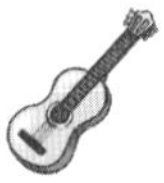

Gitarre/Ukulele

Akkorde: D-Dur, G-Dur
Wir streichen immer, wenn ein Akkord angegeben ist, ganz langsam mit den Fingern über die Saiten.

Gitarrengriffe

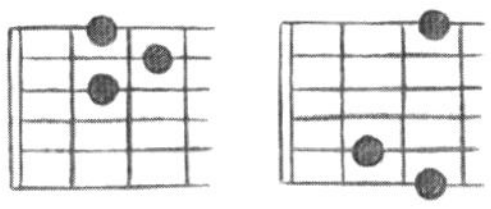

Ukulelegriffe

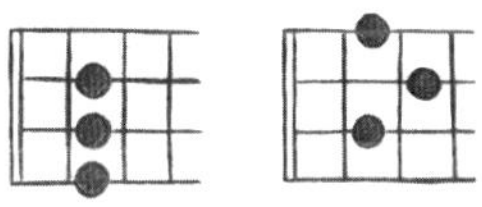

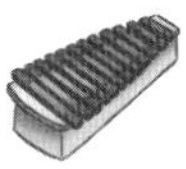

Xylophon

Wir bespielen nur die Töne **D** und **A** und entfernen alle anderen Klangstäbe oder markieren sie entsprechend.

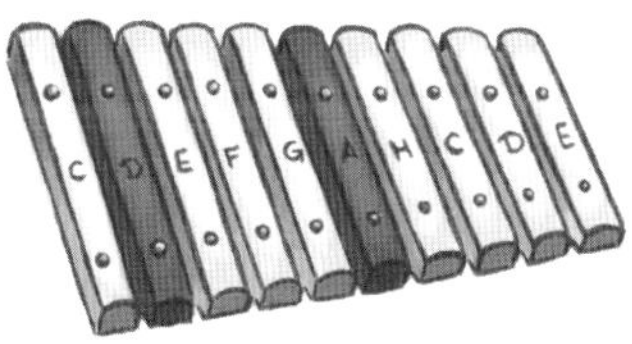

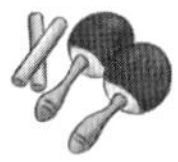

Percussions

Hölzer und/oder Kokosnussschalen
Die Hölzer und/oder Kokosnussschalen spielen das ganze Lied durchgehend folgende 2-taktige Rhythmusfigur und wir sprechen dazu:

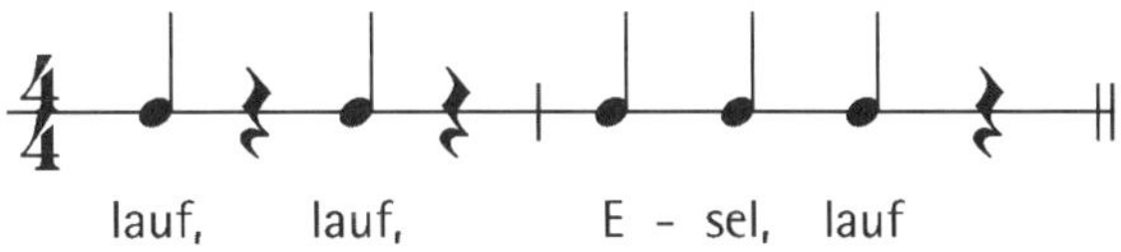

Bevor gesungen wird, spielen wir die Rhythmusfigur 2x durch, dann kommen Gitarre und Xylophon dazu.

Tipp: Achtet beim Anhören der CD besonders auf den Gesangseinsatz und probiert das Singen einfach ein paar Mal mit der CD.

Der Hockequakespringfrosch

3 und 28 (instr.)

Text: Susanne Steffe / **Musik:** Dorle Ferber

Der Frosch eignet sich hervorragend dazu, imitiert zu werden. Nicht umsonst gibt es so zahlreiche Kinderlieder über diesen lustigen Gesellen. Unser Froschlied bringt die kleinen Frösche auch gut in Bewegung. Also los! Quaken und springen und sitzen und quaken und quaken und hopsen. Beim Zwischenspiel das Xylophon mit rhythmischem Froschgequake begleiten.

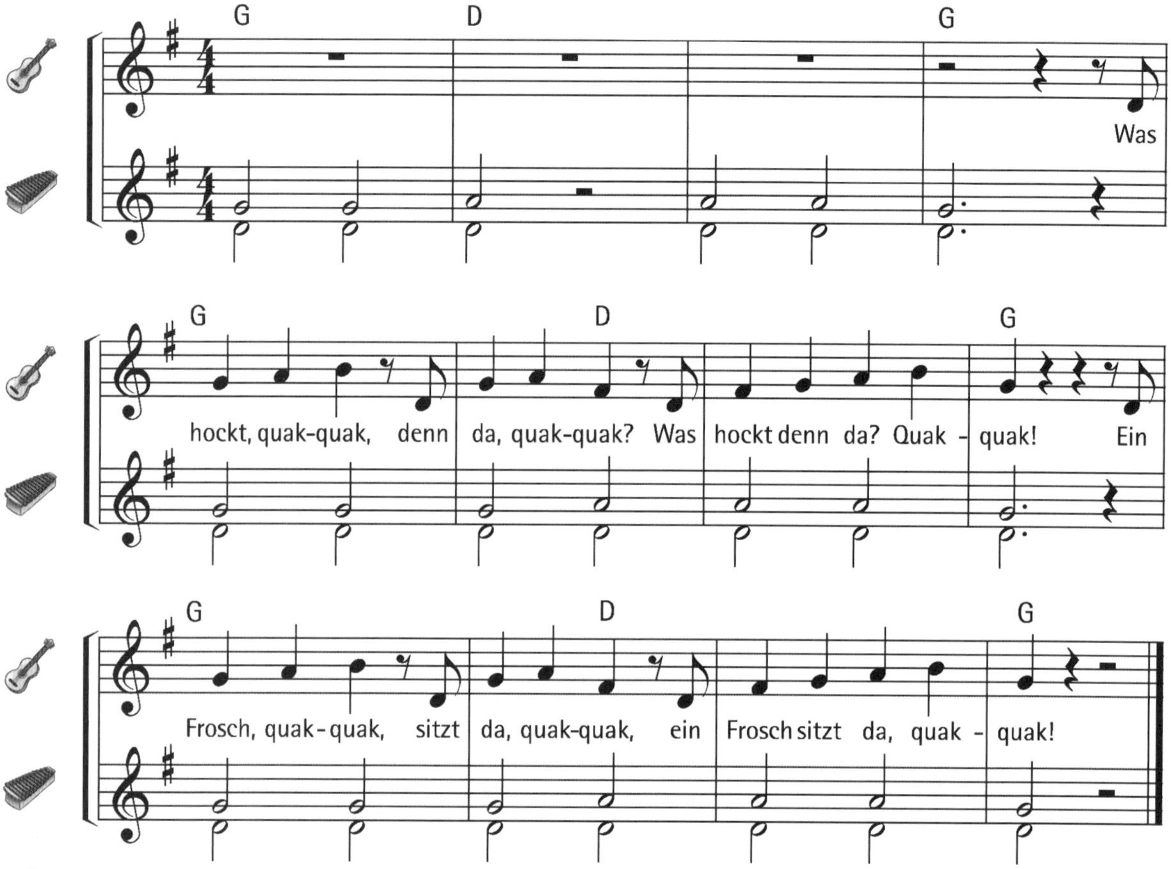

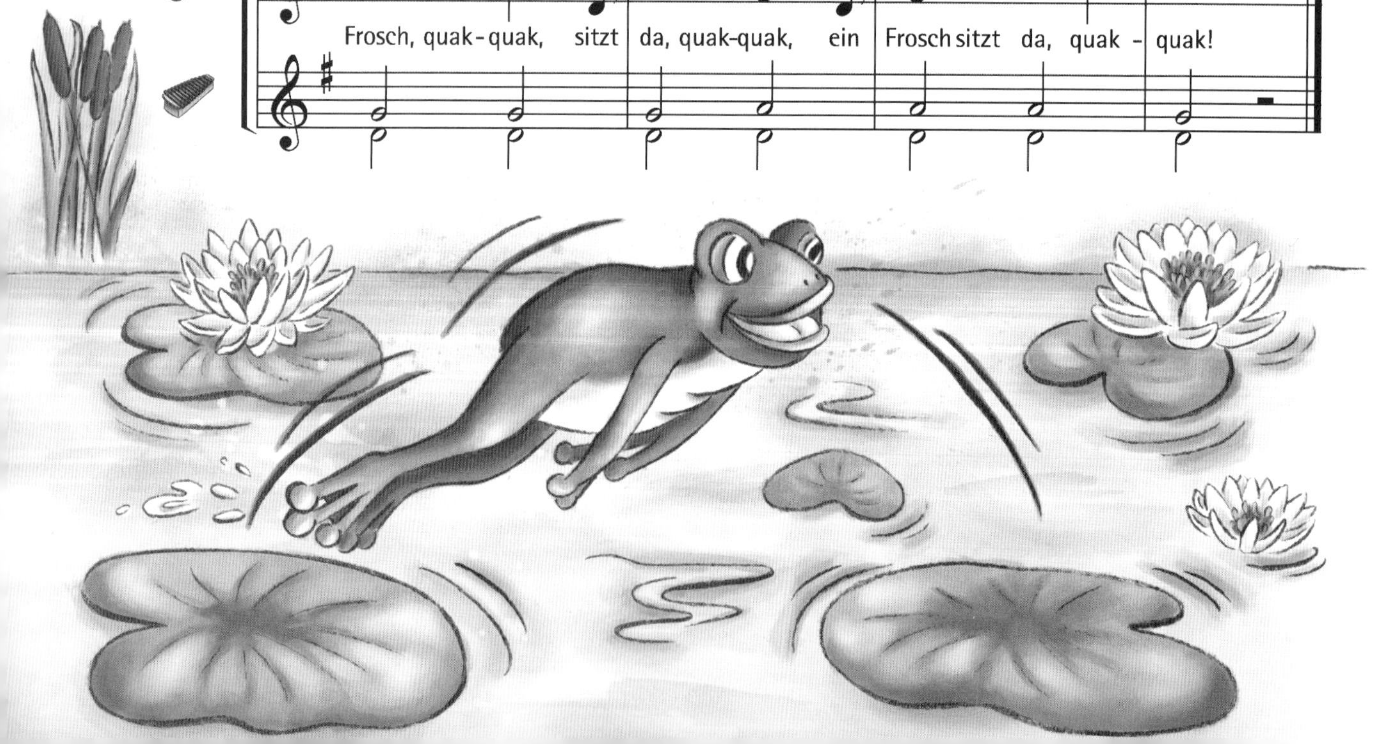

Die Kinder bilden einen Spielkreis.

Was hockt, quak-quak, denn da, quak-quak?
Was hockt denn da? Quak-quak?
hocken und mitquaken

Ein Frosch, quak-quak, sitzt da, quak-quak.
Ein Frosch sitzt da, quak-quak.
hocken und mitquaken

Was springt, quak-quak, so hoch, quak-quak?
Was springt so hoch, quak-quak?
in die Luft springen und mitquaken

Ein Frosch, quak-quak, springt hoch quak-quak.
Ein Frosch springt hoch, quak-quak.
in die Luft springen und mitquaken

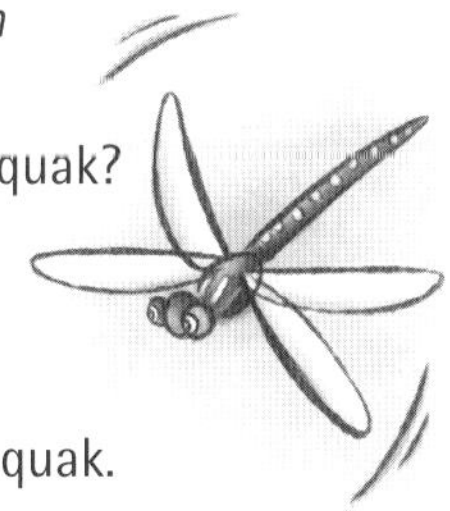

Was ruft, quak-quak, denn hier quak-quak?
Was ruft denn hier, quak-quak?
hocken und mitquaken

Ein Frosch quak-quak, ruft hier, quak-quak.
Ein Frosch ruft hier, quak-quak.
quakend herumhüpfen

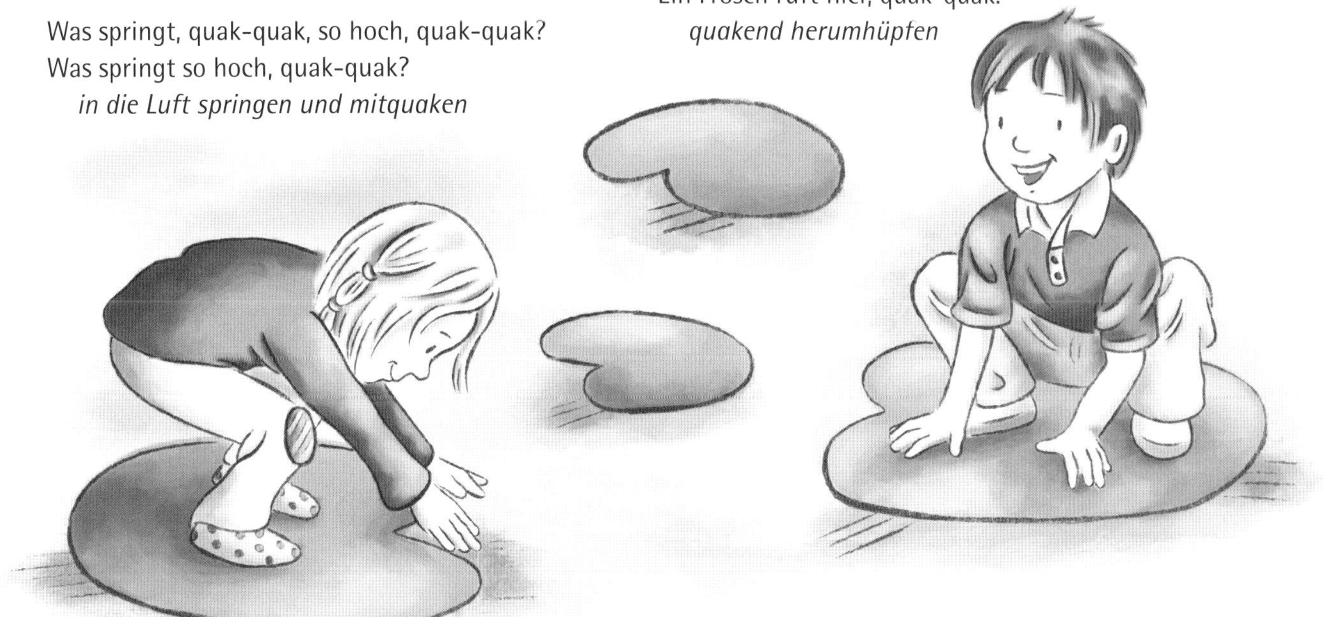

Das Hockequakespringfrosch-Spiel

Wenn die Kinder schon hopsen und quaken, dann können sie im Anschluss an das Lied gleich noch ein lustiges Spielchen spielen.

Material: große Seerosenblätter (aus grünem Tonpapier ausgeschnitten), evtl. Doppelklebeband, evtl. kleine Belohnung (Gummifrosch, Krone aus Goldpapier o. Ä.)

Vorbereitung: Die „Seerosenblätter" als Parcours mit Start- und Zielpunkt im Raum verteilen – so weit voneinander entfernt, dass die Kinder von Blatt zu Blatt hopsen können – und evtl. mit Doppelklebeband am Boden fixieren.

Die Kinder verwandeln sich in Frösche und hopsen von Blatt zu Blatt bis zum Zielpunkt. Wer den Boden berührt, muss wieder an den Startpunkt zurück. Am Ziel winkt vielleicht eine kleine Belohnung?

Wir musizieren zu „Der Hockequakespringfrosch“

Tonart: G-Dur
Taktart: 4/4 Takt – fröhlich gequakt!

Wir musizieren mit: Gitarre/Ukulele, Xylophon, Guiro & Bodypercussion

> **Guiro** – das ist der Fachbegriff für ein Instrument, das beim Spielen wie ein Frosch im Teich klingt. Es gibt sogar welche, die aus Holz geschnitzt sind und wie Frösche aussehen. Wir können aber auch eine leere, geriffelte Konservendose mit einem Stäbchen anspielen.

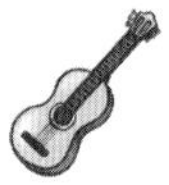

Gitarre/Ukulele

Akkorde: G-Dur, D-Dur
Wir streichen immer, wenn ein Akkord angegeben ist, ganz langsam mit den Fingern über die Saiten.

Gitarrengriffe

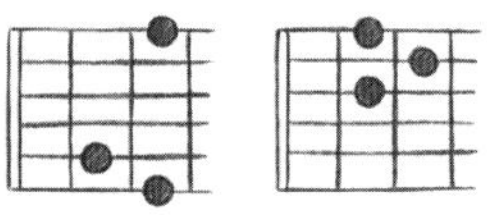

Ukulelegriffe

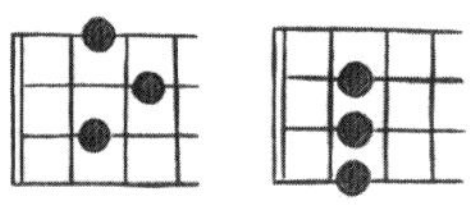

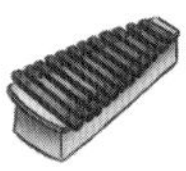

Xylophon

Wir bespielen nur die Töne **D, G, A** und entfernen alle anderen Klangstäbe oder markieren sie entsprechend. Die Xylophonstimme kann auch zu zweit an einem Instrument gespielt werden.

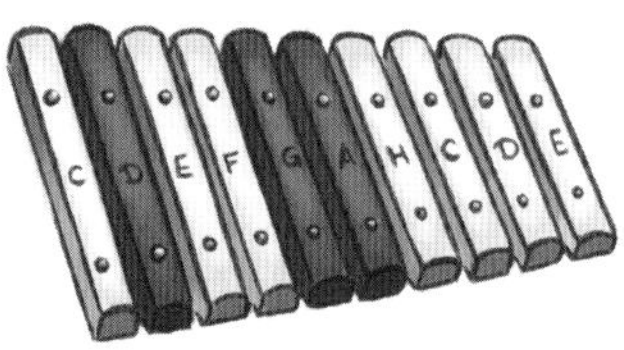

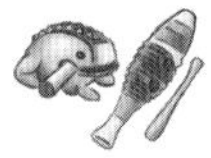

Percussion

Guiro
Dose oder Frosch werden immer auf die „eins“ geratscht. Wir können dazu mit der Stimme begleitend Geräusche wie kleine Fröschlein erzeugen:

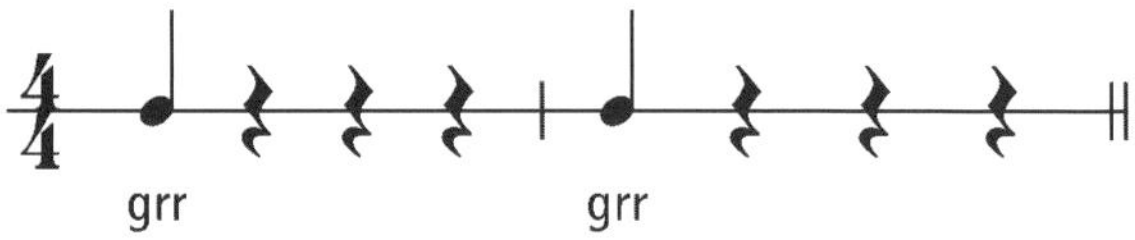

Bodypercussion
Die Körperklänge verteilen sich gemütlich über 2 Takte mit drei Klängen im Wechsel:

1. Schenkel **patsch**en
2. **klatsch**en
3. über Kreuz die Hände auf die Schultern **patsch**en

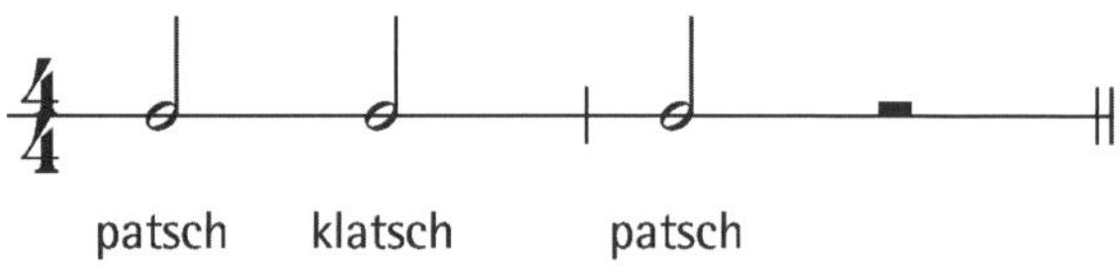

Das probieren alle Kinder aus und natürlich quaken sie dazu kräftig!

Gesangseinsatz
Wir hören auf der CD das Vorspiel an, das vier Takte dauert. Im letzten Achtel des viertaktigen Vorspiels setzt der Gesang ein. Das klappt ganz leicht, wenn ihr es auf der CD gehört habt!

Wawawatschi Nilpferd

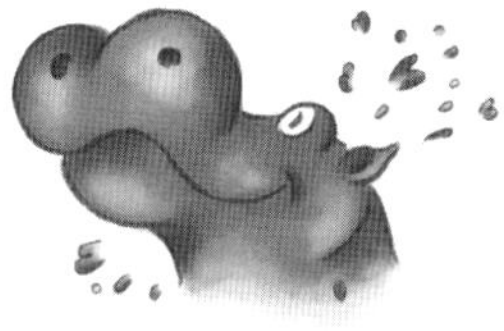

4 und 29 (instr.)

Text: Susanne Steffe / **Musik:** Dorle Ferber

Unser Wawawatschi-Lied vermittelt Kindern einen sehr sinnlichen Eindruck von einem Nilpferd. Diese behäbig wirkenden Kolosse, die an Land erstaunlich flink und auch nicht ungefährlich sind, lieben den Matsch und nutzen ihn zur Körperpflege. Matschepampe mögen ja die meisten Kinder auch, also haben sie vollstes Verständnis ... Wenn so ein mächtiges Tier im Matsch unterwegs ist, entstehen dabei natürlich auch entsprechende Geräusche, die Kinder zum Lachen bringen. Wenn sie dann diese Geräusche nachmachen, fördert das tatsächlich ihre Aussprache.

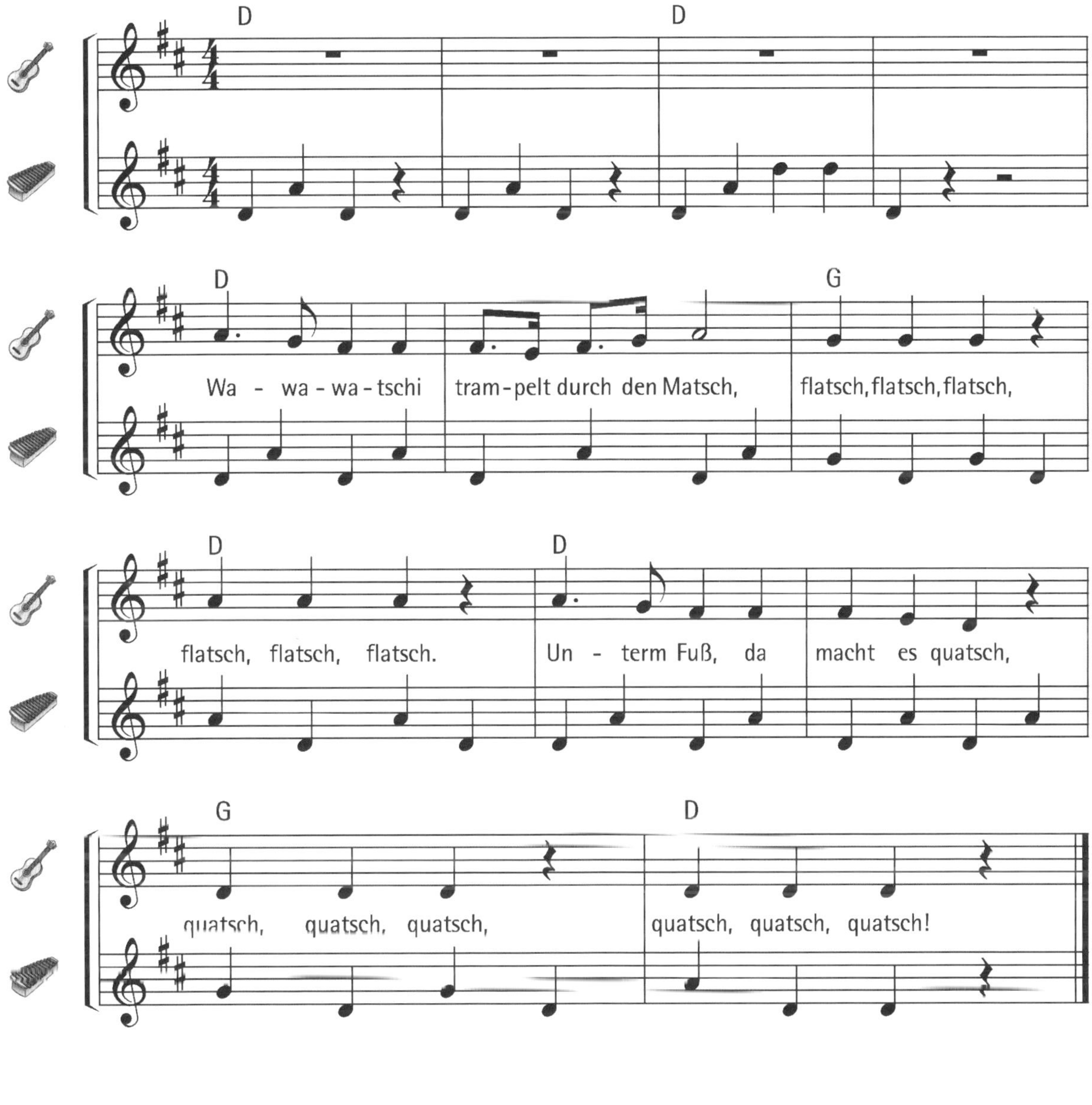

Die Kinder bilden einen Spielkreis.

Wawawatschi trampelt durch den Matsch
Flatsch, flatsch, flatsch
Flatsch, flatsch, flatsch
trampelnd im Kreis laufen

Unterm Fuß, da macht es quatsch
Quatsch, quatsch, quatsch
Quatsch, quatsch, quatsch
trampelnd im Kreis laufen

Wawatschi wirft sich in den Matsch
Klatsch, klatsch, klatsch
Klatsch, klatsch, klatsch
in die Hände klatschen

Unterm Dickbauch macht es platsch
Platsch, platsch, platsch
Platsch, platsch, platsch
auf den Bauch patschen

Auf in die nächste Runde:
Wawatschi trampelt durch den Matsch ...

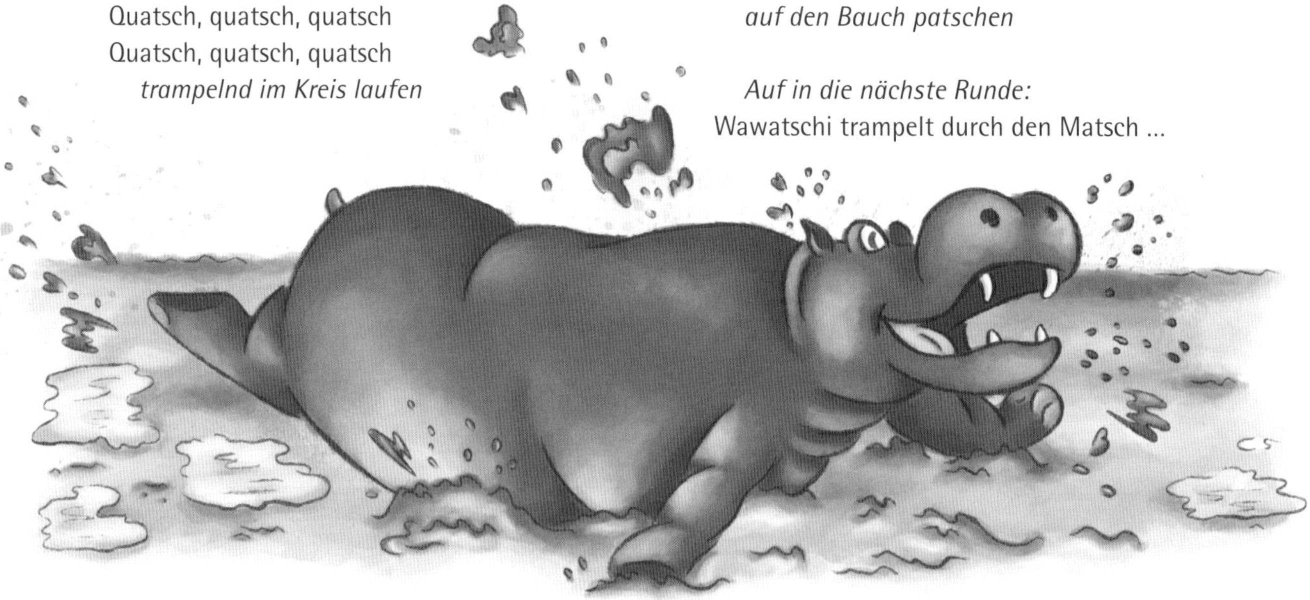

Die Feder

Dieses wunderbare Nilpferd-Gedicht eignet sich sehr gut für ein Kinderspielchen, bei dem eine freche kleine Feder die Hauptrolle spielt. Am schönsten ist es, wenn die Kinder alle zusammen das Gedicht im Rhythmus sprechen und dazu spielen.

Material: pro Kind 1 Feder

Ein Federchen flog durch das Land
die Feder vor sich durch die Luft schweben lassen
Ein Nilpferd schlummerte im Sand.
eine zur Faust geballte Hand als Nilpferd zeigen
Die Feder sprach: „Ich will es wecken!"
Sie liebte, andere zu necken.
die Feder leicht auf und ab schwingen
Aufs Nilpferd setzte sich die Feder
die Feder auf die Faust legen
Und streichelte sein dickes Leder.
mit der Feder die Faust streicheln
Das Nilpferd sperrte auf den Rachen
die Faust öffnen
Und musste ungeheuer lachen.
alle mal lachen

Joachim Ringelnatz (1883–1934)

Wir musizieren zum Wawawatschi-Lied

Tonart: D-Dur
Taktart: 4/4 Takt – gemütlicher Nilpferd-Gang

Wir musizieren mit: Gitarre/Ukulele, Xylophon, Percussion (große, tief klingende Trommel und Hände)

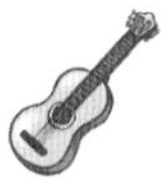

Gitarre/Ukulele

Akkorde: D-Dur, G-Dur
Wir streichen immer, wenn ein Akkord angegeben ist, ganz langsam mit den Fingern über die Saiten.

Gitarrengriffe **Ukulelegriffe**

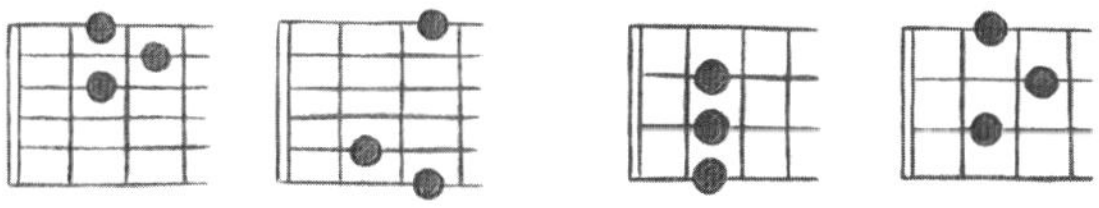

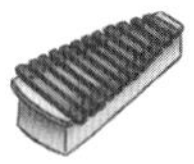

Xylophon

Wir bespielen nur die Töne **D**, **G**, **A** und **hohes D** und entfernen alle anderen Klangstäbe oder markieren sie entsprechend.

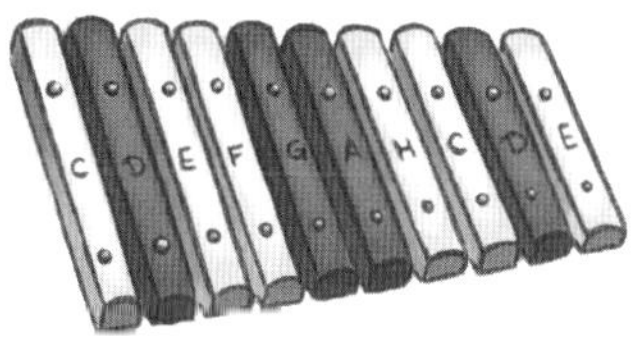

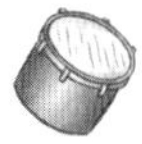

Percussion

Ein oder mehrere Kinder spielen eine **große, tiefe Trommel** mit einem weichen Filzschlägel immer auf die „Eins" und sprechen dazu:

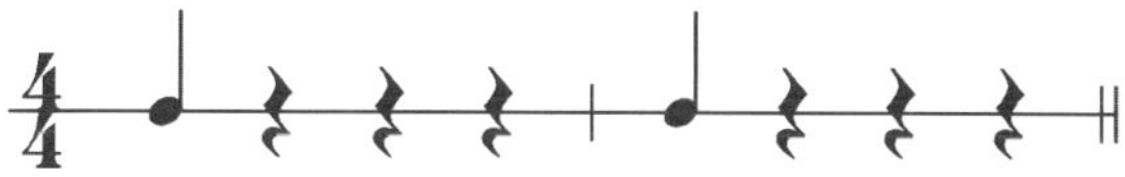

Ein oder mehrere Kinder **klatschen** auf die „drei" und vier" und sprechen dazu:

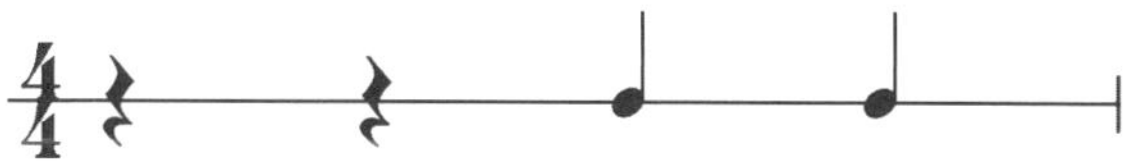

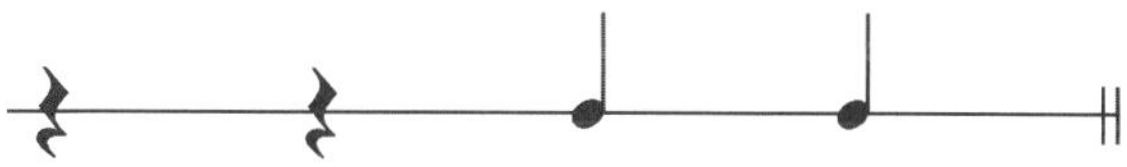

Gesangseinsatz:
Wie oft muss die große, tiefe Trommel „flatsch" machen, bis ihr Wa-wa-wa-tschi singt? Wer kriegt das raus?

Tock-tock-tock

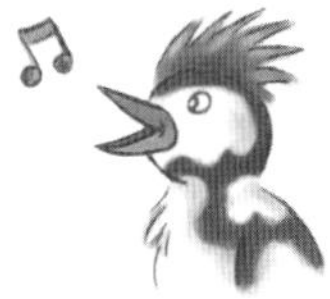

5 und 30 (instr.)

Text: Susanne Steffe / **Musik:** Dorle Ferber

Der klopfende Specht ist eine klassische Figur für Mitmusizierlieder. Das rhythmische Specht-Geklopfe lässt sich von Kindern so schön nachempfinden.

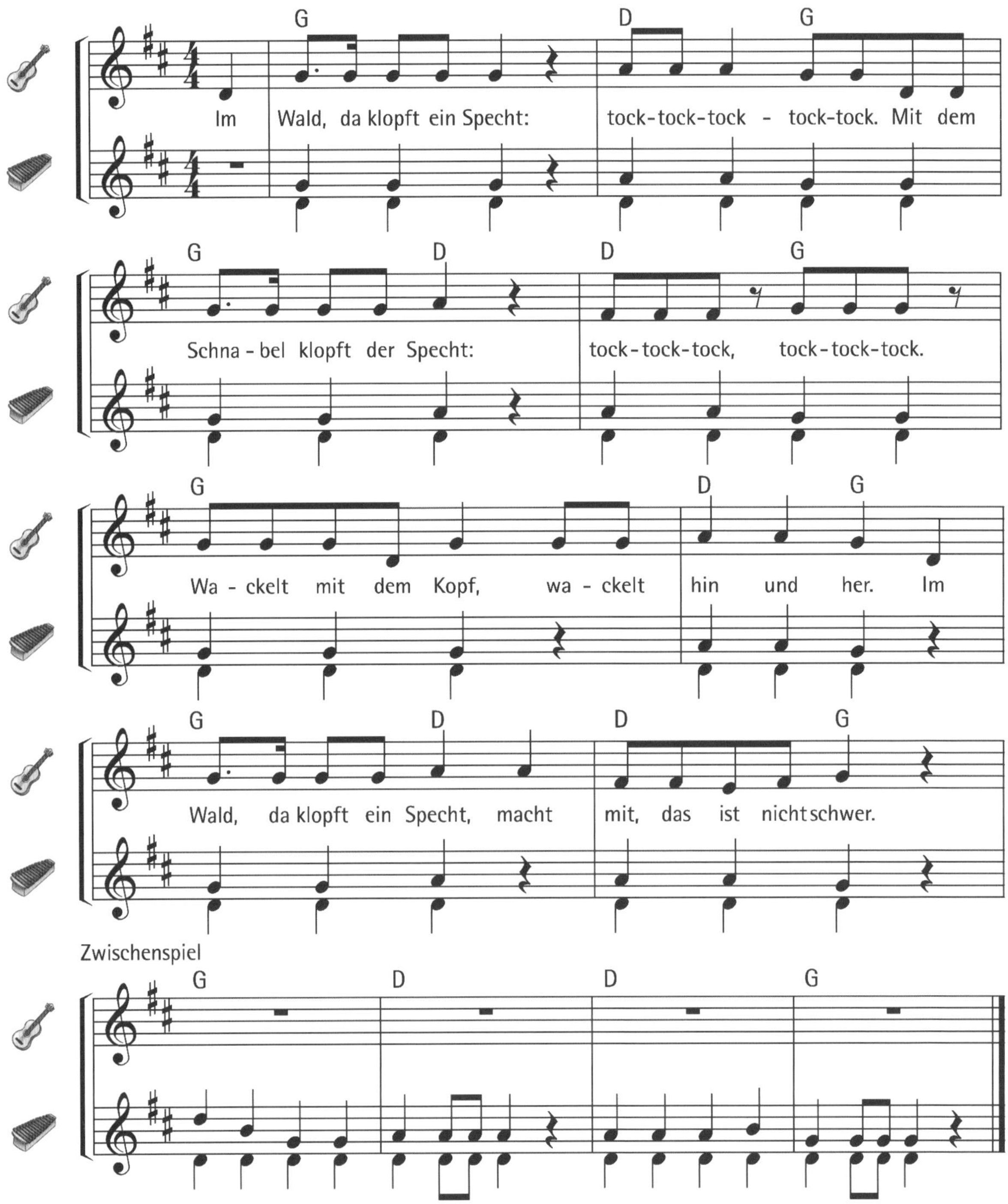

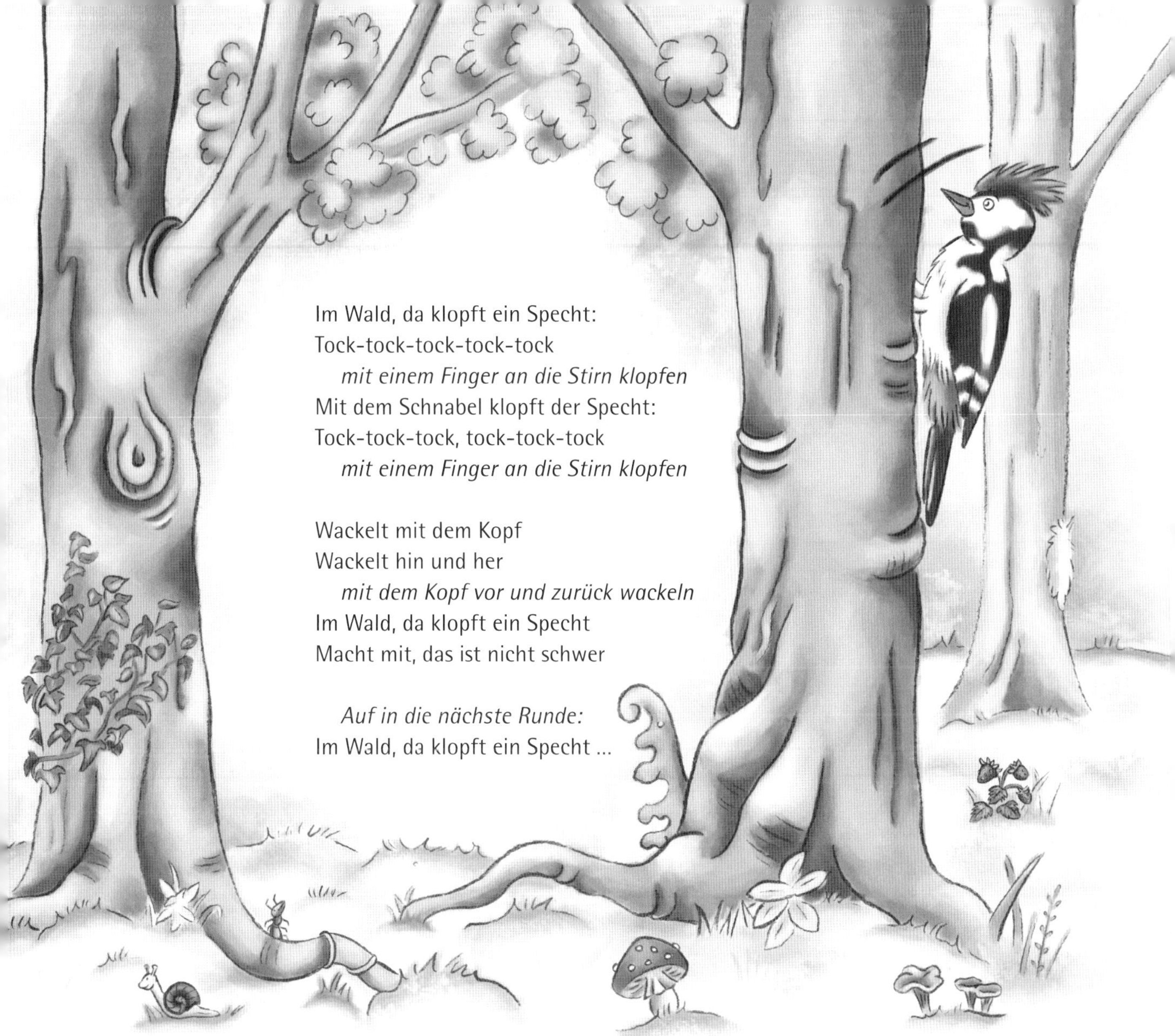

Im Wald, da klopft ein Specht:
Tock-tock-tock-tock-tock
mit einem Finger an die Stirn klopfen
Mit dem Schnabel klopft der Specht:
Tock-tock-tock, tock-tock-tock
mit einem Finger an die Stirn klopfen

Wackelt mit dem Kopf
Wackelt hin und her
mit dem Kopf vor und zurück wackeln
Im Wald, da klopft ein Specht
Macht mit, das ist nicht schwer

Auf in die nächste Runde:
Im Wald, da klopft ein Specht ...

Lustiges Tier-Geräusche-Raten

Zum Ende unseres Tierliederkapitels gibt es noch ein Ratespiel rund um die Geräusche, die verschiedene Tiere so von sich geben.

Material: verschiedene Tierbilder (z. B. Tieratlas, Zeitschrift, Postkarten o. Ä.)

Die Spielleitung beginnt und macht ein Tiergeräusch vor, zum Beispiel bellt sie wie ein Hund. Sobald ein Kind das Tier erraten hat, suchen alle unter den Tierbildern nach einem Hundebild. Ist es gefunden, wird kurz über das Tier erzählt. Was macht der Hund denn sonst noch für Geräusche?

Das Kind, das richtig geraten hat, darf das nächste Tiergeräusch vorstellen ... vielleicht den nächsten Verwandten des Hundes, der so schön heult? Huuuuuuuu ...

Wir musizieren zu „Tock-tock-tock"

Tonart: G-Dur
Taktart: 4/4 Takt, im zügigen Specht-Klopftempo

Wir musizieren mit: Gitarre / Ukulele, Glockenspiel, hölzernen Percussionsinstrumenten (Holzblocktrommel oder aneinander geschlagene Holzklanghölzer)

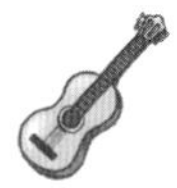

Gitarre / Ukulele

Gitarrenakkorde: G-Dur, D-Dur
Wir streichen immer, wenn ein Akkord angegeben ist, ganz langsam mit den Fingern über die Saiten.

Gitarrengriffe

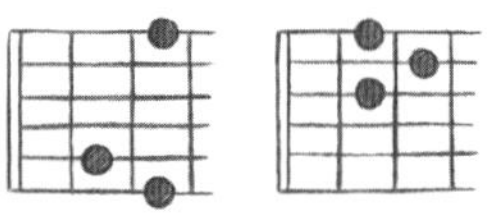

Ukulelegriffe

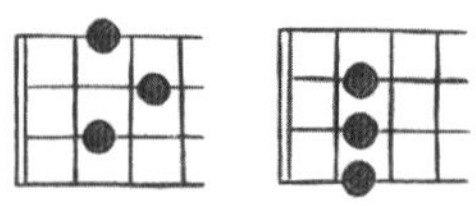

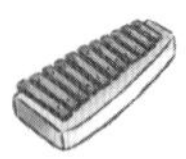

Glockenspiel

Wir verwenden während der Strophe nur die Töne **D, G, A.** Zu Beginn des Zwischenspiels spielen wir zusätzlich ein **H** sowie ein **hohes D.** Alle anderen Klangstäbe entfernen wir oder markieren sie entsprechend.

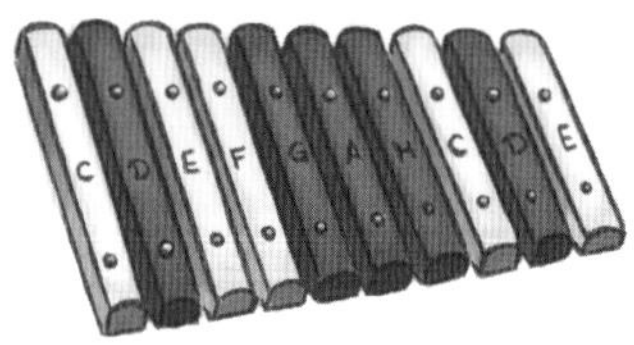

Zum **Lernen** können wir die Glockenspielstimme immer auf „tock" mitsingen.

Tipp: Es empfiehlt sich, die Glockenspielstimme auf zwei Leute aufzuteilen,

- die Unterstimme spielt ganz einfach immer D,
- die Oberstimme spielt die Töne G, A, H und hohes D.

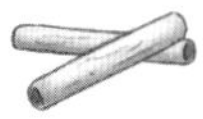

Hölzerne Percussions- instrumente

Dafür haben wir durchgehend eine 2-taktige Specht-Klopffigur vorgesehen, zu der wir sprechen:

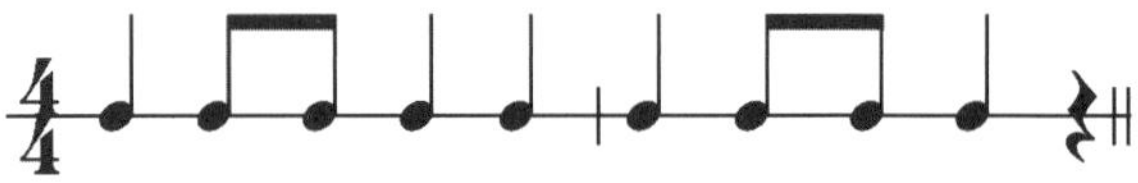

Wie oft wird das auf der CD gesprochen oder geklopft bis der Gesang einsetzt? Wer kriegt das raus?

In der Einleitung (Zwischenspiel) spielen wir auch schon folgende Gitarrenakkorde dazu:

| G - - - | D - - - | D - - - | G - - - |

Mit unseren Lieder-Schätzchen durch den Kiga-Tag

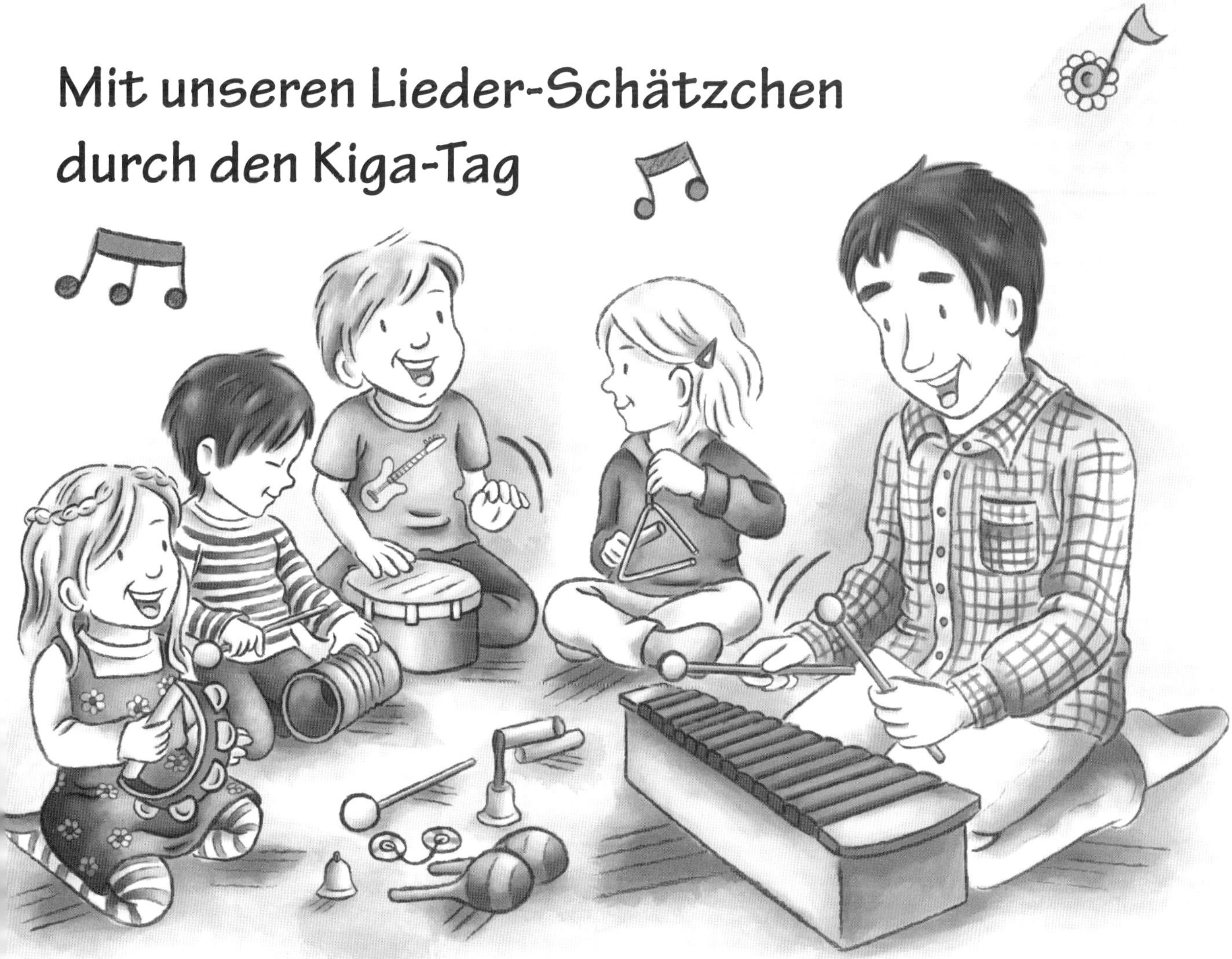

Begrüßungs-, Abschieds- und Rituallieder generell verleihen dem Alltag von Kindergruppen einen guten, weil sehr vertrauten und emotional stabilen Rahmen. Ritualisierte Handlungen vermitteln Sicherheit und innere Ruhe. Für die Kinder selbst ist es einfach sehr entspannend, sich immer wieder mit Bekanntem und Vertrautem zu beschäftigen.

Durch die ständige Wiederholung von gemeinsam gesungenen Liedern lässt sich zudem die individuelle musikalische Weiterentwicklung sehr schön beobachten – und bei manchen musisch begabten Kindern wird sie besonders deutlich hervortreten.

Die PädagogInnen ihrerseits verinnerlichen durch Wiederholung für sich das musikalische Repertoire elementarer Kindermusik immer und immer wieder aufs Neue. So lässt sich mit der Zeit ein echter Liedschatz aufbauen, der die Möglichkeit eröffnet, Musik als festen Bestandteil in den Kindergruppen-Alltag zu integrieren. Irgendwann müssen die betreuenden Erwachsenen dann nur noch die Schatzkiste aufmachen, ein passendes Lied rauspicken und schon kann es losgehen.

Der folgende Schwung Lieder kann tatsächlich nur mit zwei Begleitakkorden begleitet werden. Die Begleitung am Stabspiel beschränkt sich auf wenige Töne – meistens Grundton und Quinte. Manches hat eine durchgehende Begleitung, bei anderen Liedern können die Kinder auch mal kleine musikalische Einheiten proben und ausprobieren.

Guten Morgen

6 und 31 (instr.)

Text: Hartmut E. Höfele / Musik: Dorle Ferber

Rituale zur Begrüßung und zum Abschied sind für Kinder ganz besonders wichtig um individuelle emotionale Ereignisse rund um „Anfang und Ende" gelassen bewältigen zu können. Das tägliche, fröhliche Begrüßungsritual mit „Guten-Morgen-Lied" gehört daher in fast jedem Kindergarten zum festen Programm.

Mit unserem Lied kann der Kindergartentag gemeinsam anfangen. Damit wird dieser wichtige Zeitabschnitt, den die Kinder in der jeweiligen Einrichtung verbringen, in eine feste Tagesstruktur eingebunden, die den Kindern Halt und Sicherheit gibt. Sind die Kinder alle da, versammeln sie sich im Stuhlkreis und los geht's.

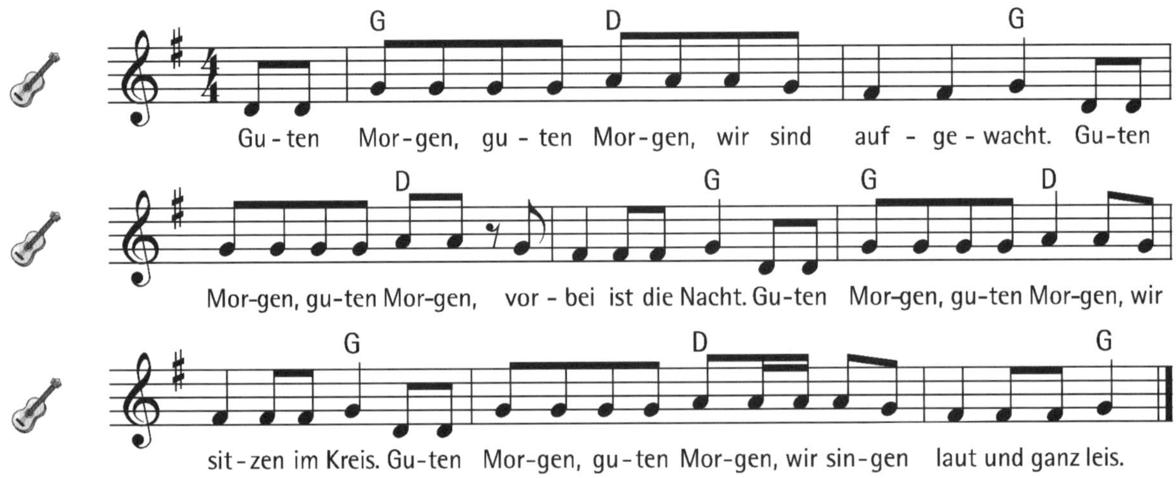

Guten Morgen, guten Morgen, wir sind aufgewacht
Guten Morgen, guten Morgen, vorbei ist die Nacht

Guten Morgen, guten Morgen, wir sitzen im Kreis
Guten Morgen, guten Morgen, wir singen laut und ganz leis'

Auf in die nächste Runde:
Guten Morgen – guten Morgen ...

Tipp: Die Kinder könnten sich im Anschluss an das Lied noch in verschiedenen Sprachen „Guten Morgen" wünschen. Wie heißt denn Guten Morgen auf Englisch? Ach ja – good morning. Und auf Französisch? Bonjour. Auf Spanisch: buenos dias. Auf Italienisch: buongiorno. Und zum Schluss sagen wir noch „Namasté" wie die Inder, und dabei verbeugen wir uns höflich mit vor der Brust gekreuzten Armen.

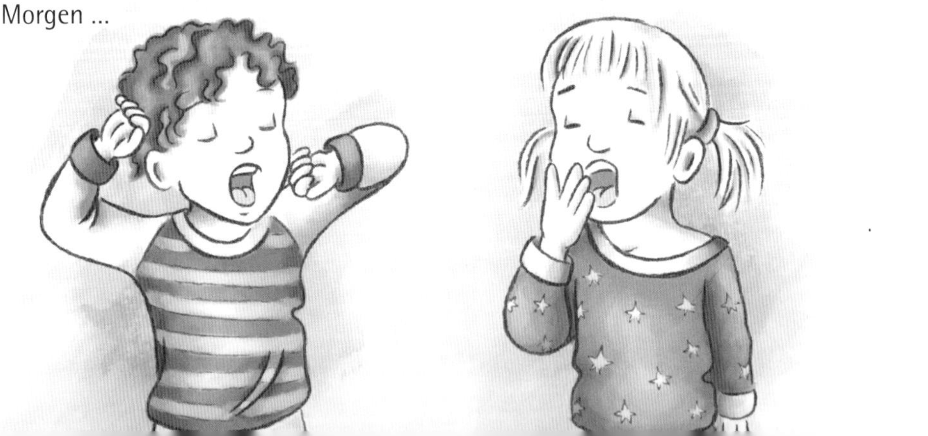

Wir musizieren zum Lied „Guten Morgen“

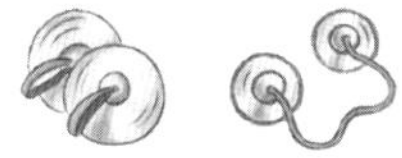

Tonart: G-Dur
Taktart: 4/4 Takt, im fröhlichen Aufwach-Tempo

Wir musizieren mit: Gitarre / Ukulele, Xylophon, Percussion (Rasseln, Zimbeln, kleine Becken, Klanghölzer)

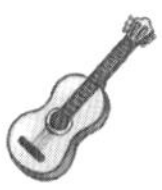

Gitarre / Ukulele

Akkorde: G-Dur, D-Dur
Wir streichen immer, wenn ein Akkord angegeben ist, ganz langsam mit den Fingern über die Saiten.

Gitarrengriffe

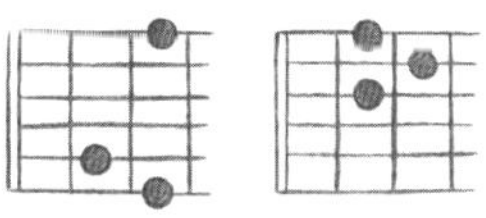

Ukulelegriffe

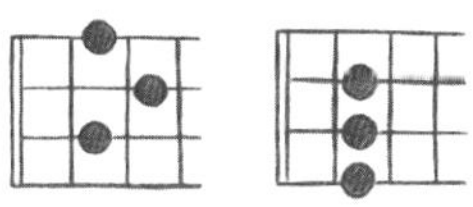

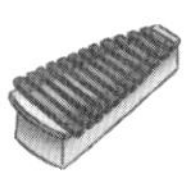

Xylophon

Wir bespielen nur die Töne **D**, **G**, **A** und entfernen alle anderen Klangstäbe oder markieren sie entsprechend.

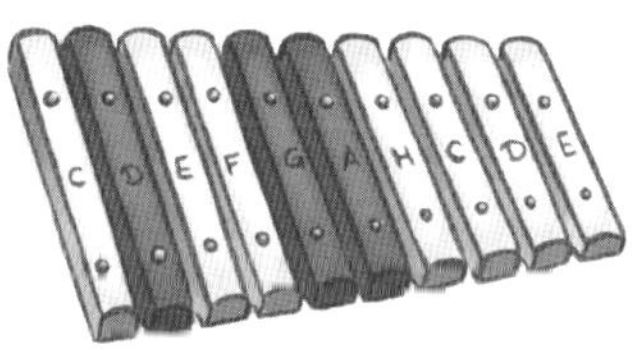

Hier hat das Xylophon eine durchgehende Spielfigur, die auch als Vor- und Zwischenspiel gespielt werden kann. Die Gitarre begleitet dabei mit den angegebenen Akkorden.

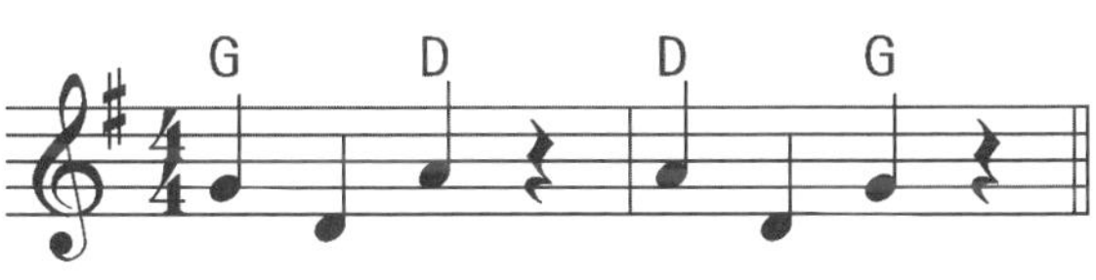

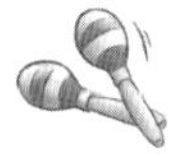

Percussion

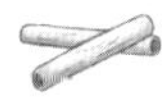

Bei diesem Lied dürfen ganz viele Kinder Percussionsinstrumente spielen. Wir begleiten jeden Durchgang des Liedes mit einer anderen Instrumentengruppe.

Im ersten Durchgang spielen alle **Rasseln**:
Einfach nach Belieben durchrasseln ...

Im zweiten Durchgang werden **Zimbeln** und **Becken** auf die „eins“ angeschlagen:

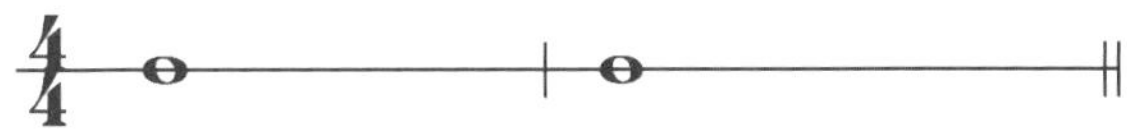

Im dritten Durchgang spielen die **Klanghölzer** oder es wird **geklatscht**:

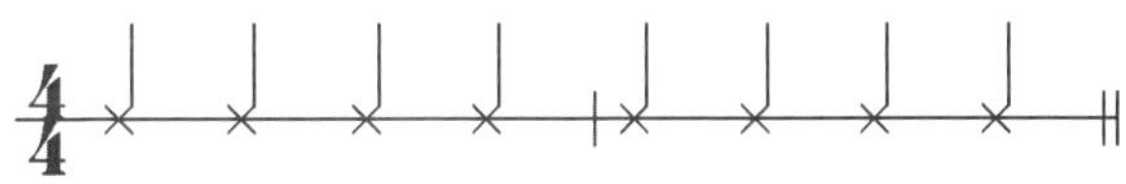

Auf ein Zeichen der Spielleitung „schweigen“ alle Instrumente, denn der vierte Durchgang wird ausschließlich **gesungen**. Die letzten Worte *„und ganz leis“* werden ganz, ganz leise gesungen. Im Anschluss daran räumen die Kinder die Instrumente weg, und weiter geht es mit der nächsten gemeinsamen Aktion!

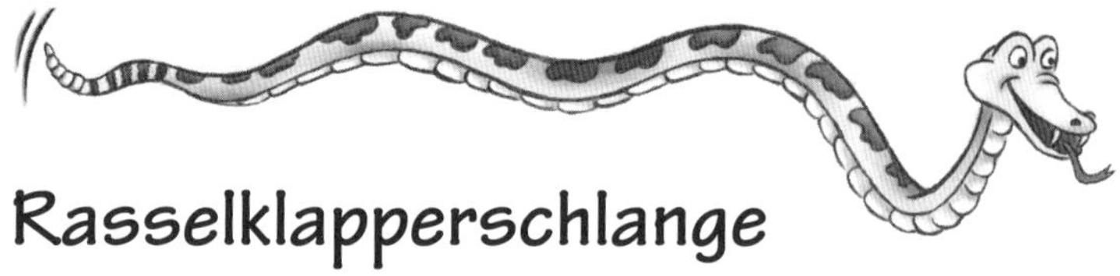

Die Rasselklapperschlange

7 und 32 (instr.)

Text: Hartmut E. Höfele / **Musik:** Dorle Ferber

Die Klapperschlange gehört zweifellos zu den gefährlichsten Tieren unserer Erde. Wenn sie zubeißt, stirbt das Beutetier einen recht schnellen Gifttod und kann dann verspeist werden. Menschen gehören nun wirklich nicht in das Beuteschema dieser Tiere – aber wenn die Schlange sich bedroht fühlt, warnt sie erst mal, indem sie mit ihren verhornten Schwanzenden laut hörbar rasselnd klappert.

Dieses Klapperschlangen-Gerassel hat DichterInnen und MusikerInnen immer wieder zu eigenen Interpretationen inspiriert – so auch uns!

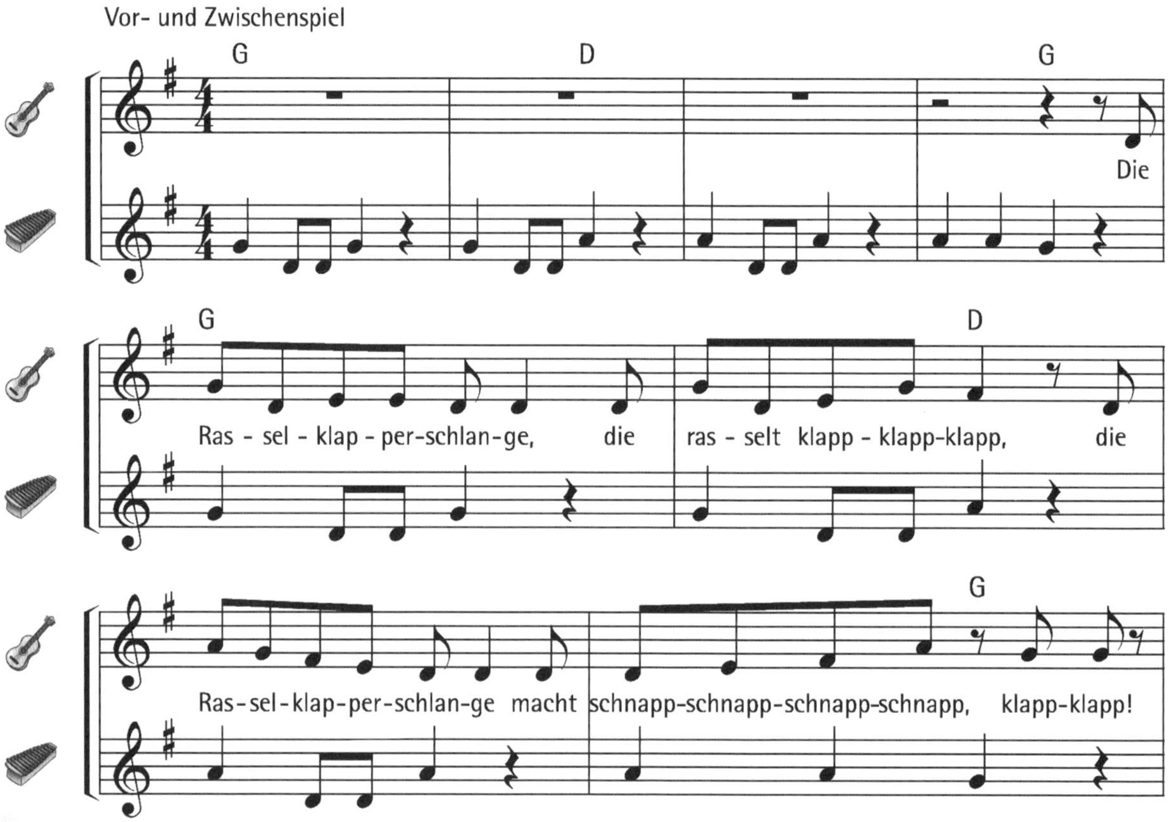

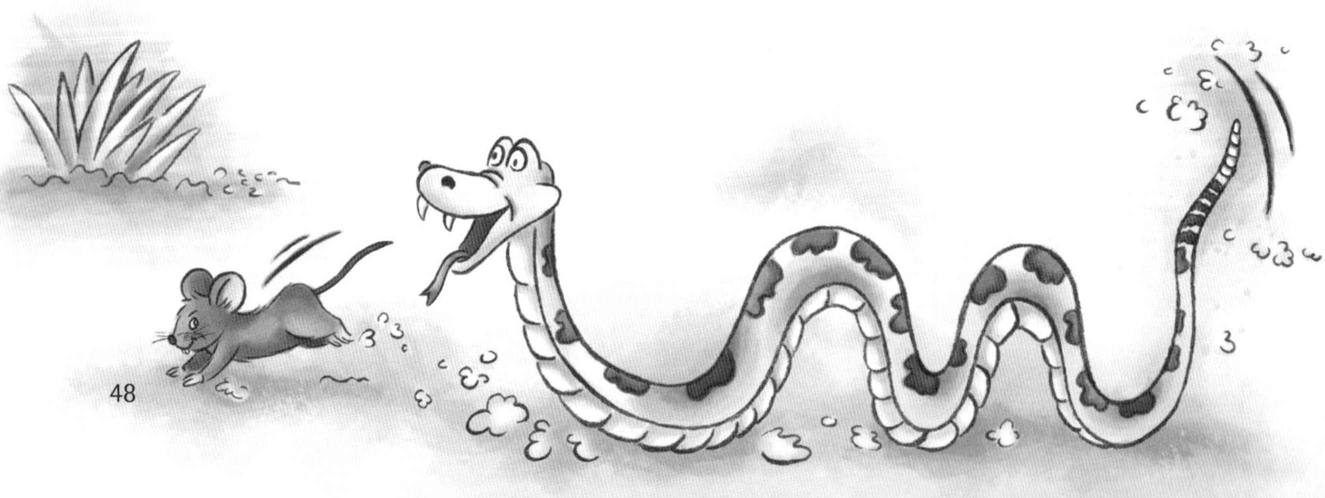

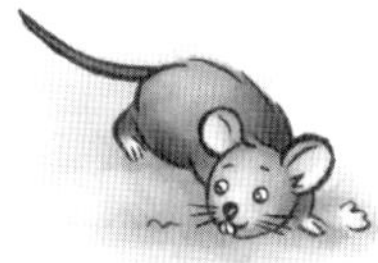

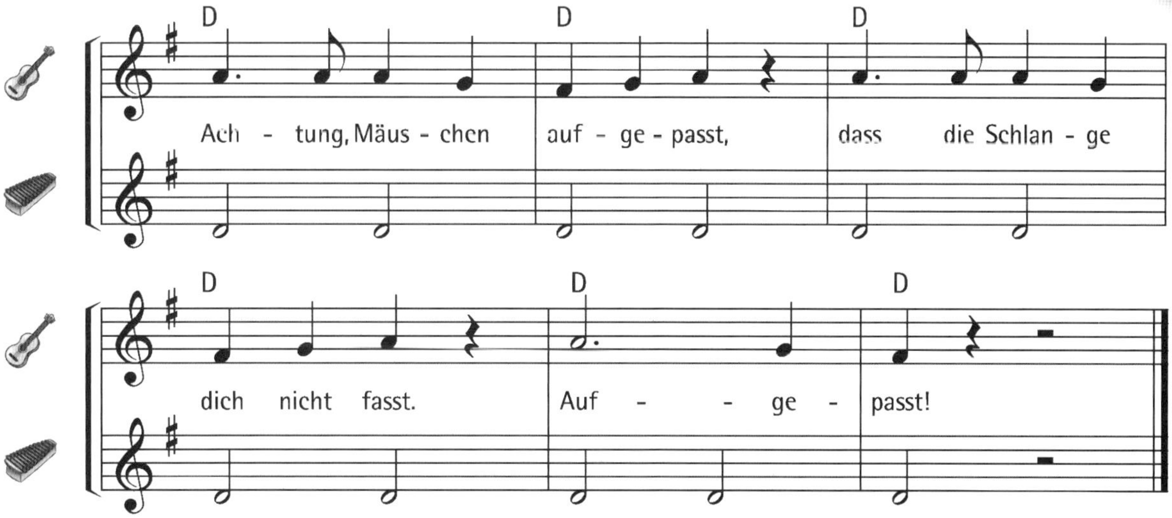

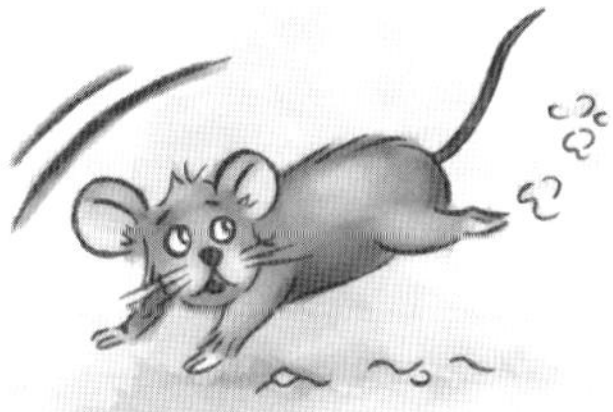

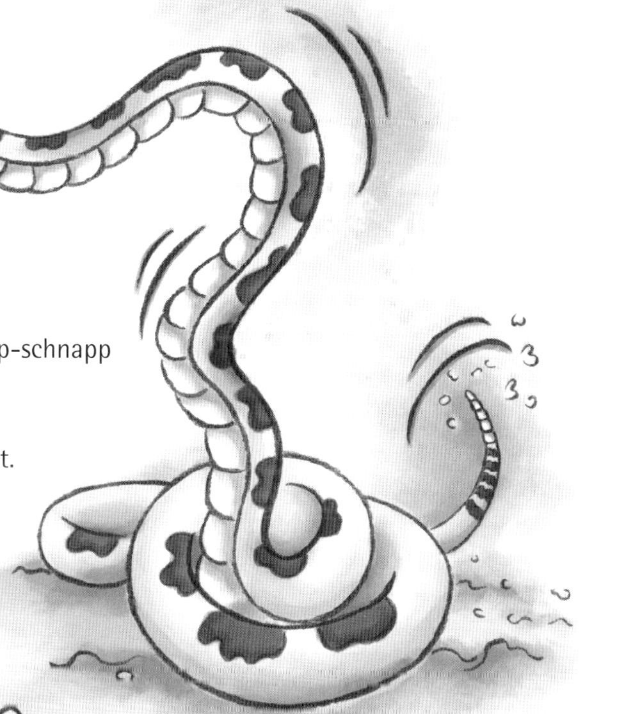

Die Rasselklapperschlange
Die rasselt klapp-klapp-klapp
Die Rasselklapperschlange
Macht schnapp-schnapp-schnapp-schnapp
Klapp-klapp!
Achtung Mäuschen, aufgepasst
Dass die Schlange dich nicht fasst.
Aufgepasst!

Auf in die nächste Runde:
Die Rasselklapperschlange ...

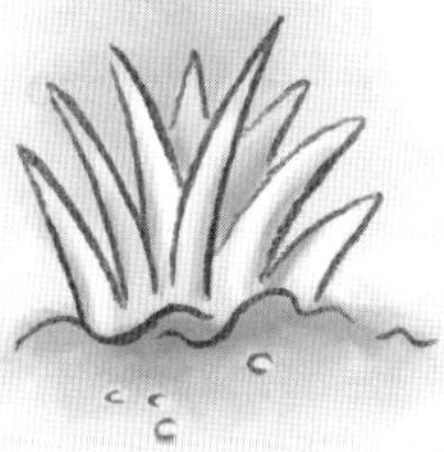

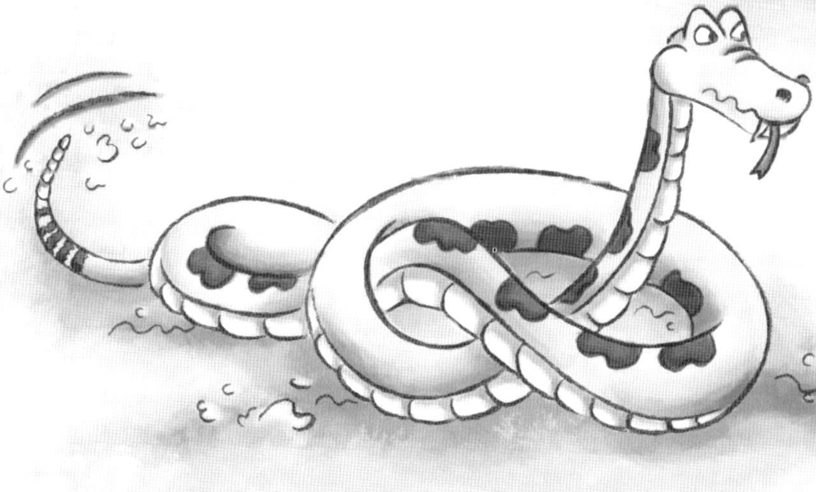

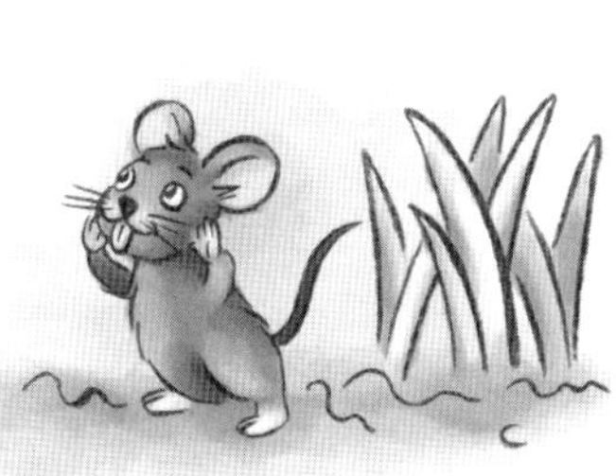

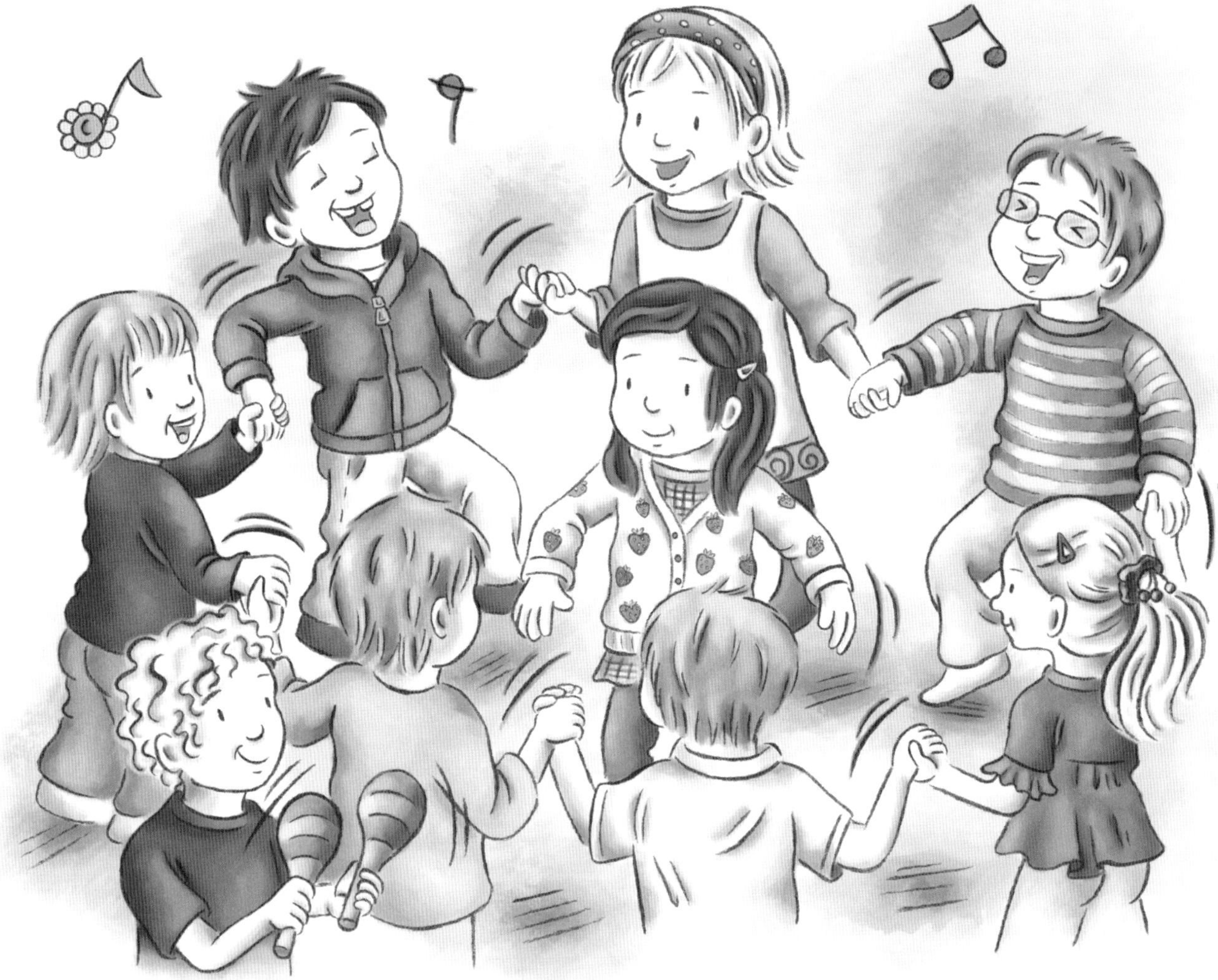

Achtung Mäuschen – Aufgepasst

Zu diesem Liedchen passt sehr gut ein lustiges Kreisspiel, bei dem die Schlange versucht, das Mäuschen zu erwischen. Aber so einfach ist das natürlich nicht.

Material: Rasseln

Die Kinder bilden einen Spielkreis mit Handfassung und tanzen zum Lied im Kreis herum. Ein Kind geht als Mäuschen in die Kreismitte. Ein anderes übernimmt die Rolle der Klapperschlange, bekommt eine Rassel und schlängelt tanzend und rasselnd außen um den Kreis herum.

Bei „*Achtung Mäuschen, aufgepasst*" heben die Kreiskinder ihre Arme hoch, so dass die Schlange in den Innenkreis schlüpfen kann. Dort versucht sie, die Maus mit der Rassel zu berühren.

- Gelingt ihr das, schleppt sie die Maus aus dem Kreis, und die Maus wird auch zur Schlange. Dann geht ein Kreiskind als neue Maus in die Mitte.
- Wenn aber die Maus rechtzeitig durch eines der erhoben „Tore" in den Außenkreis entkommt, wird die Schlange auch zur Maus. Dann geht eines der Kreiskinder als neue Schlange außen herum.

Wir musizieren zu „Die Rasselklapperschlange“

Tonart: G-Dur
Taktart: 4/4 Takt, ein flottes Rassel-Klapper-Tempo

Wir musizieren mit: Gitarre/Ukulele, Xylophon, Percussion
(Hier können alle möglichen Rasseln und Klappern aus der Musikkiste zum Einsatz kommen. Wir probieren außerdem, wie es klingt, wenn wir Dosen oder kleine Schachteln mit ganz verschiedenen Sachen wie z. B. Reiskörner, Nüsse, Bohnen, Eicheln, füllen und dann schütteln.)

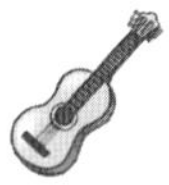

Gitarre/Ukulele

Akkorde: G-Dur, D-Dur
Wir streichen ganz langsam mit den Fingern zu Beginn eines Taktes über die Saiten.

Gitarrengriffe **Ukulelegriffe**

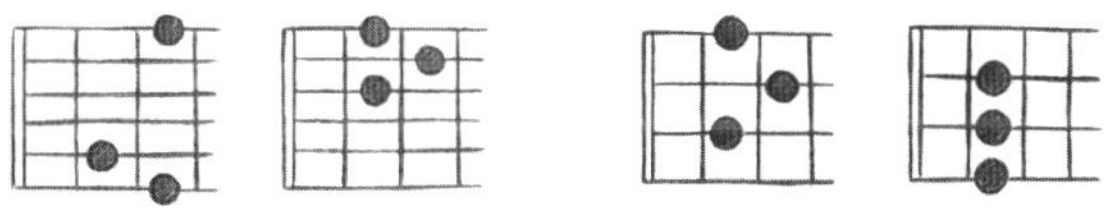

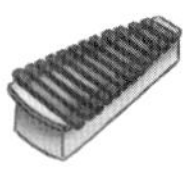

Xylophon

Wir bespielen nur die Töne **D**, **G**, **A** und entfernen alle anderen Klangstäbe oder markieren sie entsprechend.

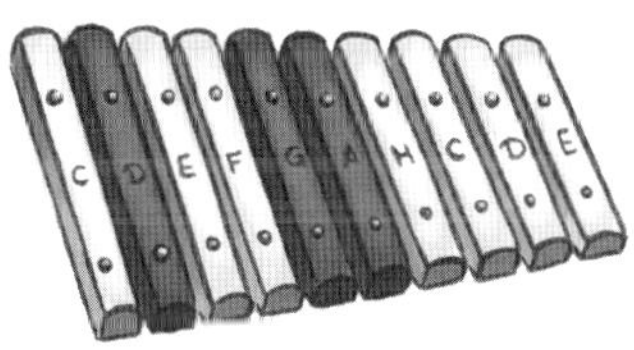

Zum Xylophonrhythmus der ersten Vorspieltakte sprechen wir beim Ausprobieren:

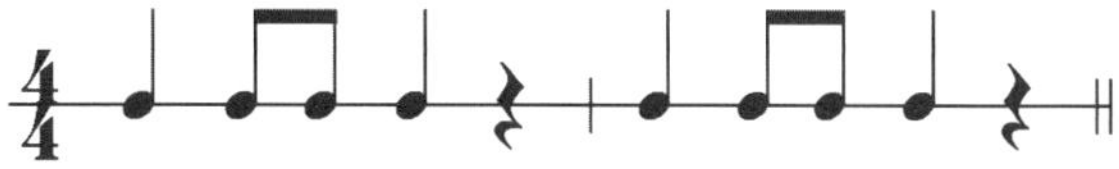

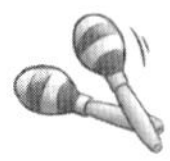

Percussion

Im **ersten bewegten Teil** des Lieds rasseln und schütteln wir:

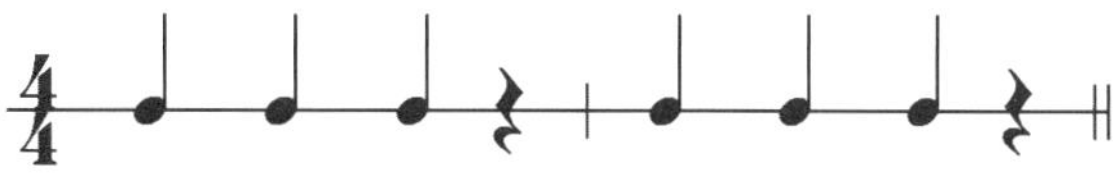

Wir hören auf der CD ganz genau zu, an welcher Stelle im ersten Teil das gesungene „Klapp, klapp“ sitzt und versuchen es mit den Rhythmusinstrumenten zu treffen. Wer schafft das?

Im zweiten Teil „Achtung, Mäuschen“ schütteln und rasseln wir sanft durch.

Nach dem Wort *„Aufgepasst!“* darf die ganze Rasselklapperschlange noch mal kräftig rasseln und schütteln.

Ene mene fit

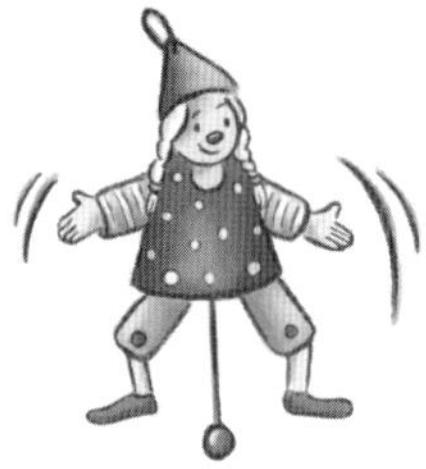

8 und 32 (instr.)

Text: Hartmut E. Höfele / **Musik:** Dorle Ferber

Dieses Bewegungslied lässt sich gut zur Einleitung einer Turnstunde und zum Aufwärmen einsetzen. Singen fördert die Konzentrationsfähigkeit – und lockert dabei ganz nebenbei die Muskulatur auf. Danach sind alle fit für die muntere Turnerei. Das Lied lässt sich aber auch zwischendurch einsetzen, um die Kinder z. B. nach einer längeren „Sitzphase" wieder etwas in Bewegung zu bringen.

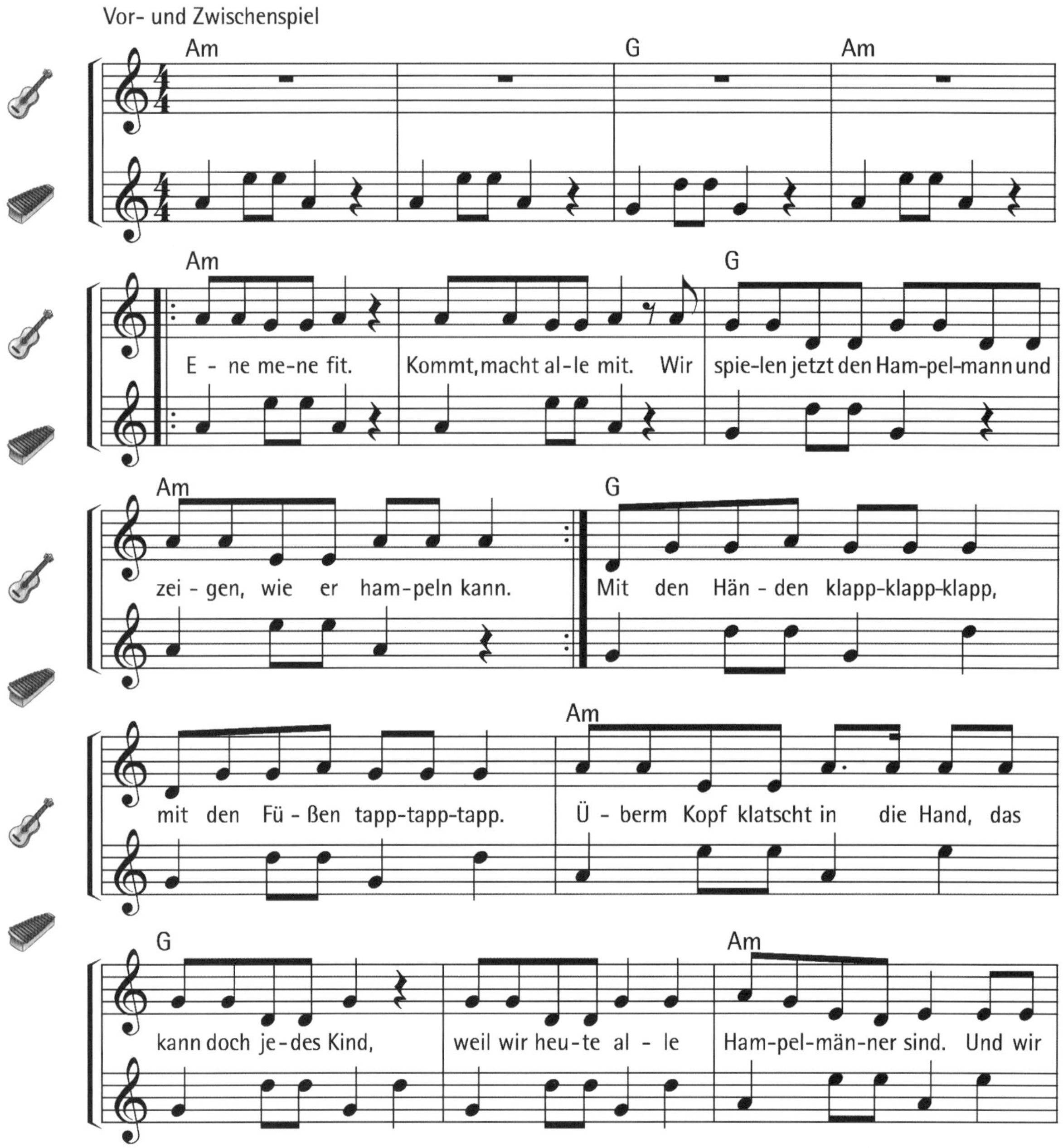

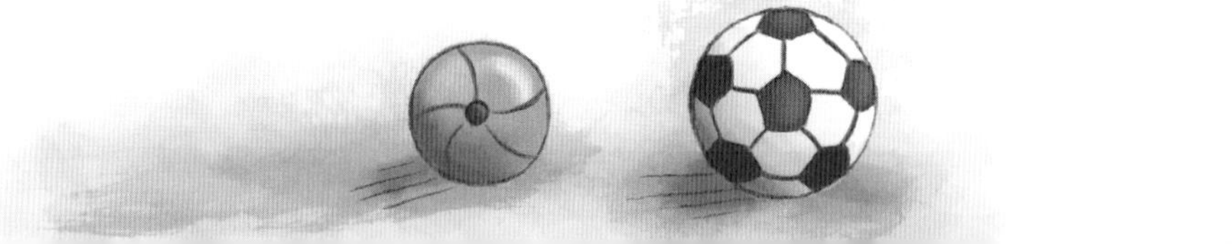

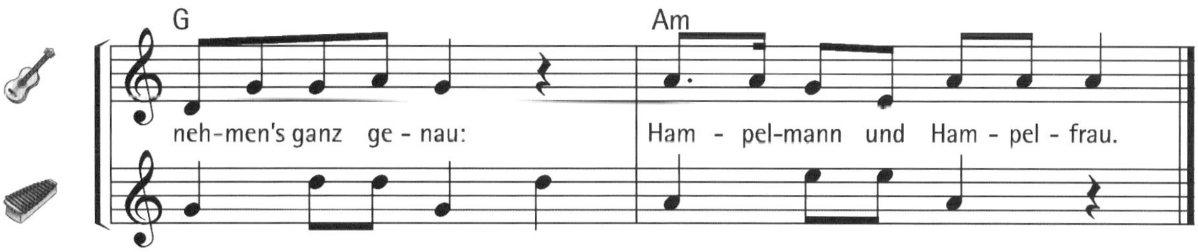

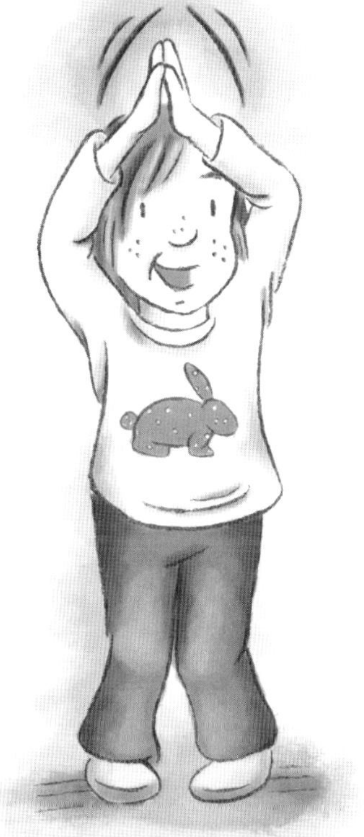

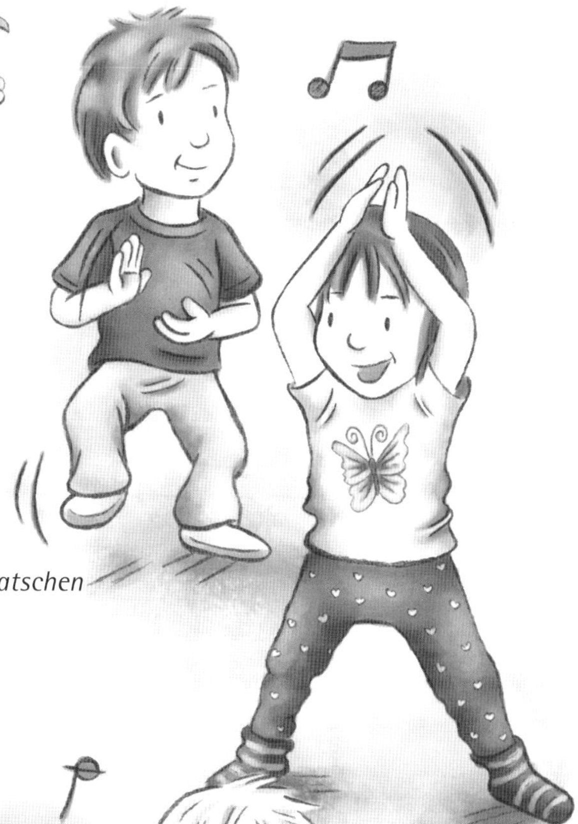

Ene mene fit
Kommt, macht alle mit.
Wir spielen jetzt den Hampelmann
Hampelmann spielen
Und zeigen, wie er hampeln kann.

Mit den Händen klapp, klapp, klapp
In die Hände klatschen
Mit den Füßen tapp, tapp, tapp
Mit den Füßen trampeln
Überm Kopf klatscht in die Hand
Mit den Händen über dem Kopf klatschen
Das kann doch jedes Kind
Weil wir heute alle
Hampelmänner sind
Hampelmann spielen
Und wir nehmen's ganz genau
Hampelmann und Hampelfrau.
Hampelmann spielen

Auf in die nächste Runde:
Ene mene fit ...

Und noch eine nächste Runde:
Ene mene fit ...

Auf in die nächste Runde:
Du gehst neben mir ... (S. 58)

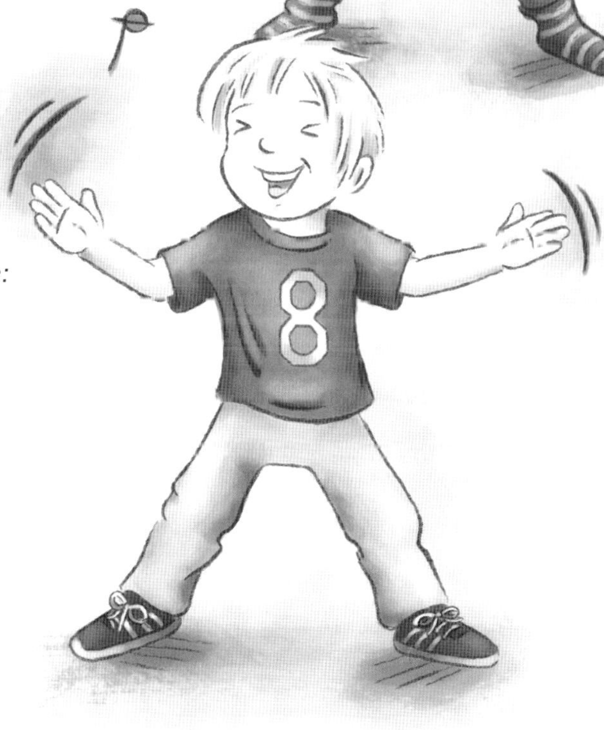

Wir musizieren zu „Ene mene fit“

Tonart: a-moll
Taktart: 4/4 Takt, ein flottes Turntempo

Wir musizieren mit: Gitarre / Ukulele, Xylophon, Tamburin & Hände

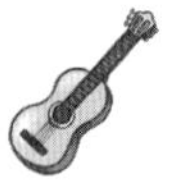

Gitarre / Ukulele

Akkorde: a-moll, G-Dur
Wir streichen immer, wenn ein Akkord angegeben ist, ganz langsam mit den Fingern über die Saiten.

Gitarrengriffe

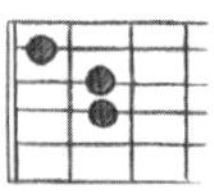
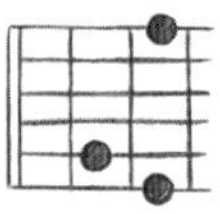

Ukulelegriffe

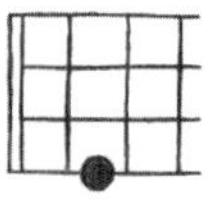
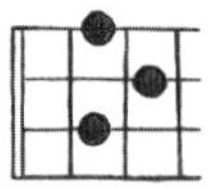

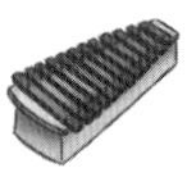

Xylophon

Wir bespielen nur die Töne **G, A, hohes D, hohes E** und entfernen alle anderen Klangstäbe oder markieren sie entsprechend.

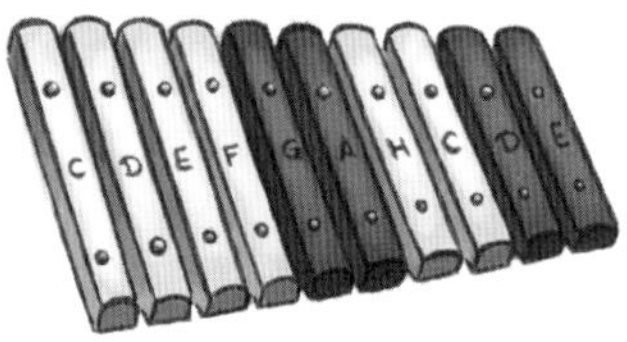

Die Xylophonbegleitung probieren wir zunächst ganz langsam aus, dann ein bisschen schneller, dann noch ein bisschen schneller bis wir bei der guten Turngeschwindigkeit angekommen sind.

Zum **Lernen** singen oder sprechen wir im Vorspiel:

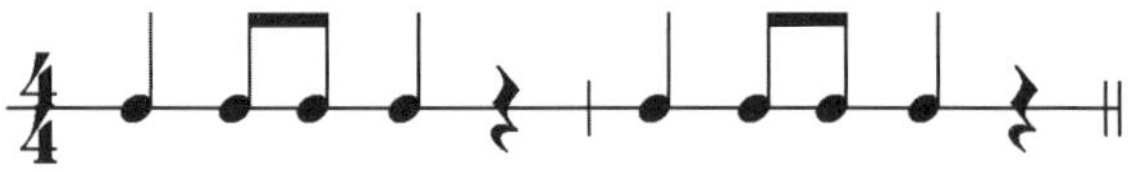

dam-da-ba-dam dam-da-ba-dam

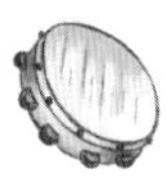

Percussion

Die durchgehende Rhythmusfigur können wir mit der Hand auf dem **Tamburin** klopfen oder auch einfach klatschen:

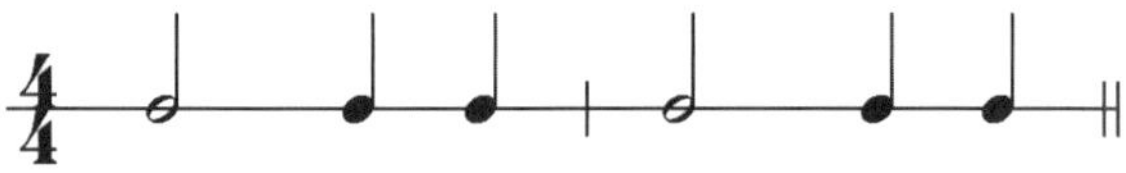

laaang, kurz, kurz laaang, kurz, kurz

und immer so weiter.

Wir wollen keinen Streit

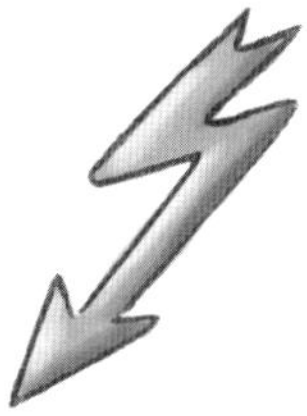

9 und 34 (instr.)

Text: Hartmut E. Höfele / **Musik:** Dorle Ferber

Ein Lied zum Thema Streiten und Vertragen lässt sich nach Bedarf einsetzen, z. B. wenn die Stimmung schlecht und manche Kinder in aggressiver Stimmung sind. Es eignet sich aber auch als tägliches Ritual, um Streitereien und Gewalt möglichst generell auszuschließen.

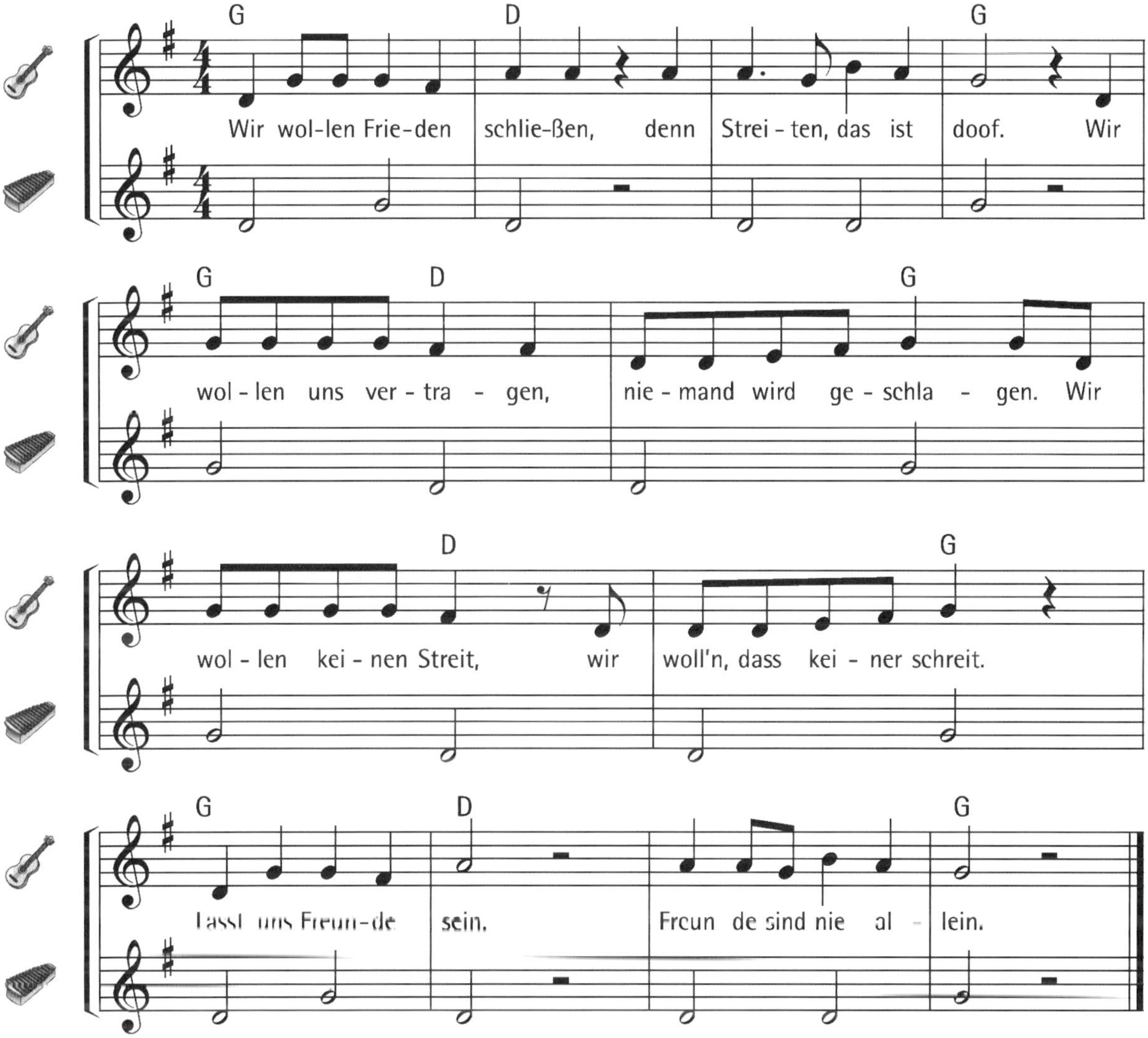

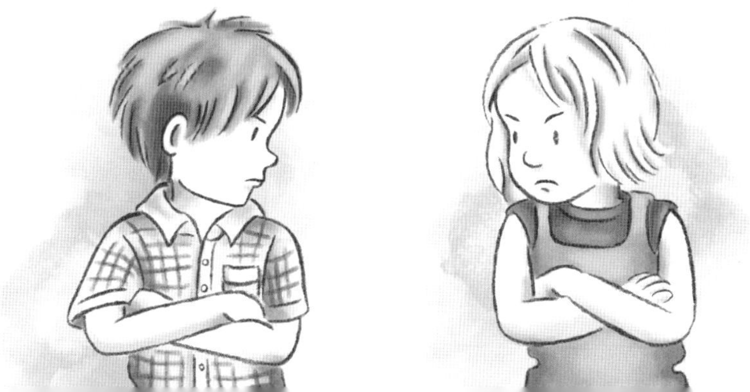

Wir wollen Frieden schließen
Denn Streiten, das ist doof
Wir wollen uns vertragen
Niemand wird geschlagen

Wir wollen keinen Streit
Wir woll'n, dass keiner schreit
Lasst uns Freunde sein
Freunde sind nie allein

Auf in die nächste Runde:
Wir wollen Frieden schließen ...

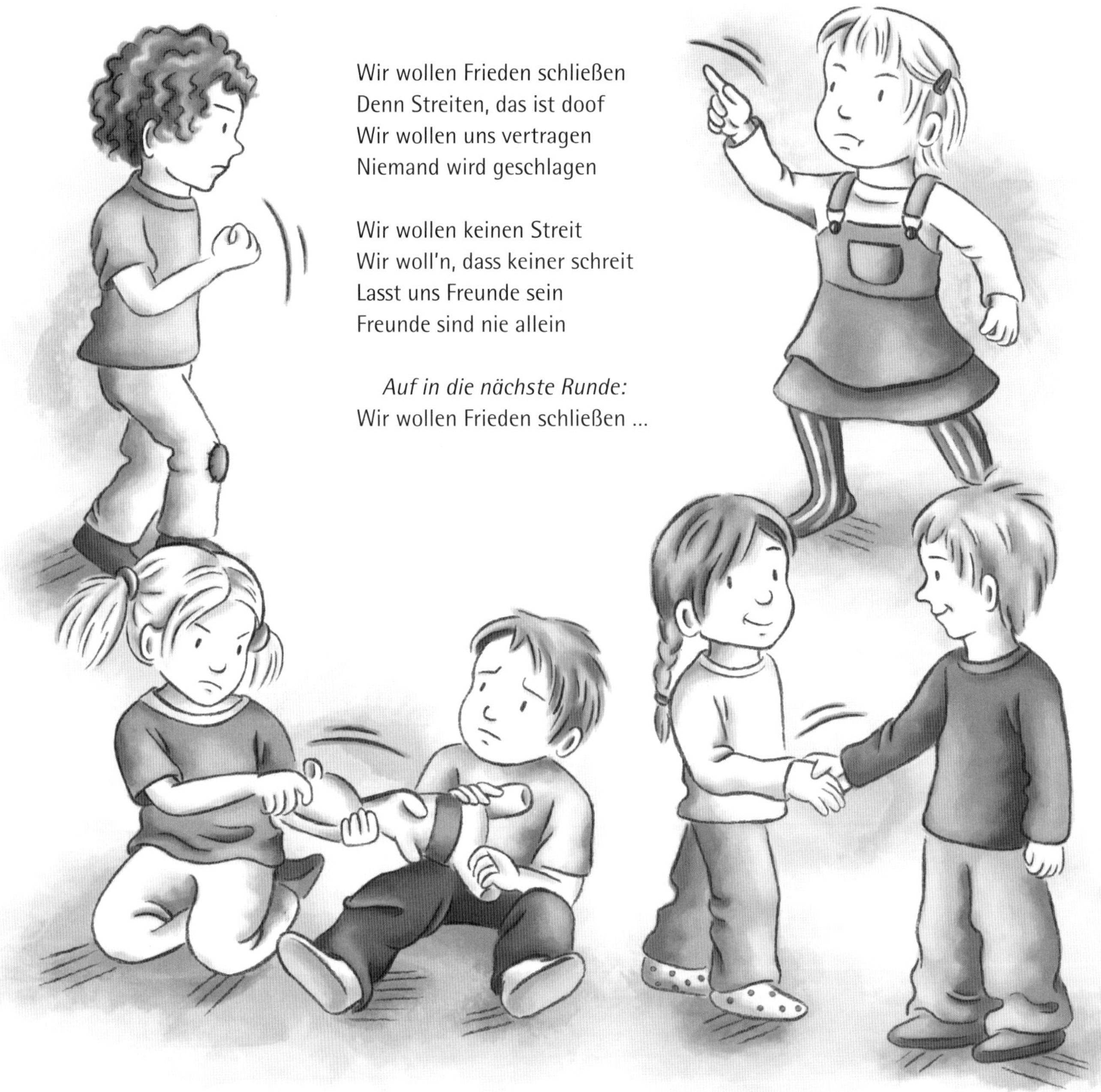

Friedensritual für Streithähne

Wenn Kinder wirklich heftig miteinander gestritten haben und ganz unversöhnlich sind, hilft manchmal ein Hokus-Pokus-Friedensritual, bei dem sie mit viel Tamtam ihre Wut begraben können.

Sie können zum Beispiel die ganze Wut in einen Stein packen und den dann ganz tief in der Erde verbuddeln, während die Gruppe dazu ein großes Trommel-Tamtam veranstaltet. Oder die Wut wird in einen Ballon gepackt, der dann davon fliegt. Oder ...

Wir musizieren zu „Wir wollen keinen Streit"

Tonart: G-Dur
Taktart: 4/4 Takt, ein frohes, friedliches Tempo

Wir musizieren mit: Gitarre/Ukulele, Xylophon, Becken (zart angeschlagen), viele Percussionsinstrumente nach Wahl

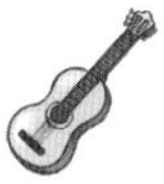

Gitarre/Ukulele

Akkorde: G-Dur, C-Dur
Wir streichen immer, wenn ein Akkord angegeben ist, ganz langsam mit den Fingern über die Saiten.

Gitarrengriffe

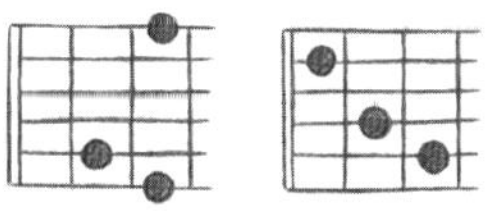

Ukulelegriffe

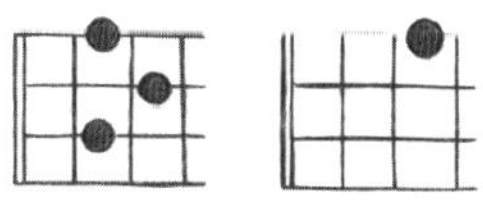

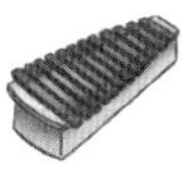

Xylophon

Wir bespielen nur die Töne **D**, **G** und entfernen alle anderen Klangstäbe oder markieren sie entsprechend.

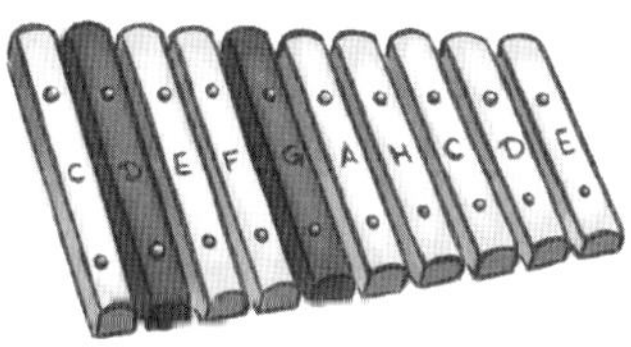

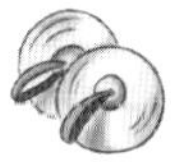

Percussion

Die Becken werden auf die „1" mit einem dünnen Stöckchen zart angeschlagen:

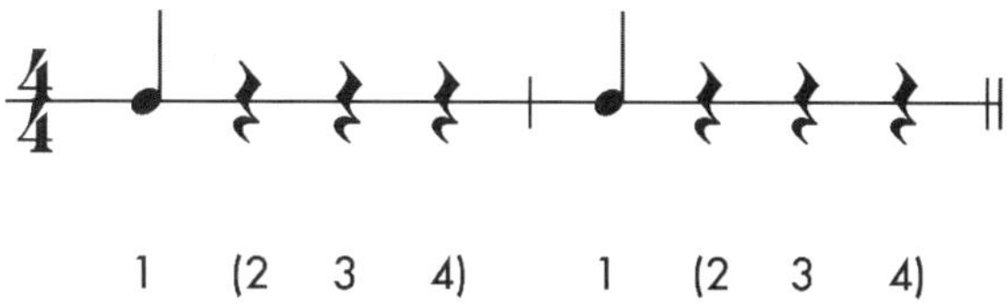

In der Pause nach den Textstellen *„Lasst uns Freunde sein!"* sowie *„Freunde sind nie allein"* dürfen Percussionsinstrumente eurer Wahl ganz friedlich und gemeinsam einen Klang erzeugen.

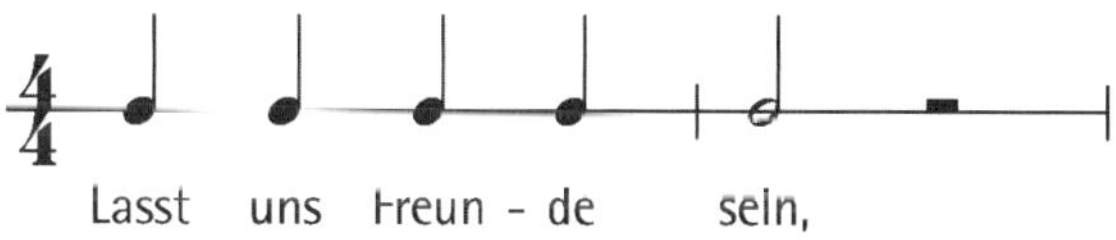

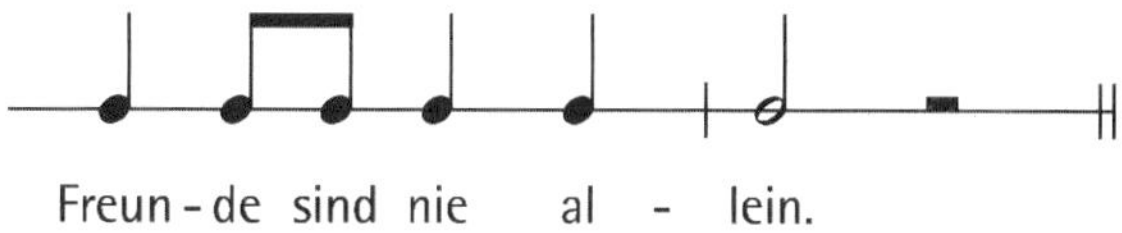

Du gehst neben mir

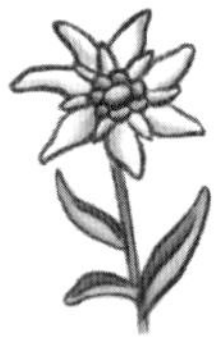

10 und 35 (instr.)

Text: Hartmut E. Höfele / **Musik:** Dorle Ferber

Ein Wanderlied zum fröhlichen Mitsingen und -laufen. Die Inspiration dazu stammt vom französischen Wanderlied „Un kilomètre à pied". Es gibt wohl kein Kind in Frankreich, das nicht bei einem Ausflug mit diesem Lied auf den Lippen vorwärts gegangen ist.

Auch bei unserem Lied bleiben die Kinder während des Laufens im Takt. Da kommt so schnell keine Müdigkeit auf, und keines tanzt aus der Reihe. Ob auf dem Weg zum Bus, zur Straßenbahn oder bei einem Ausflug … „Links-zwei-drei-vier, links-zwei-drei-vier …"

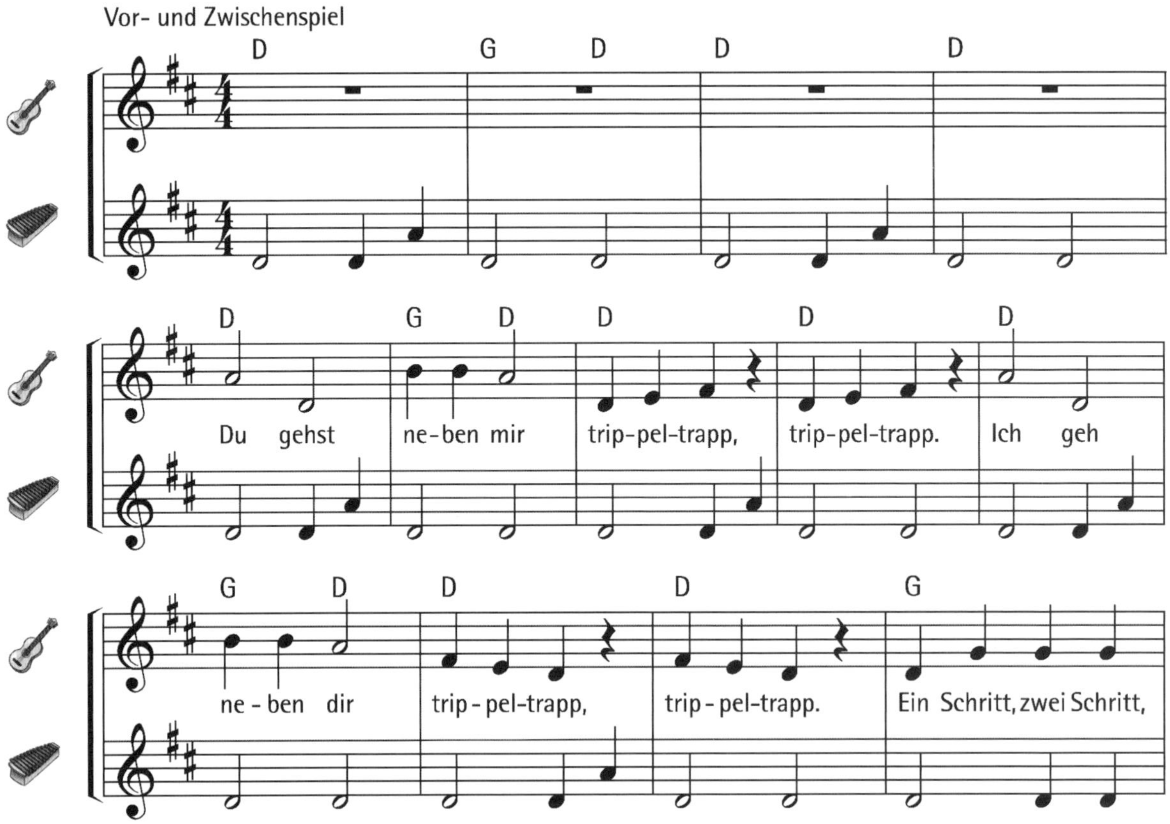

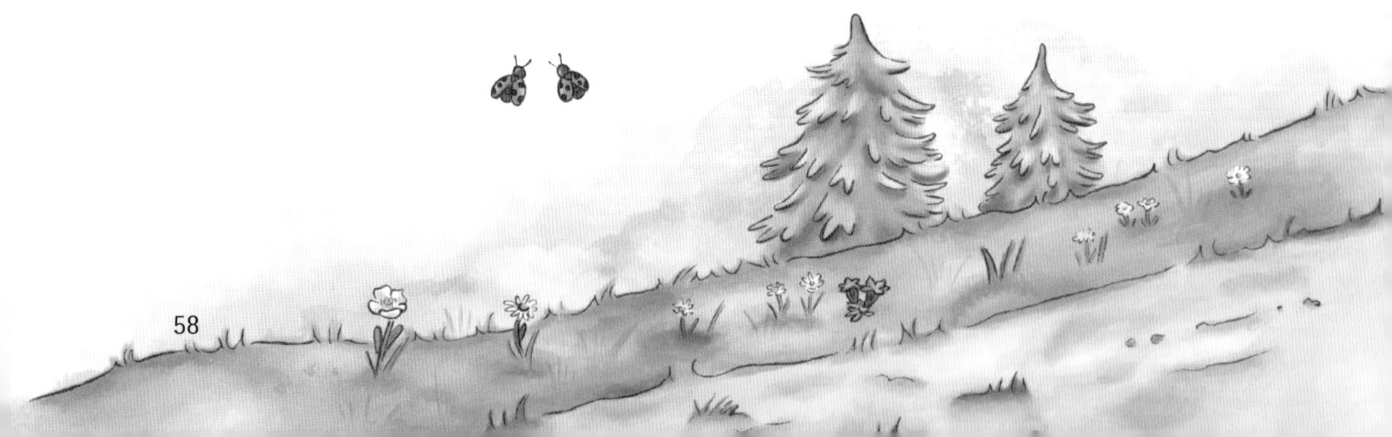

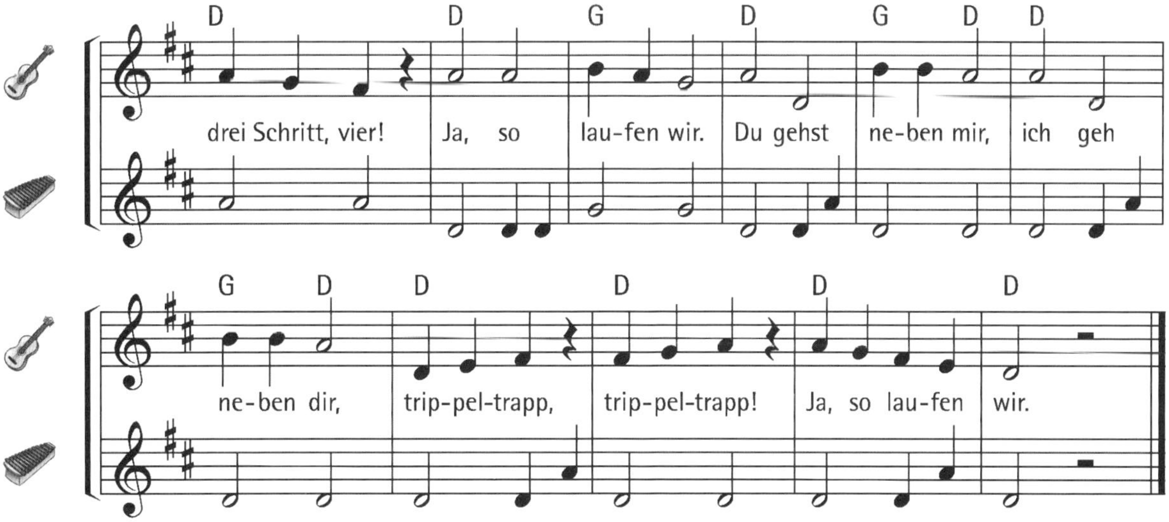

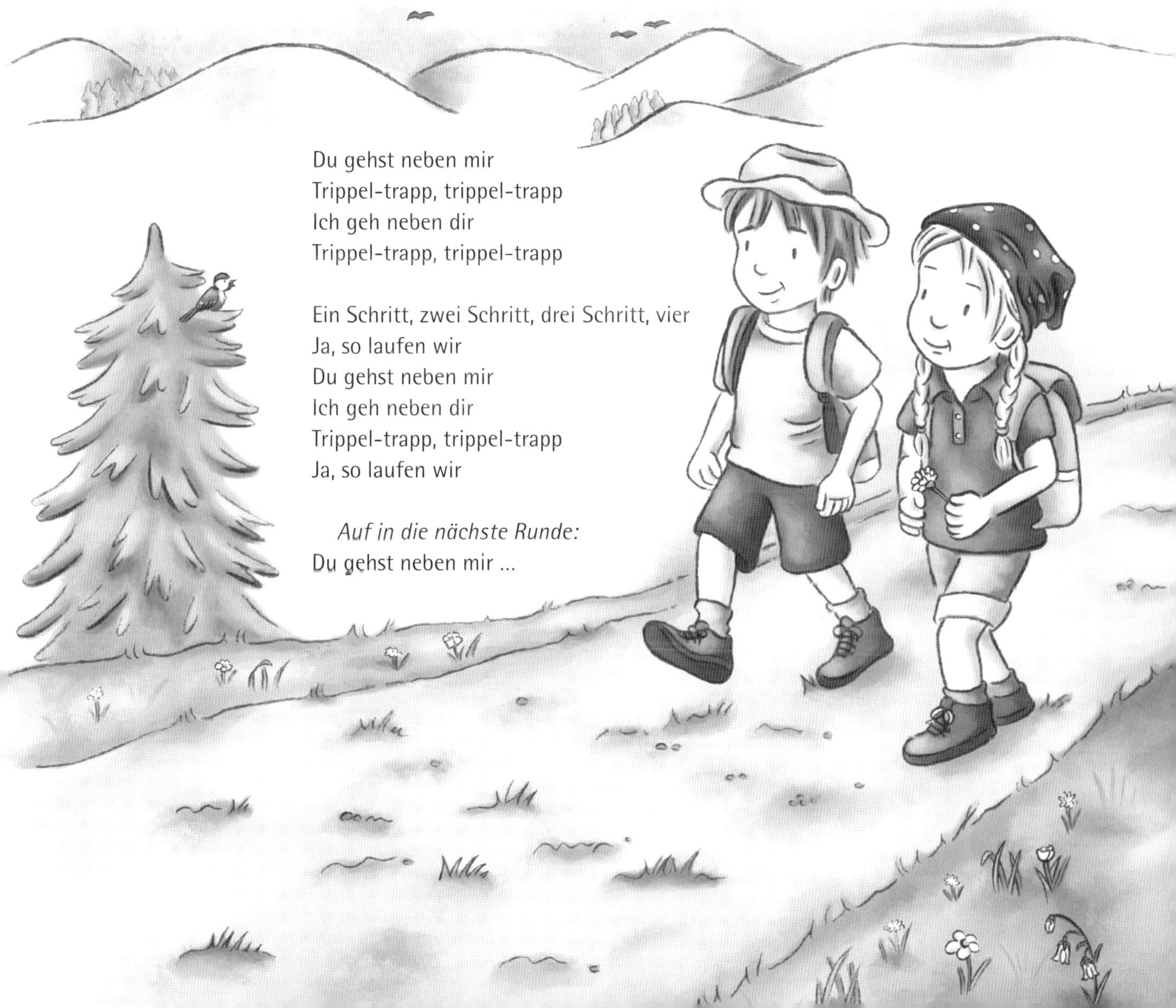

Du gehst neben mir
Trippel-trapp, trippel-trapp
Ich geh neben dir
Trippel-trapp, trippel-trapp

Ein Schritt, zwei Schritt, drei Schritt, vier
Ja, so laufen wir
Du gehst neben mir
Ich geh neben dir
Trippel-trapp, trippel-trapp
Ja, so laufen wir

Auf in die nächste Runde:
Du gehst neben mir …

Wir musizieren zu „Du gehst neben mir“

Tonart: D-Dur
Taktart: 4/4 Takt, zügig drauflosgegangen

Wir musizieren mit: Gitarre / Ukulele, Xylophon, Tamburin, Klanghölzern oder mit unseren Füßen

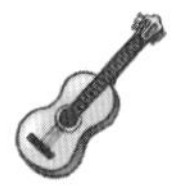

Gitarre / Ukulele

Akkorde: D-Dur, G-Dur
Wir streichen immer, wenn ein Akkord angegeben ist, ganz langsam mit den Fingern über die Saiten.

Gitarrengriffe

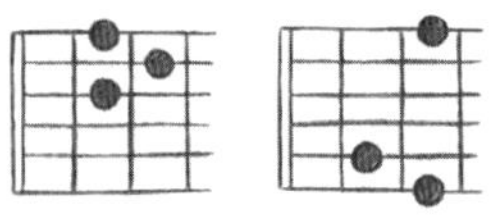

Ukulelegriffe

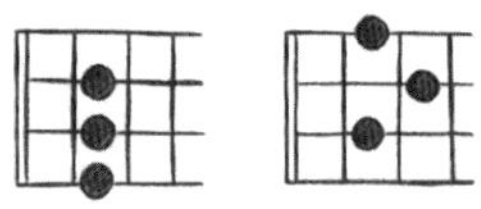

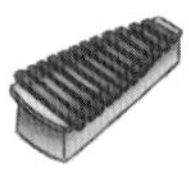

Xylophon

Wir bespielen nur die Töne **D** und **A** und entfernen alle anderen Klangstäbe oder markieren sie entsprechend.

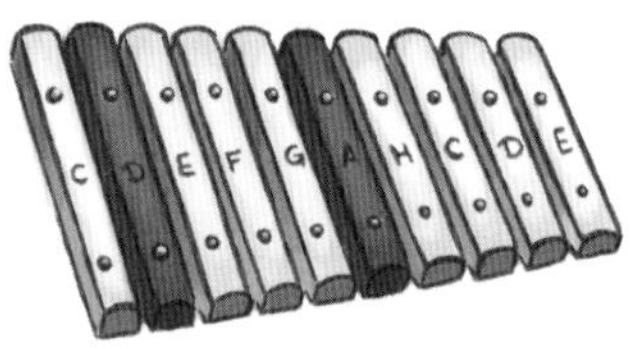

Zum **Lernen** singen oder sprechen wir im Vorspiel:

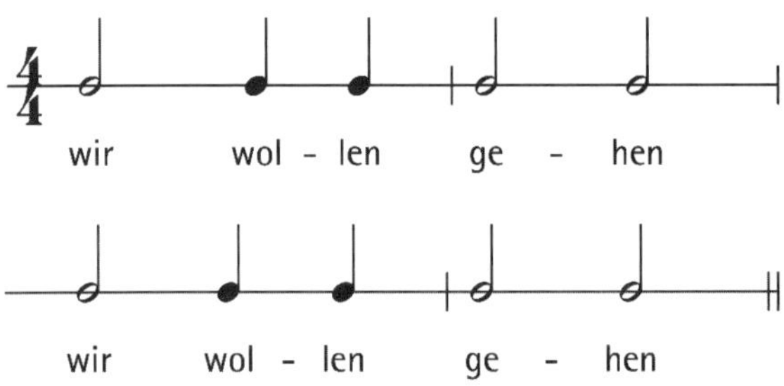

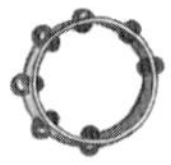

Percussion

Das **Tamburin** begleitet das ganze Lied hindurch abwechselnd einen Takt mit kleinen, einen Takt mit großen Schritten mit folgender Rhythmusfigur:

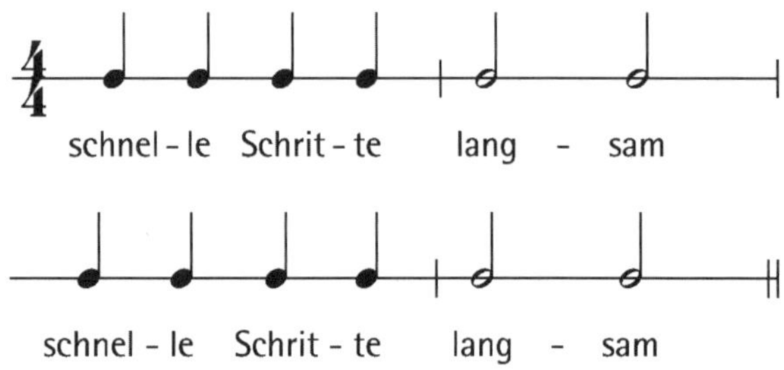

Um große oder kleine Schritte besser zu erfahren, gehen wir mal eine ganze Singrunde nur große Schritte auf halbe Noten:

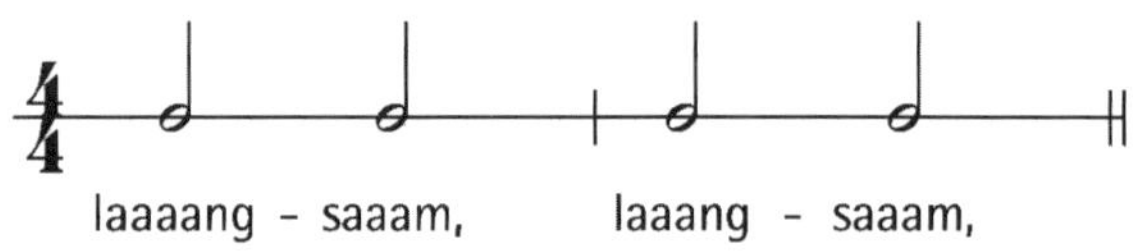

Oder kleine, schnelle Schritte auf Viertelnoten:

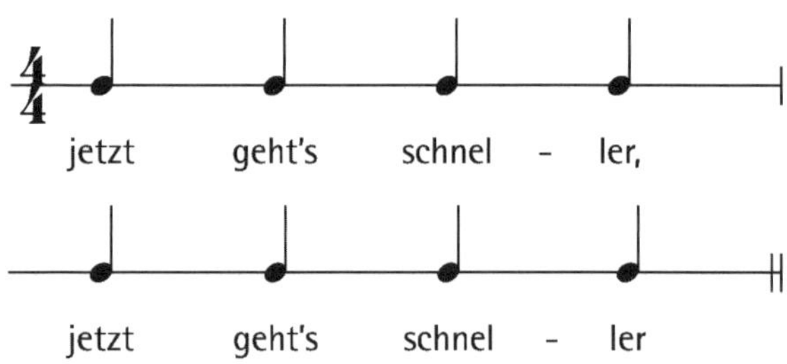

und immer so weiter.

Hört ihr leis die Glöckchen bimmeln?

11 und 36 (instr.)

Text: Hartmut E. Höfele / Musik: Dorle Ferber

Mit diesem Stilleritual lassen sich Kinder gut zur Ruhe bringen. Sei es vor dem Mittagschlaf oder der Ruhezeit, sei es zwischendurch, wenn alles zu hektisch wird, oder zur Förderung der Konzentrationsfähigkeit, bevor ihre Aufmerksamkeit für eine anspruchsvollere Tätigkeit gefordert wird.

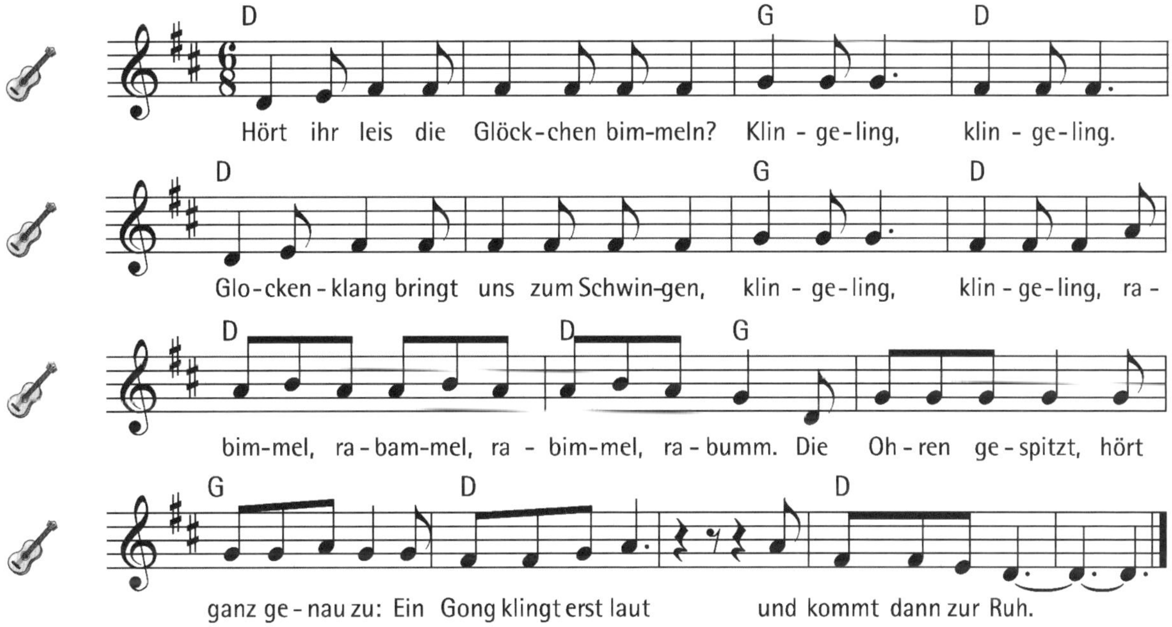

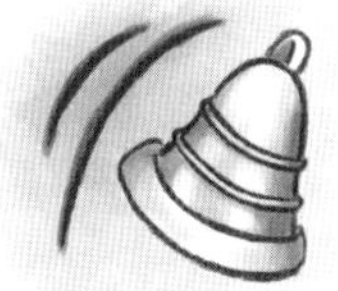

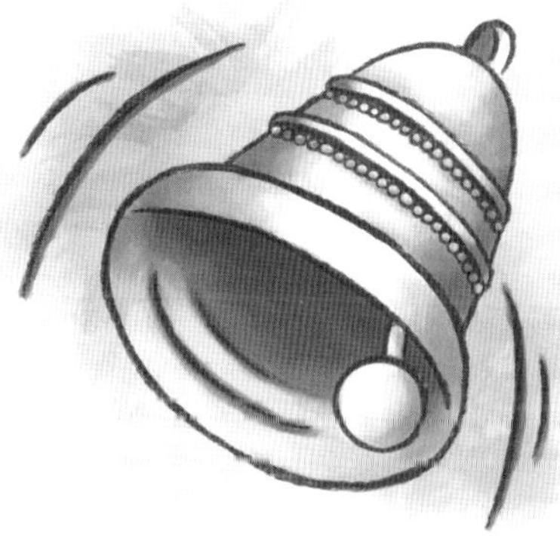

Hört ihr leis die Glöckchen bimmeln?
Klingeling, klingeling
Glockenklang bringt uns zum Schwingen
Klingeling, klingeling
Rabimmel, rabammel
Rabimmel, rabumm
Die Ohren gespitzt
Hört ganz genau zu:
Ein Gong klingt erst laut
Und kommt dann zur Ruh.

Auf in die nächste Runde:
Hört ihr leis ...

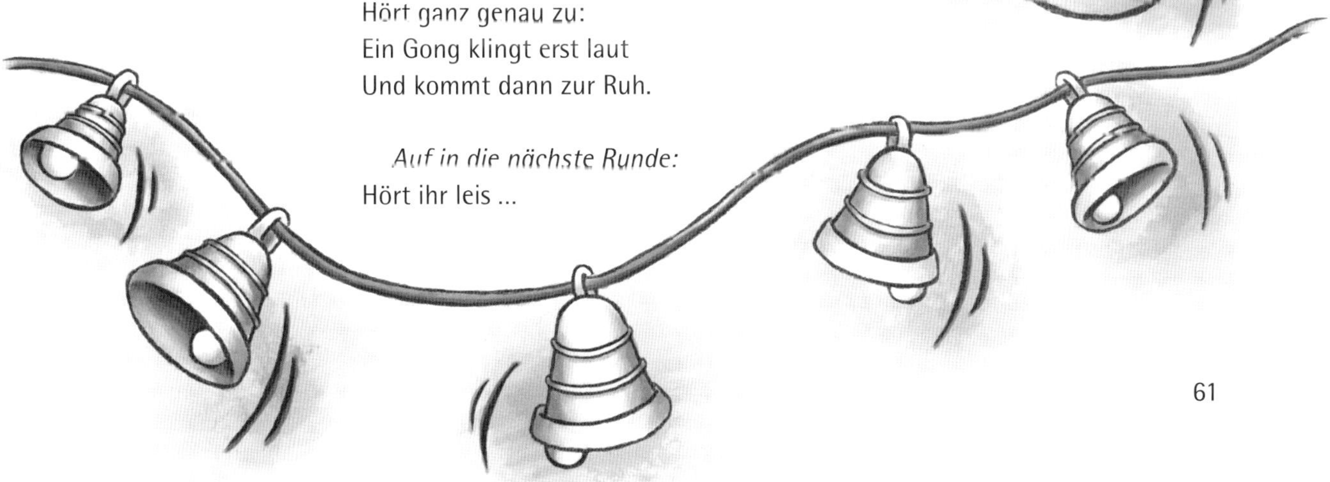

Der verklingende Ton

Eine sehr schöne Stille Übung.

Material: Gong (oder Triangel)

Die Kinder bilden einen Sitzkreis und schließen die Augen. Die Spielleitung schlägt laut einen einzigen Ton auf dem Gong. Die Kinder versuchen, den Ton so lange wie möglich zu hören. Wer der Meinung ist, dass der Ton verklungen ist, hebt den Arm. Die Augen bleiben geschlossen, bis die Spielleitung die Übung beendet.

Licht der Stille

Noch ein schönes Stille-Ritual, bei dem Kinder gut zur Ruhe kommen.

Material: 1 große Kerze, runder Tisch, Teelichter, Gläser mit breiter Öffnung

Die Spielleitung stellt eine große Kerze in die Mitte des Raumes und zündet sie an. Jedes Kind bekommt ein Glas mit einem Teelicht, welches mit Hilfe der Spielleitung angezündet wird. Sobald das erste Kind sein Teelicht in Empfang genommen hat, wird nicht mehr geredet. Die Kinder setzen sich im Kreis um die große Kerze herum, und jedes stellt sein Licht vor sich hin. Alle betrachten still ihr Lichtlein – bis die Spielleitung die Übung nach ein paar Minuten beendet.

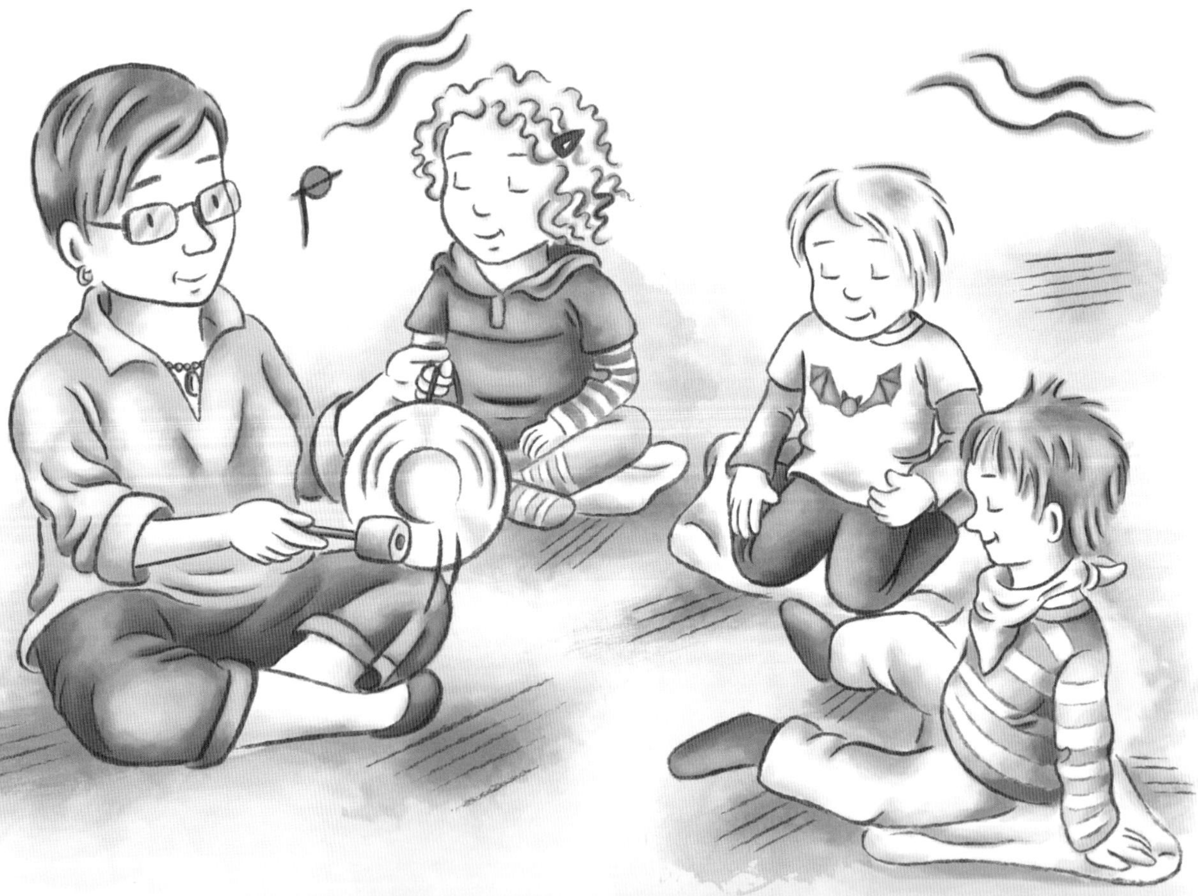

Wir musizieren zu „Hört ihr leis die Glöckchen bimmeln?“

Tonart: D-Dur
Taktart: 6/8 Takt, eine hin und her schwingende Taktart

Wir musizieren mit: Gitarre/Ukulele, Glockenspiel, Percussion (Glöckchen, Zimbeln, wenn vorhanden Gong)

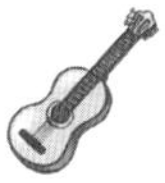

Gitarre/Ukulele

Gitarrenakkorde: D-Dur, G-Dur
Wir streichen immer, wenn ein Akkord angegeben ist, ganz langsam mit den Fingern über die Saiten.

Gitarrengriffe

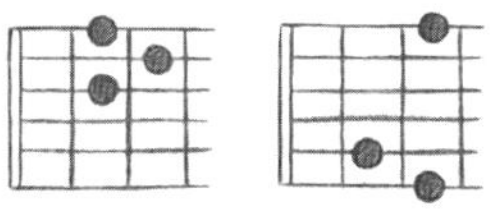

Ukulelegriffe

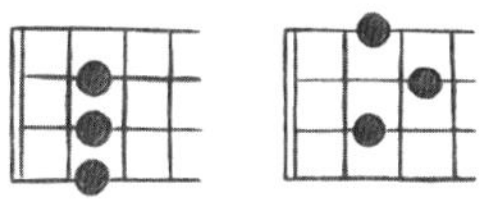

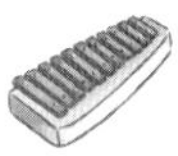

Glockenspiel

Wir spielen das **Glockenspiel** mit den Tönen **D** und **hohes D** und entfernen alle anderen Klangstäbe oder markieren sie entsprechend.

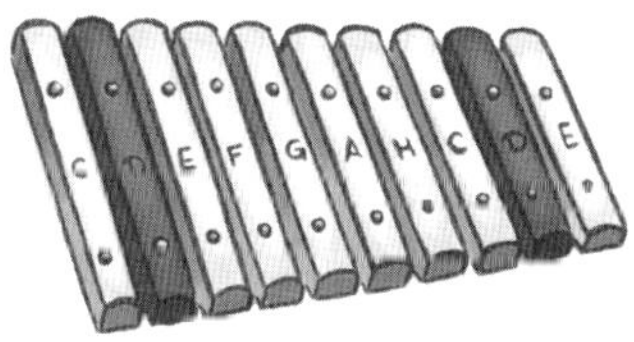

Das ganze Lied hindurch werden diese im beständigen Wechsel „wie ein Glöckchen“ gespielt:

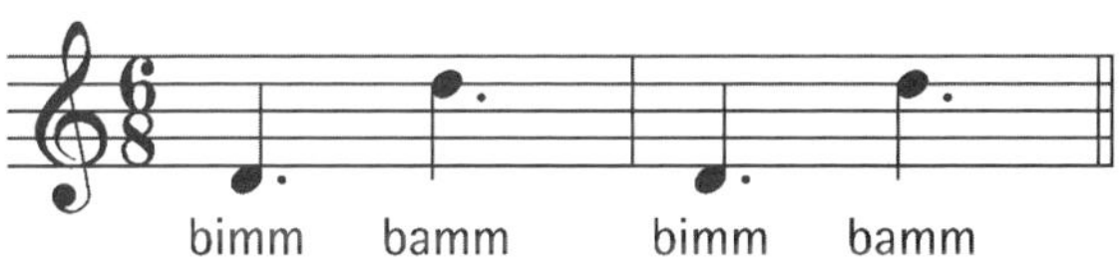

Nach dem gesungenen Satz *„ein Gong klingt erst laut“* schweigt das Glockenspiel wie alle anderen Instrumente und „macht Platz“ für den Gong. Danach setzt es wieder ein.

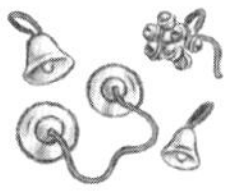

Percussion

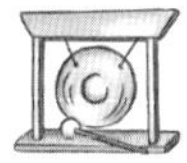

Glöckchen und Zimbeln werden verteilt und ein Kind wird ausgewählt, das den Gong mit einem dicken weichen Filzschlägel anschlagen darf.

Man verschafft den Kindern ein schönes gemeinsames Hörerlebnis, wenn man den Gongschlag ausprobiert und die Kinder vorher auffordert, gemeinsam gut zu lauschen, bis der Ton des Gongs völlig verklingt. (s. o. *Der verklingende Ton*)

- Die erste Hälfte des Liedes wird mit Glöckchen und Zimbeln fein und zart begleitet, bei den Worten *„Rabimmel, rabammel ...“* dürfen die Kinder kräftig schütteln, anschlagen und bimmeln.
- Nach den gesungenen Worten *„ein Gong klingt erst laut“* werden alle mucksmäuschenstill, auch das Glockenspiel verstummt, an der Stelle darf das vorher bestimmte Kind den Gong anschlagen.
- Danach dürfen die Instrumente wieder zart einsetzen, die letzten Takte begleiten und ausklingen.

Tipp: Sprechen Sie vorher mit den Kindern darüber, dass das Lied richtig verklingen will und dass sie sich dabei auch nicht bewegen sollten, so dass alle zum Schluss noch einen Moment in die Stille lauschen können!

Bestimmt wollen viele Kinder mal den Gong spielen, deshalb wird nach dem ersten Durchgang das Lied gleich noch mal gesungen.

Jedes Ding hat seinen Platz

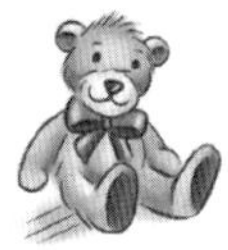

12 und 37 (instr.)

Text: Susanne Steffe / Musik: Dorle Ferber

Aufräumen ist nicht unbedingt die Lieblingsbeschäftigung der Kinder. Wenn wir es aber sozusagen als „ritualisiertes Spiel" einführen und dieses Ritual stets mit dem folgenden Lied einläuten und/oder begleiten, dann macht Aufräumen richtig Spaß und geht im Rhythmus zur Musik auch schnell.

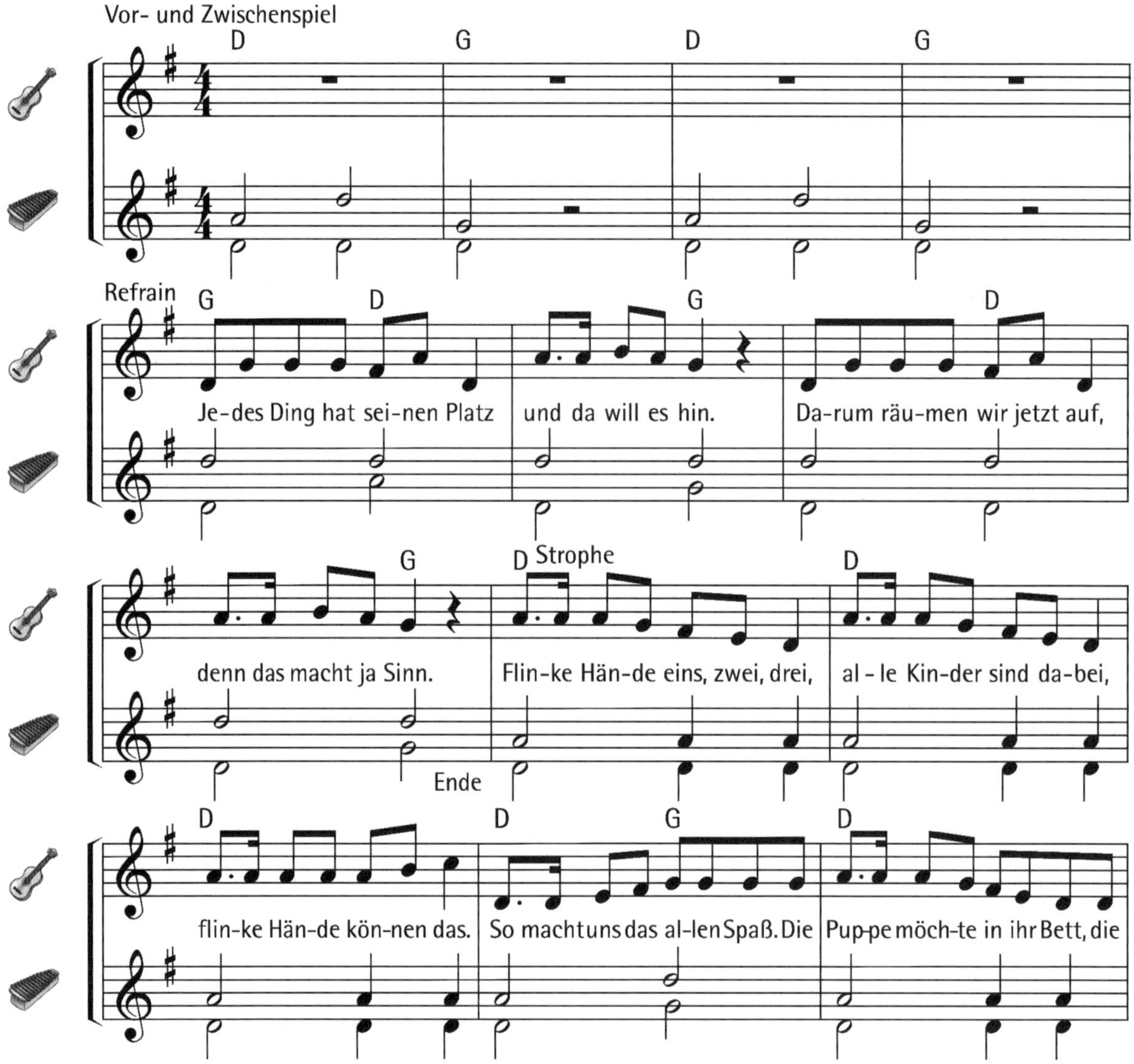

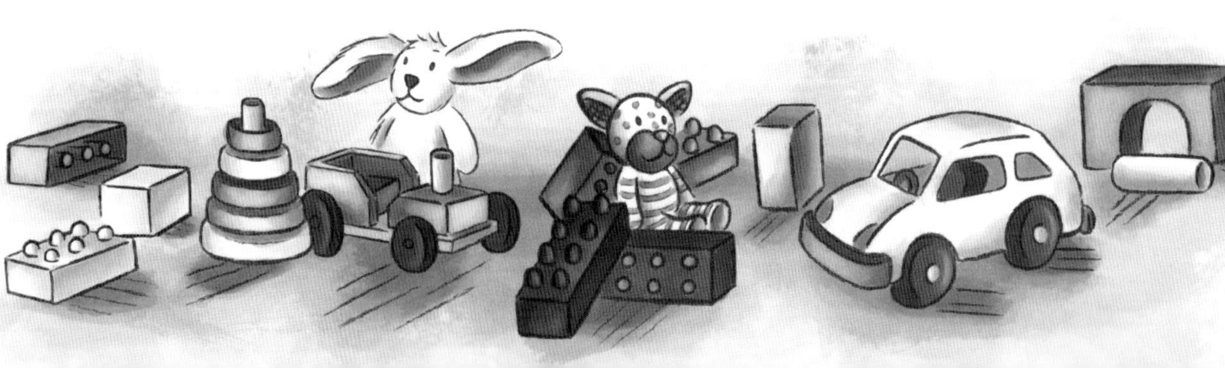

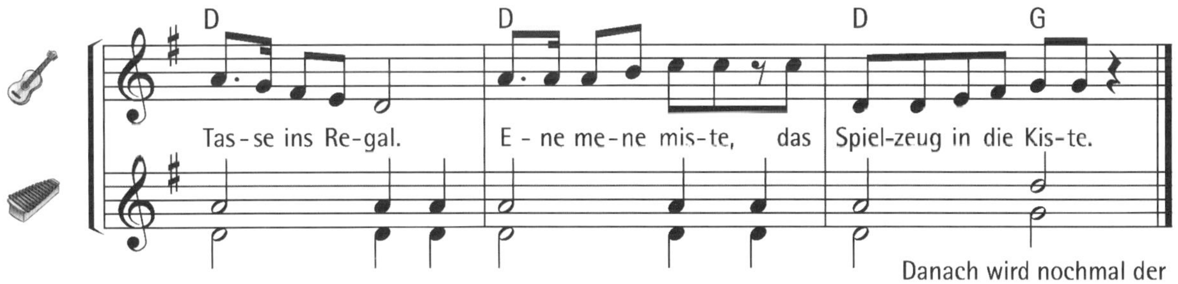

Danach wird nochmal der Refrain gesungen bis Ende

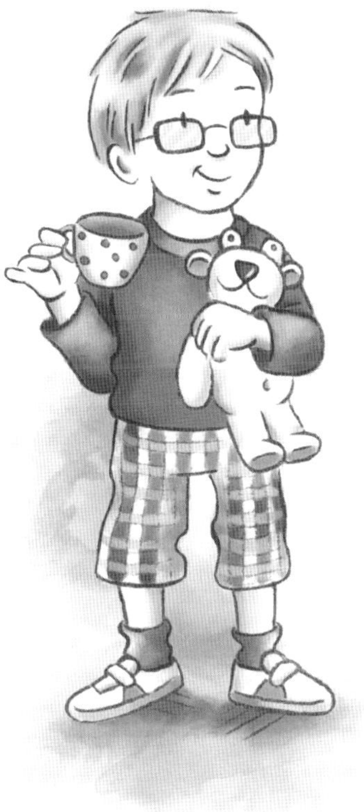

Jedes Ding hat seinen Platz
Und da will es hin
Darum räumen wir jetzt auf
Denn das macht ja Sinn.

Flinke Hände eins, zwei drei
Alle Kinder sind dabei
Flinke Hände können das
So macht uns das allen Spaß
Die Puppe möchte in ihr Bett
Die Tasse ins Regal
Ene, mene miste
Das Spielzeug in die Kiste

Jedes Ding hat seinen Platz
Und da will es hin
Darum räumen wir jetzt auf
Denn das macht ja Sinn.

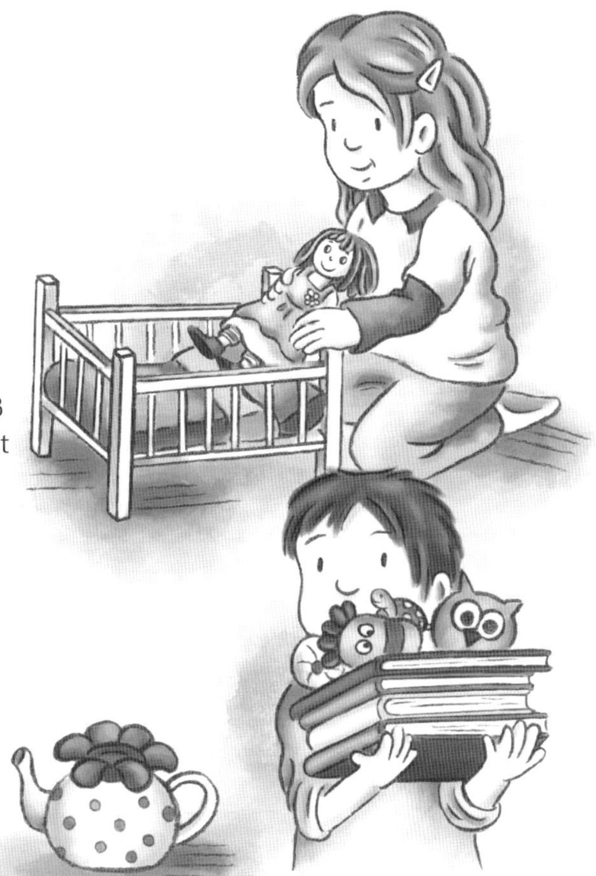

Spielanregung

Die Kinder bilden einen Kreis und singen zusammen das Lied. Immer, wenn die Spielleitung auf eines der Kinder zeigt, verlässt dieses daraufhin den Kreis und fängt an etwas aufzuräumen, bis das nächste Kind den Kreis verlässt. (Je nach Alter der Kinder kann die Spielleitung auch kurze Hinweise geben, was aufgeräumt werden soll.)

Das Lied wird so lange weiter gesungen, bis alles an seinem Platz, alles ordentlich ist und sämtliche Schnipsel aufgekehrt sind. Zum Abschluss treffen sich alle Kinder wieder im Kreis und klatschen sich selber eine Runde Applaus.

Wir musizieren zu „Jedes Ding hat seinen Platz“

Tonart: G-Dur
Taktart: 4/4 Takt, beschwingtes Aufräumtempo

Wir musizieren mit: Gitarre/Ukulele, Xylophon, Handtrommel

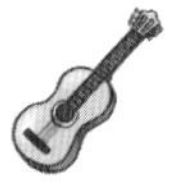

Gitarre/Ukulele

Akkorde: G-Dur, D-Dur
Wir streichen immer, wenn ein Akkord angegeben ist, ganz langsam mit den Fingern über die Saiten.

Gitarrengriffe

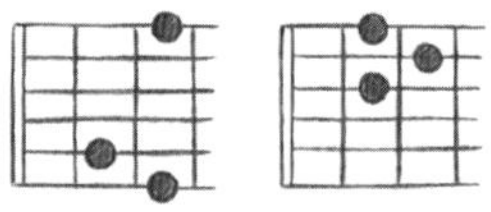

Ukulelegriffe

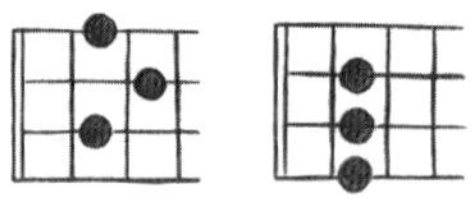

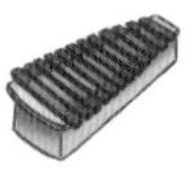

Xylophon

Wir bespielen nur die Töne **G**, **A** und **hohes D** und entfernen alle anderen Klangstäbe oder markieren sie entsprechend.

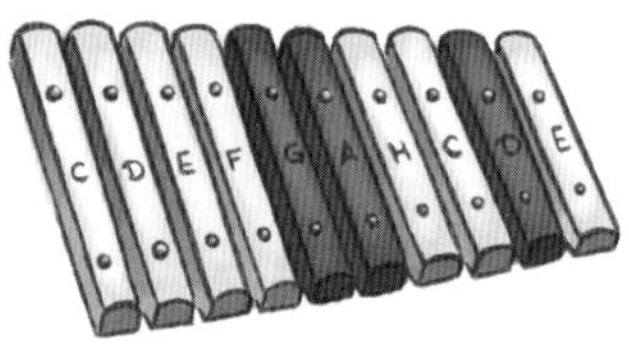

Wir können am Xylophon zu zweit spielen und uns die Töne aufteilen.

Zum **Lernen** singen oder sprechen wir im Vorspiel langsam:

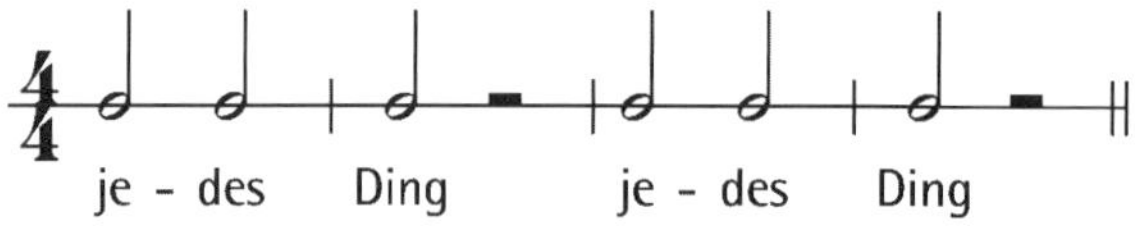

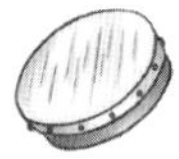

Percussion

Die **Handtrommeln** begleiten das ganze Lied hindurch mit folgender Rhythmusfigur und wir sprechen dazu:

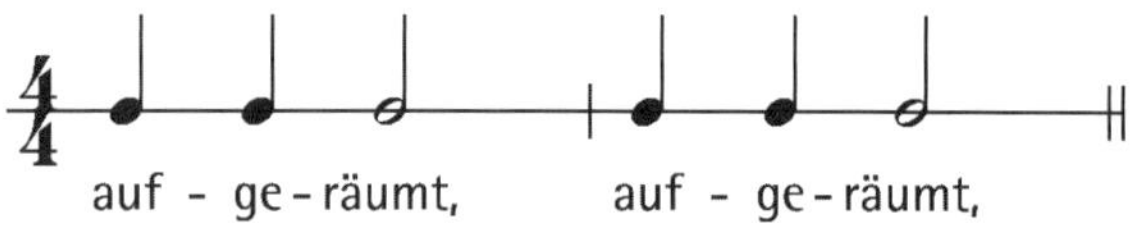

Auf Wiedersehn

13 und 38 (instr.)

Text: Hartmut E. Höfele / Musik: Dorle Ferber

Der Kindergartentag geht nun zu Ende und bevor die Kinder abgeholt werden, versammeln sie sich noch einmal und singen zusammen ihr Abschiedslied. Damit wird ein Schlusspunkt hinter diesen Tagesabschnitt gesetzt. Ritualllieder zum Abschied vermitteln den Kindern vor allem Geborgenheit und die Sicherheit, dass auf das „Ende" wieder ein neuer „Anfang" folgt. Nach wiederholtem Singen verlangen die Kinder ganz von alleine nach „ihrem" Abschiedslied.

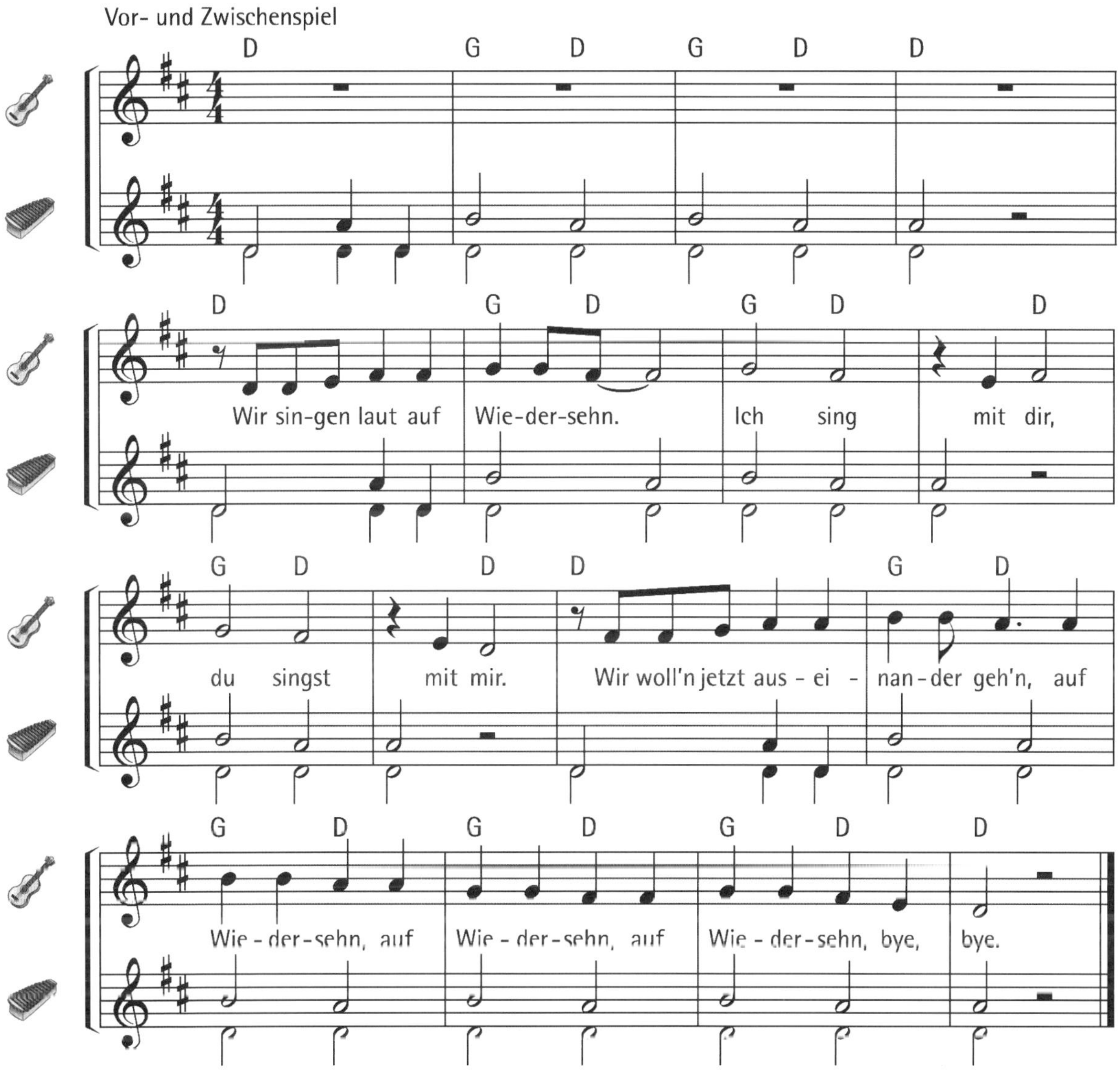

Wir singen laut auf Wiedersehn
Ich sing mit dir
Du singst mit mir
Wir wolln jetzt auseinander gehn
Auf Wiedersehn – auf Wiedersehn
Winke-winke-Gesten
Auf Wiedersehn, bye, bye

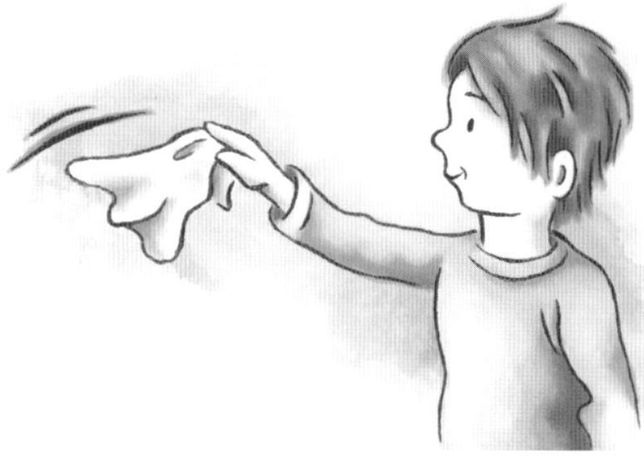

Wir musizieren zu „Auf Wiedersehn“

Tonart: D-Dur
Taktart: 4/4 Takt, froh und nicht zu langsam, wir sehen uns ja morgen wieder!

Wir musizieren mit: Gitarre / Ukulele, Xylophon und Händen

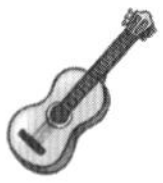

Gitarre / Ukulele

Akkorde: D-Dur, G-Dur
Wir streichen immer, wenn ein Akkord angegeben ist, ganz langsam mit den Fingern über die Saiten.

Gitarrengriffe

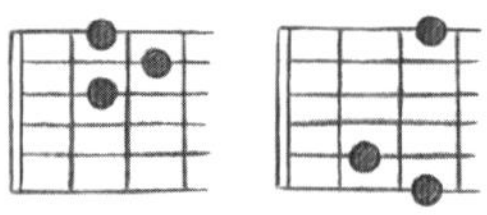

Ukulelegriffe

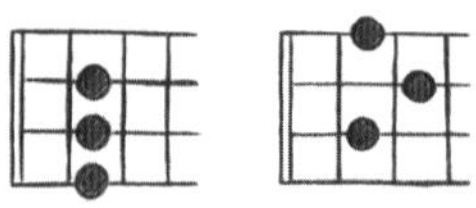

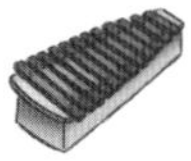

Xylophon

Wir bespielen nur die Töne **D**, **A**, **H** und entfernen alle anderen Klangstäbe oder markieren sie entsprechend. Die Xylophonstimme könnt ihr am besten zu zweit an einem Instrument spielen.

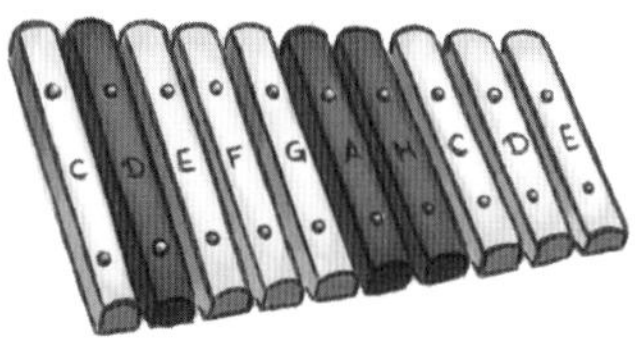

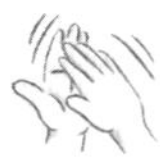

Percussion

Zwischen den Strophen stehen alle Kinder auf und klatschen oder patschen:

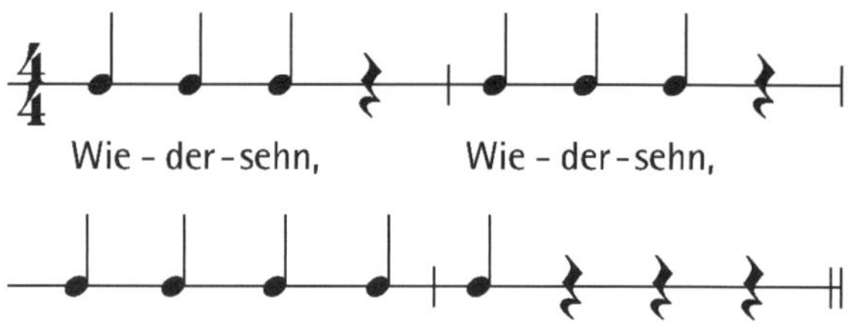

Unsere Kindergarten Evergreens

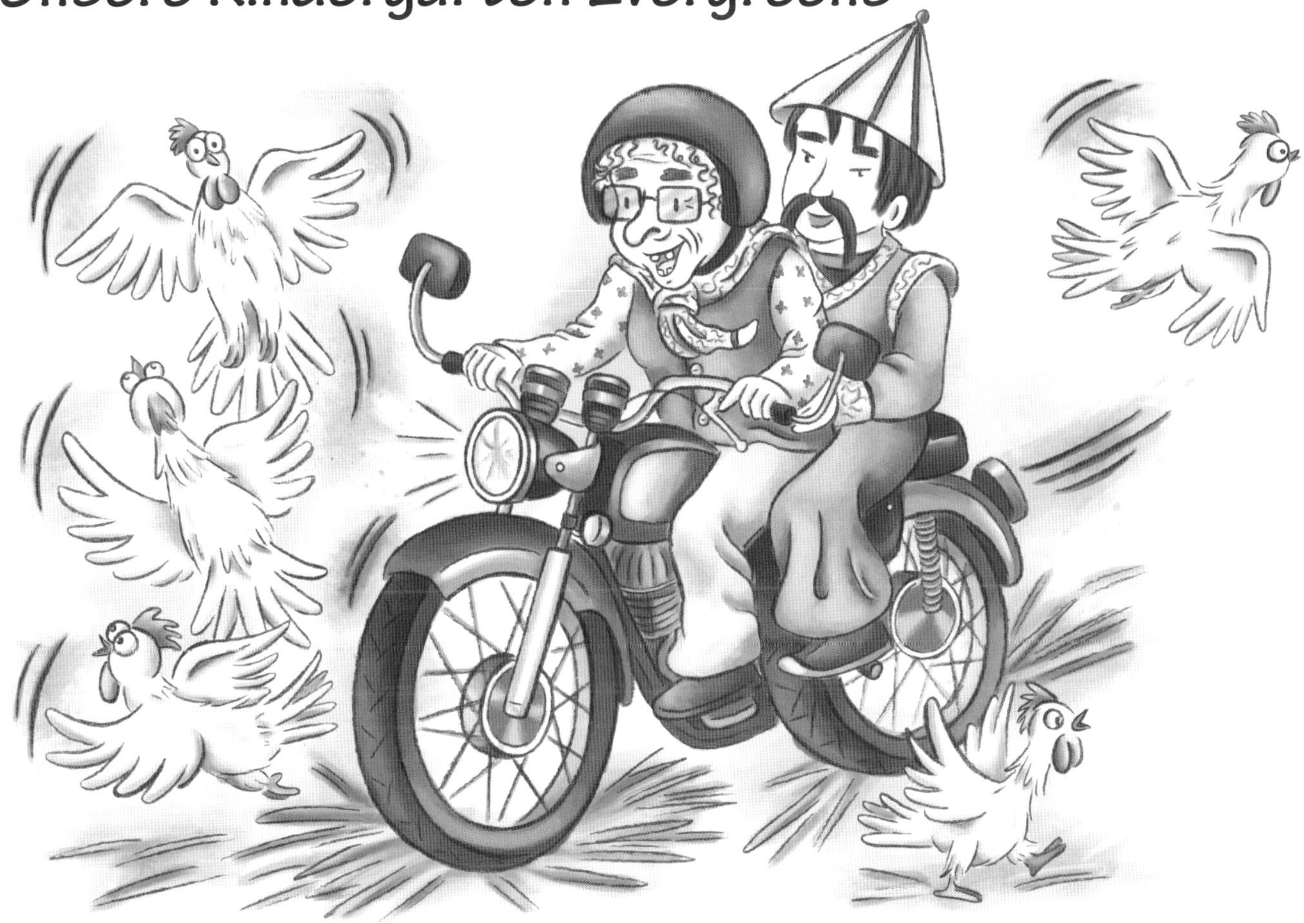

Wenn im Eimer ein Loch ist, drei Chinesen Kontrabass spielen oder die Oma gar im Hühnerstall Motorrad fährt, dann sind das echte Kinderlieder-Klassiker, bei denen wirklich alle schnell mitsingen können. Diese Lieder haben schon Eltern, Tanten, Onkel oder Großeltern gesungen und sind sicher auch den allermeisten ErzieherInnen bekannt. Sie lassen sich über den Kindergartenalltag hinaus auch zu festlichen Anlässen gemeinsam mit Eltern oder Freunden singen. Oder vielleicht entsteht ja für einen Kindergartenflohmarkt sogar eine flotte „Mehrgenerationen-Band".

Wir möchten nun auch dazu auffordern über die Musizieranleitungen hinaus einfach mal andere als die vorgeschlagenen Percussionsinstrumente auszuprobieren, die Lieder ganz langsam oder schnell zu singen, zwischen den Strophen mal einen Durchgang auf „Tö" oder „Ta" zu tröten oder zu summen … Diese Evergreens lassen sich übrigens auch mitnehmen in die Welt. Sie passen z. B. zum Lagerfeuer, zur Pause bei einer Wanderung, eignen sich aber auch zum singenden Zeitvertreib im Autobahnstau. Die Fantasie der Kinder wird sicher das ihre dazu beitragen, dass sie sich verändern, verwandeln und neue Strophen erhalten.

Nun wünschen wir allen Beteiligten – ob Groß, ob Klein – viel Spaß mit den folgenden Liedern und unseren Musizieranleitungen!

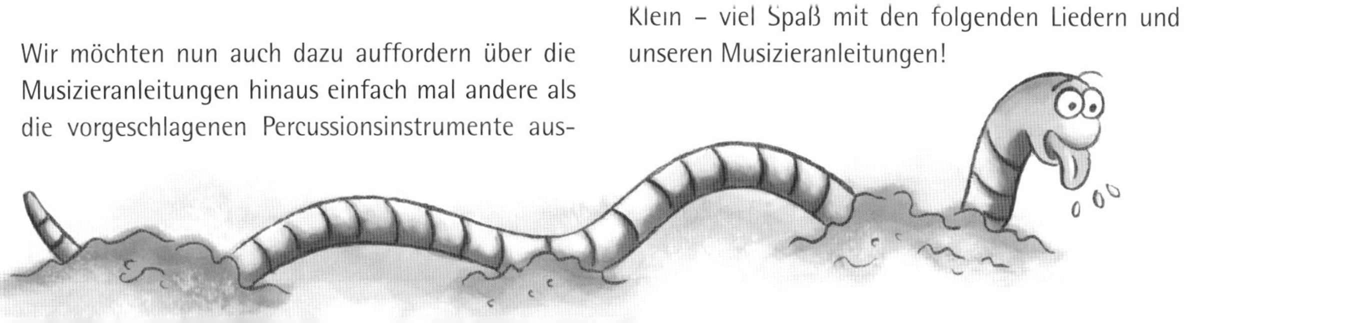

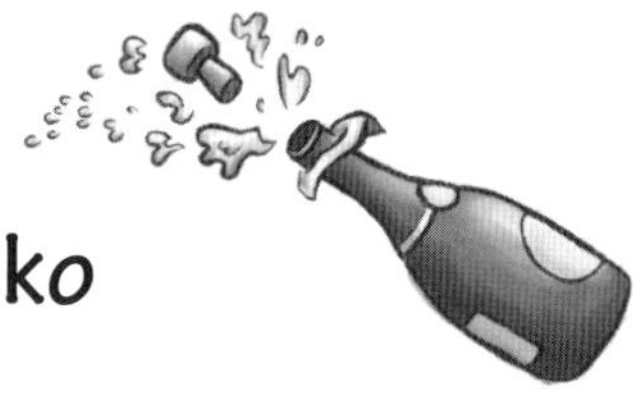

Tante aus Marokko

14 und 39 (instr.)

Text & Musik: trad. / **Musikbearbeitung:** Dorle Ferber

Die „Tante aus Marokko" kommt mit einer weltweit bekannten Melodie angereist. Sie stammt vom Spiritualsong „She'll be coming round the mountain", welcher bei uns mit dem Text „Von den blauen Bergen kommen wir" bekannt wurde. Neben dieser Textvariante existieren aber auch noch viele andere, vor allem gibt es Spottverse wie z.B: „... unser Lehrer ist genauso dumm wie wir. Mit der Brille auf der Nase sieht er aus wie 'n Osterhase ..."

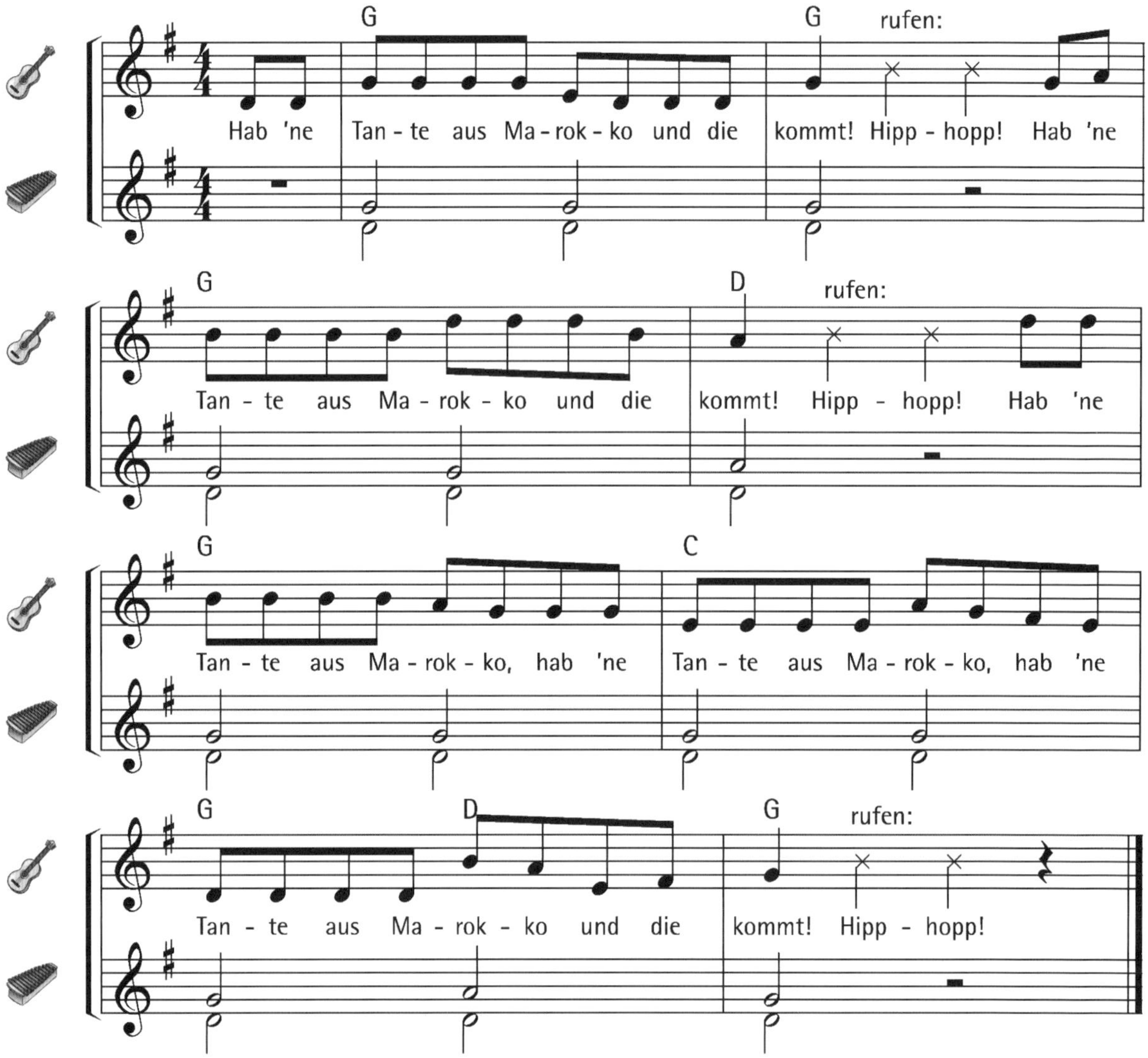

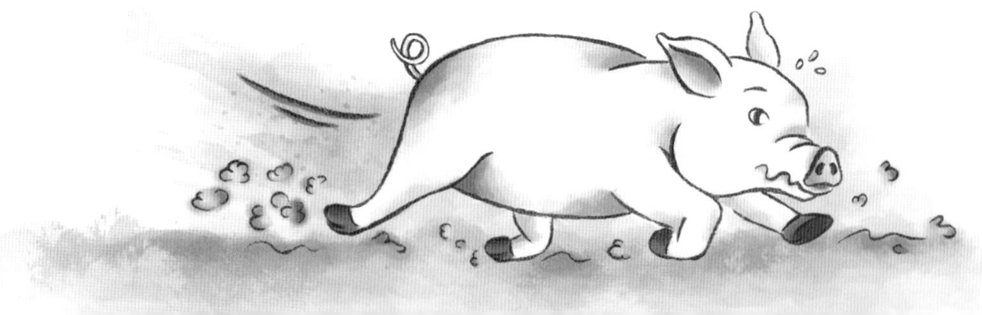

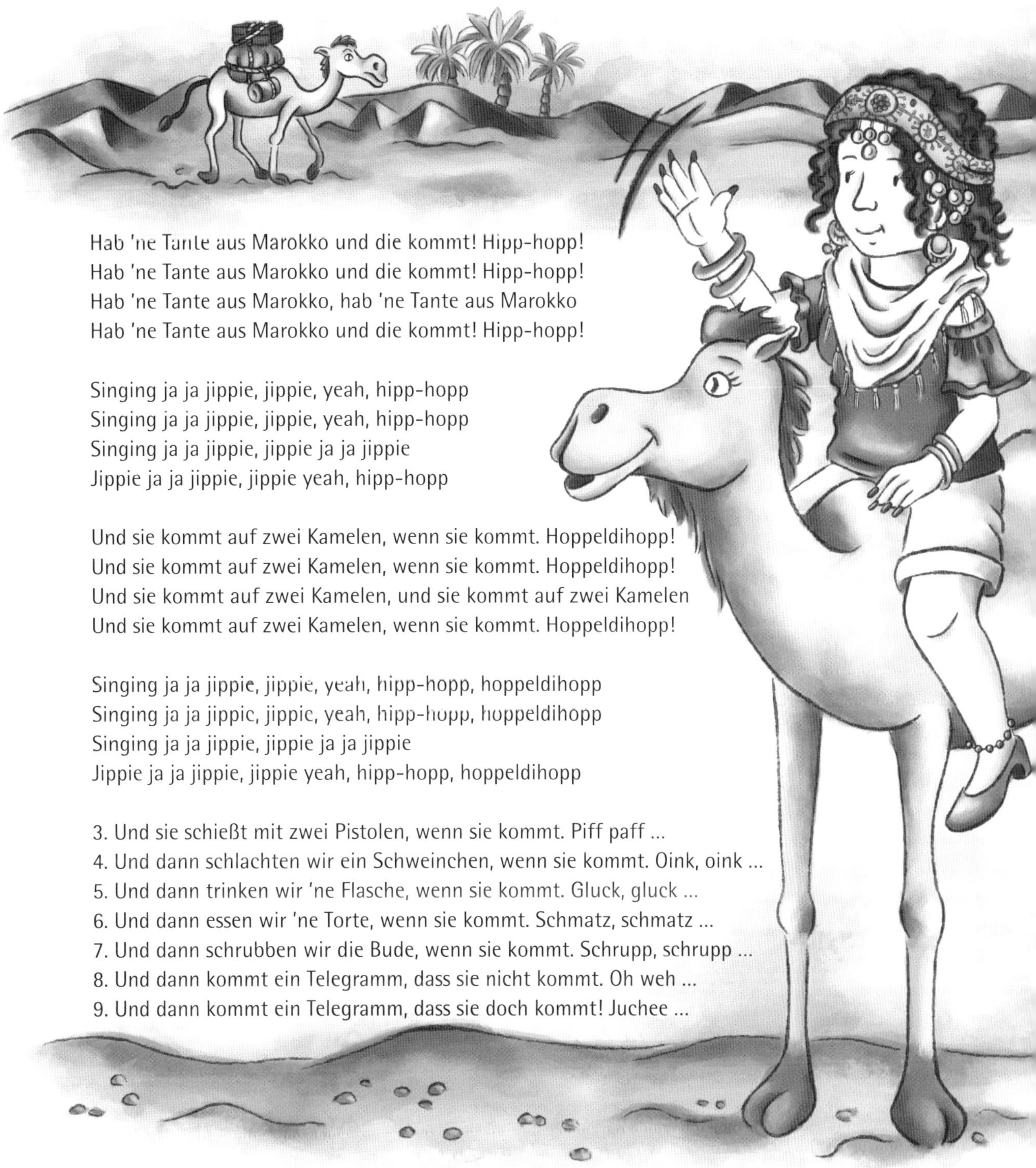

Hab 'ne Tante aus Marokko und die kommt! Hipp-hopp!
Hab 'ne Tante aus Marokko und die kommt! Hipp-hopp!
Hab 'ne Tante aus Marokko, hab 'ne Tante aus Marokko
Hab 'ne Tante aus Marokko und die kommt! Hipp-hopp!

Singing ja ja jippie, jippie, yeah, hipp-hopp
Singing ja ja jippie, jippie, yeah, hipp-hopp
Singing ja ja jippie, jippie ja ja jippie
Jippie ja ja jippie, jippie yeah, hipp-hopp

Und sie kommt auf zwei Kamelen, wenn sie kommt. Hoppeldihopp!
Und sie kommt auf zwei Kamelen, wenn sie kommt. Hoppeldihopp!
Und sie kommt auf zwei Kamelen, und sie kommt auf zwei Kamelen
Und sie kommt auf zwei Kamelen, wenn sie kommt. Hoppeldihopp!

Singing ja ja jippie, jippie, yeah, hipp-hopp, hoppeldihopp
Singing ja ja jippie, jippie, yeah, hipp-hopp, hoppeldihopp
Singing ja ja jippie, jippie ja ja jippie
Jippie ja ja jippie, jippie yeah, hipp-hopp, hoppeldihopp

3. Und sie schießt mit zwei Pistolen, wenn sie kommt. Piff paff ...
4. Und dann schlachten wir ein Schweinchen, wenn sie kommt. Oink, oink ...
5. Und dann trinken wir 'ne Flasche, wenn sie kommt. Gluck, gluck ...
6. Und dann essen wir 'ne Torte, wenn sie kommt. Schmatz, schmatz ...
7. Und dann schrubben wir die Bude, wenn sie kommt. Schrupp, schrupp ...
8. Und dann kommt ein Telegramm, dass sie nicht kommt. Oh weh ...
9. Und dann kommt ein Telegramm, dass sie doch kommt! Juchee ...

Spielanregung

Bei „Hipp hopp" rufen alle Kinder mit. Oder sie verabreden an der Stelle ein anderes Geräusch, z. B. klatschen oder mit den Füßen stampfen oder mit den Fingern schnipsen.

Am Ende jeder Strophe können sie auch die Sprechsilben der Vorstrophen aneinanderreihen, also z. B. in Strophe 3: *„hipp-hopp, hoppeldihopp, piff paff"*.

Fröhliches marokkanisches Tanten-Singspiel

Die Kinder singen die Strophen und bewegen sich dazu, wie folgt:

hipp mit dem rechten Daumen seitlich des Körpers nach hinten zeigen

hopp mit dem linken Daumen seitlich des Körpers nach hinten zeigen

Refrain alle klatschen mit – bei „hipp" und „hopp" wieder die Bewegungen wie oben.

hoppeldihopp
die Hände vorm Körper gegeneinander drehen

piff paff
mit der Hand eine Pistole formen und in die Luft „schießen"

oink, oink
fröhlich grunzen

gluck, gluck
mit der Hand einen Becher formen uns daraus „trinken"

schmatz, schmatz
so tun als würde man lecker essen

schrupp, schrupp
so tun als würde man mit einem Schrubber putzen

oh weh pantomimisch „heulen"

juchee die Arme jubelnd nach oben werfen

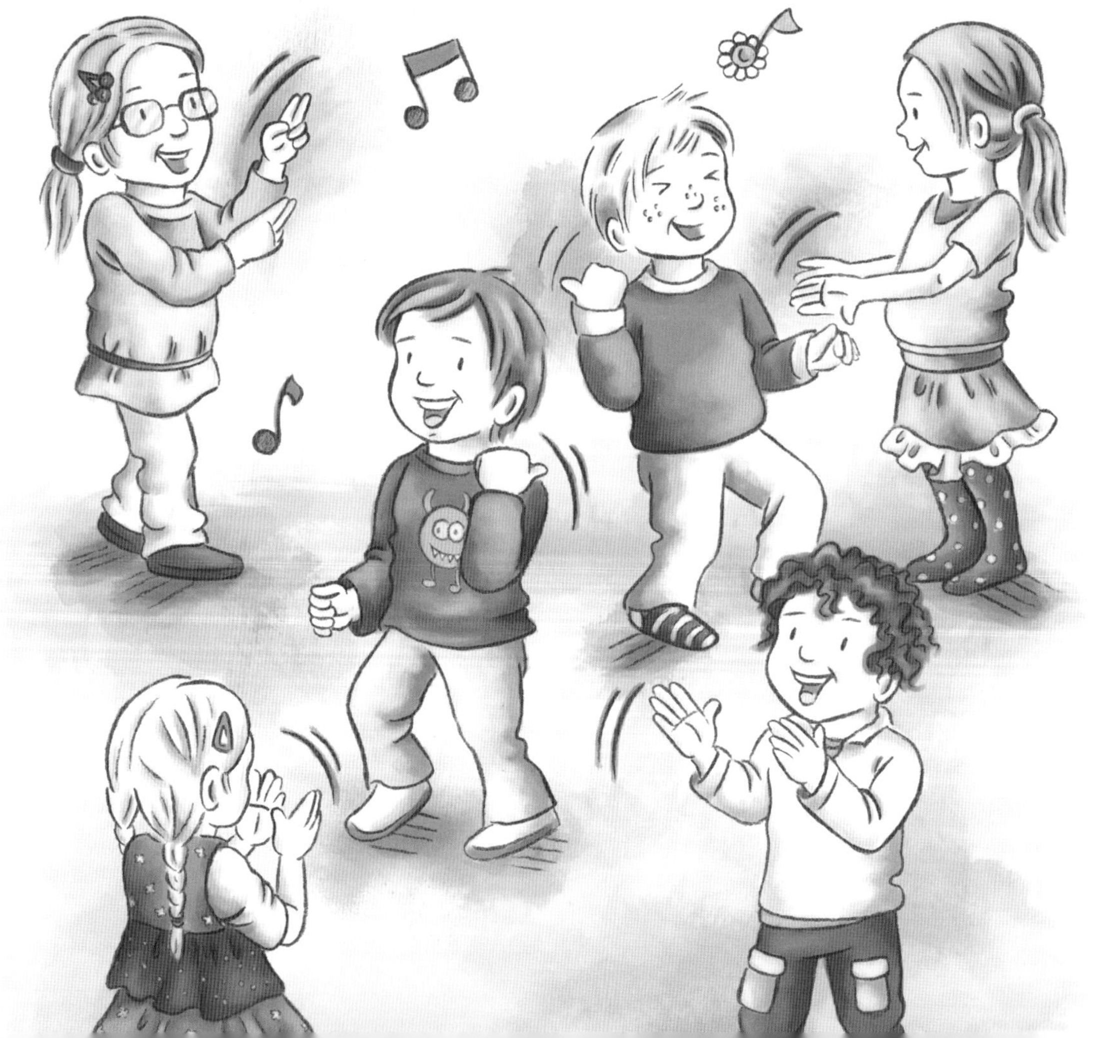

Wir musizieren zu „Tante aus Marokko“

Tonart: G-Dur
Taktart: 4/4 Takt und zwar ein ganz flotter!!!

Wir musizieren mit: Gitarre/Ukulele, Xylophon, leeren Konservendosen, Holzblocktrommel

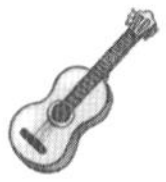

Gitarre/Ukulele

Akkorde: G-Dur, D-Dur, C-Dur
Wir streichen immer, wenn ein Akkord angegeben ist, ganz langsam mit den Fingern über die Saiten.

Gitarrengriffe

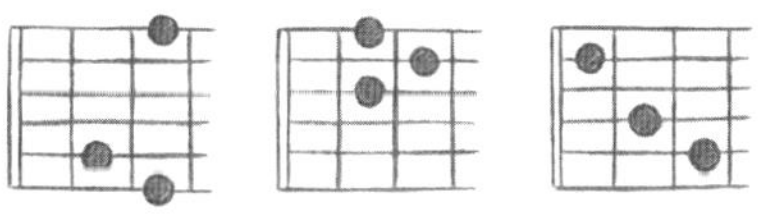

Ukulelegriffe

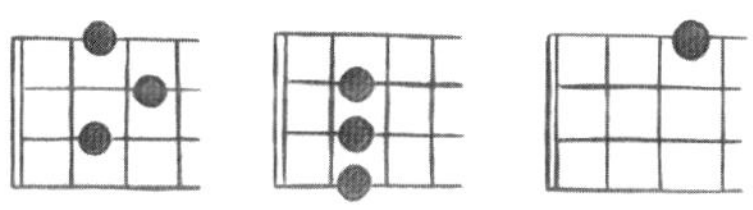

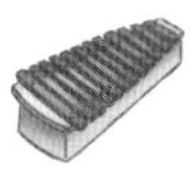

Xylophon

Wir bespielen nur die Töne **C, D, G, A** und entfernen alle anderen Klangstäbe oder markieren sie entsprechend. Die Xylophonstimme spielt man am besten zu zweit an einem Instrument.

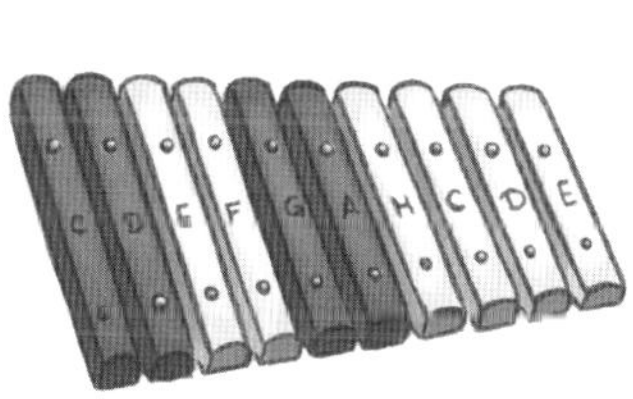

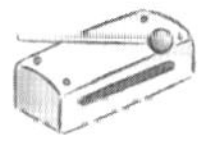

Percussion

Die **Holzblocktrommel** spielt durchgehend ein rhythmisches Motiv. Dazu könnt ihr zum Lernen die darunter stehenden Silben sprechen:

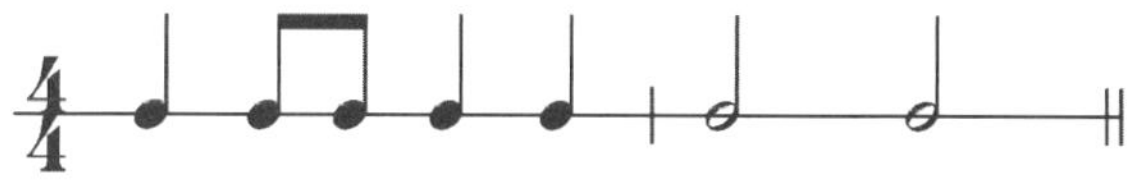

Dam - da - ba - dam - da - dum - dum

Und immer so weiter ... bis nach Marokko!

Als zweites Percussionsinstrument nehmen wir eine **Konservendose** und trommeln mit den Fingern einen durchgehenden Puls:

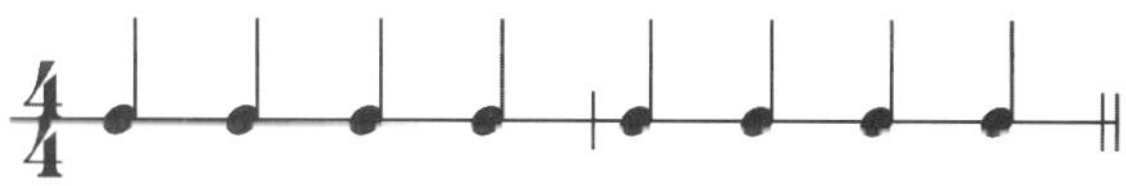

Ihr könnt dafür verschiedene Konservendosen ausprobieren, kleine, große – hört mal hin, wie verschieden sie klingen ... Das „hipp-hopp“ im Lied rufen natürlich alle mit.

Variante: Statt den „Hipp-hopp-Rufen“ andere Klänge verabreden, mal stampfen, klatschen oder schnipsen! ...

Hinweis zur CD
Wir haben 2 x folgende Einleitungsakkorde gespielt:
4/4 | G D | G |

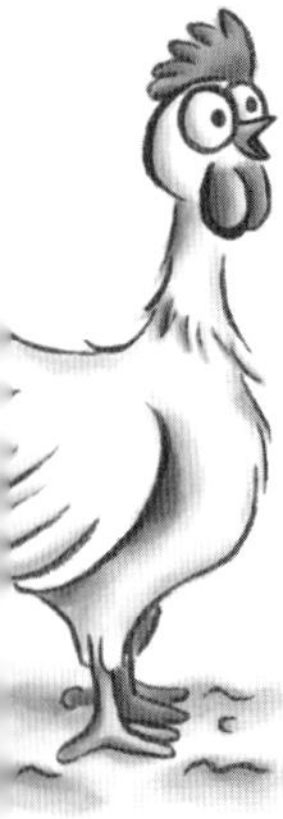

Meine Oma fährt im Hühnerstall Motorrad

15 und 40 (instr.)

Text & Musik: trad. / Musikbearbeitung: Dorle Ferber

Dieses Lied ist bei Kindern trotz seines „Seniorenalters" nach wie vor ein Hit. Es regt sie dazu an, unermüdlich neue Zeilen dazu zu dichten. Eine Oma, die so verrückte Sachen macht, ist sozusagen unsterblich. Ursprünglich wurde der Text auf die Melodie des Stimmungsliedes „Wir versaufen unser Oma ihr klein Häuschen" von Robert Steidl (1865–1927) gesungen. Die heutige Fassung ist in einer Aufzeichnung von 1942 erstmals eindeutig belegt.

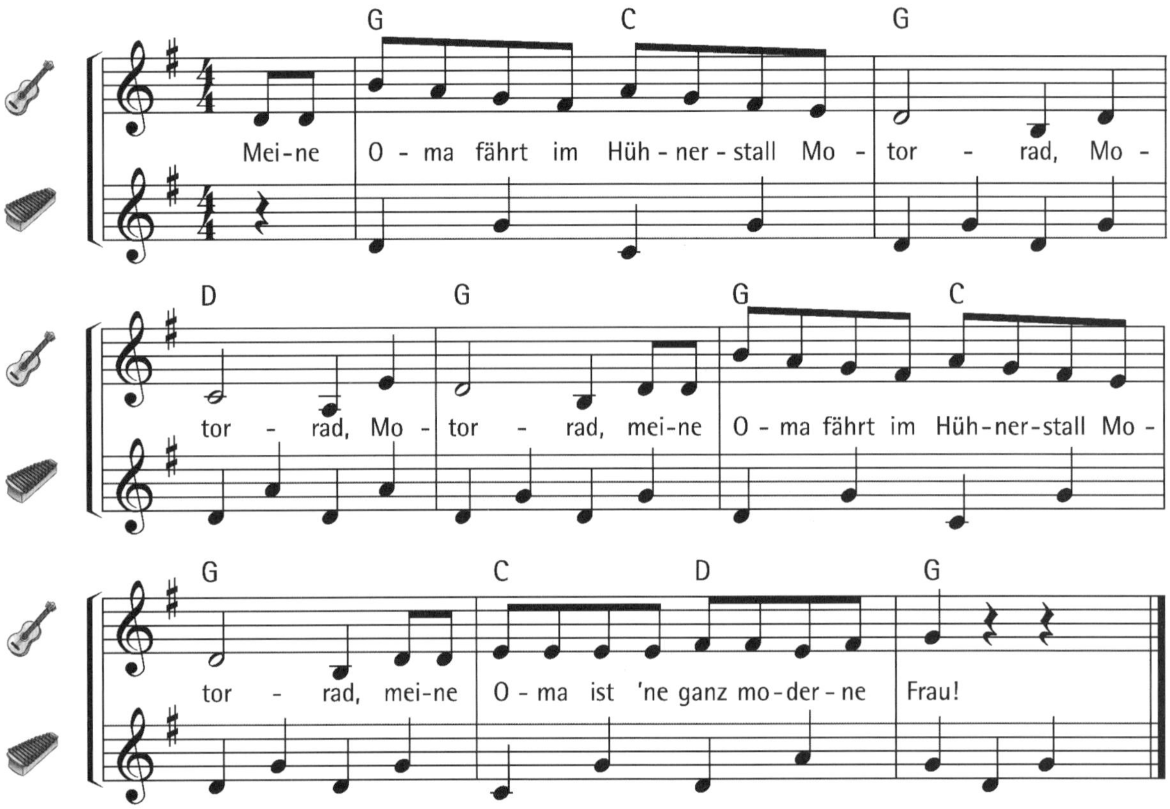

Meine Oma fährt im Hühnerstall Motorrad, Motorrad, Motorrad
Meine Oma fährt im Hühnerstall Motorrad
Meine Oma ist 'ne ganz moderne Frau!

2. Meine Oma hat im hohlen Zahn ein Radio ...
3. Meine Oma hat 'nen Nachttopf mit Beleuchtung ...
4. Meine Oma hat Klosettpapier mit Blümchen ...
5. Meine Oma hat 'ne Brille mit Gardine ...
6. Meine Oma hat 'ne Glatze mit Geländer ...
7. Meine Oma hat 'nen Handstock mit nem Rücklicht ...

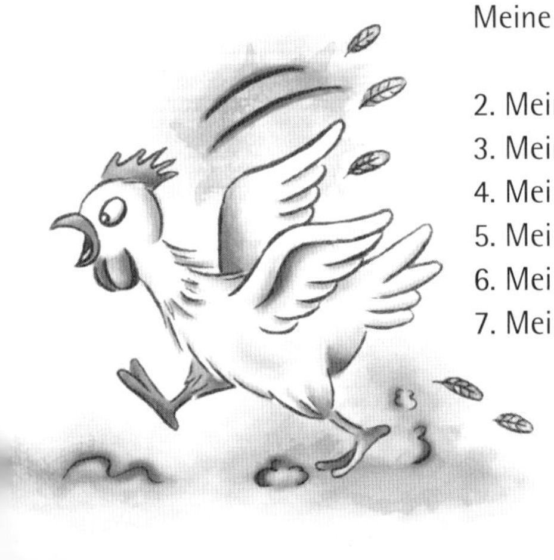

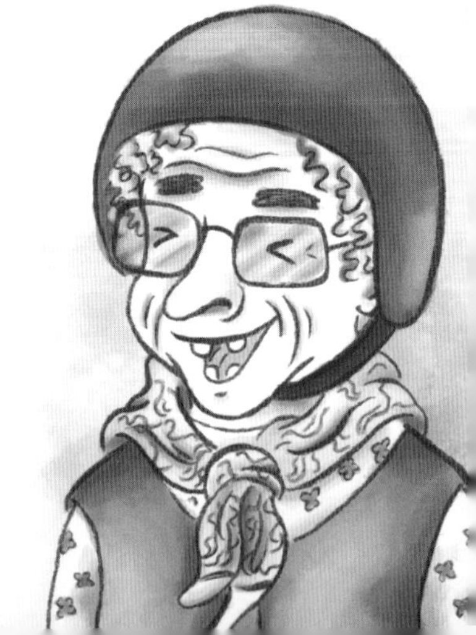

Spielanregung

Zu dieser verrückten Oma fallen den Kindern sicher noch viele andere Strophen ein – jedenfalls war das so, als wir im Kindergartenalter waren. Da brauchte nur einer anfangen das Lied zu singen, schon sprudelten die Ideen hinsichtlich all der super Eigenschaften dieser spleenigen Oma.

Vielleicht haben die Kinder ja bei der Gelegenheit auch Lust, etwas über ihre eigenen Omas zu erzählen? Fahren die etwa auch im Hühnerstall Motorrad?

Wir musizieren zu „Meine Oma fährt im Hühnerstall Motorrad"

Tonart: G-Dur
Taktart: 4/4 Takt munter drauflos …

Wir musizieren mit: Gitarre / Ukulele, Xylophon, Ratschen aus Holz (Guiro) oder Blech (Konservendose mit Holzstöckchen)

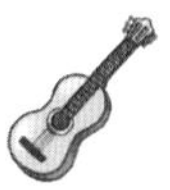

Gitarre / Ukulele

Akkorde: G-Dur, C-Dur, D-Dur
Wir streichen immer, wenn ein Akkord angegeben ist, ganz langsam mit den Fingern über die Saiten.

Gitarrengriffe

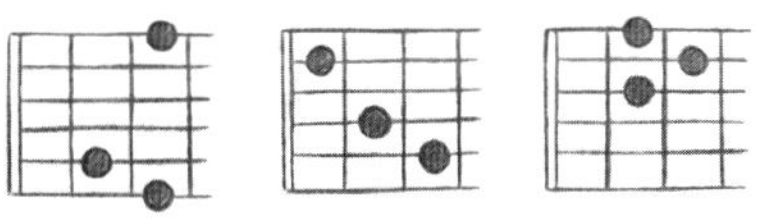

Ukulelegriffe

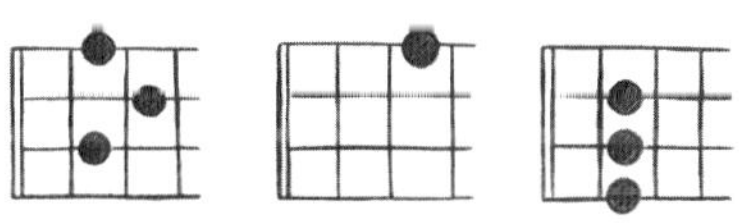

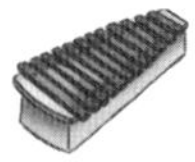

Xylophon

Wir bespielen nur die Töne **C, D, G, A** und entfernen alle anderen Klangstäbe oder markieren sie entsprechend.

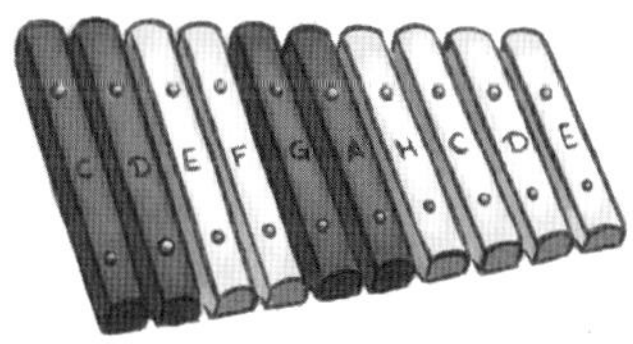

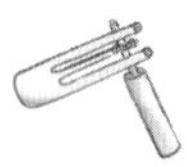

Percussion

Geratscht wird folgendermaßen, zum Lernen können wir dazu sprechen:

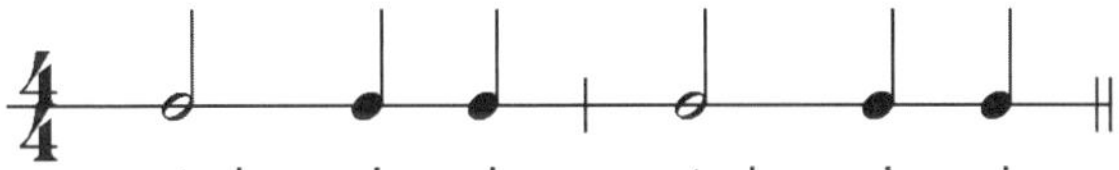

Und immer so weiter … Zusätzlich fällt den Kindern sicher noch jede Menge klanglicher „Unsinn aus der Küchenkiste" ein!

Hinweis zur CD
Wir haben 2 x folgende Einleitungsakkorde gespielt:
4/4 | G D | G |

Laterne, Laterne

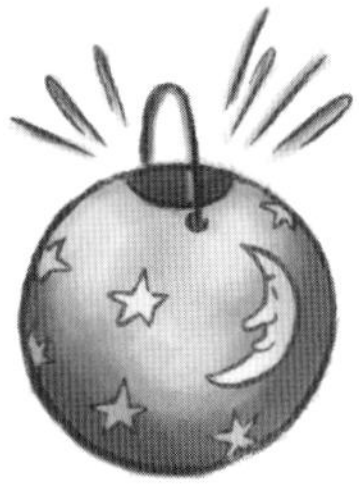

16 und 41 (instr.)

Text & Musik: trad. / Musikbearbeitung: Dorle Ferber

Ein Kinderklassiker der zur Zeit der Lichterfeste in keiner Kita fehlen darf. Das ist das wohl bekannteste deutschsprachige Laternenlied. Generationen von Kindern haben es seit Mitte des 19. Jahrhunderts gesungen – und bis heute begleitet diese Melodie aus Norddeutschland wohl jeden Laternenumzug. Der Text geht vermutlich auf das Gedicht „Mit einer Handlaterne" aus der Feder des Dichters Theodor Storm (1817–1888) zurück.

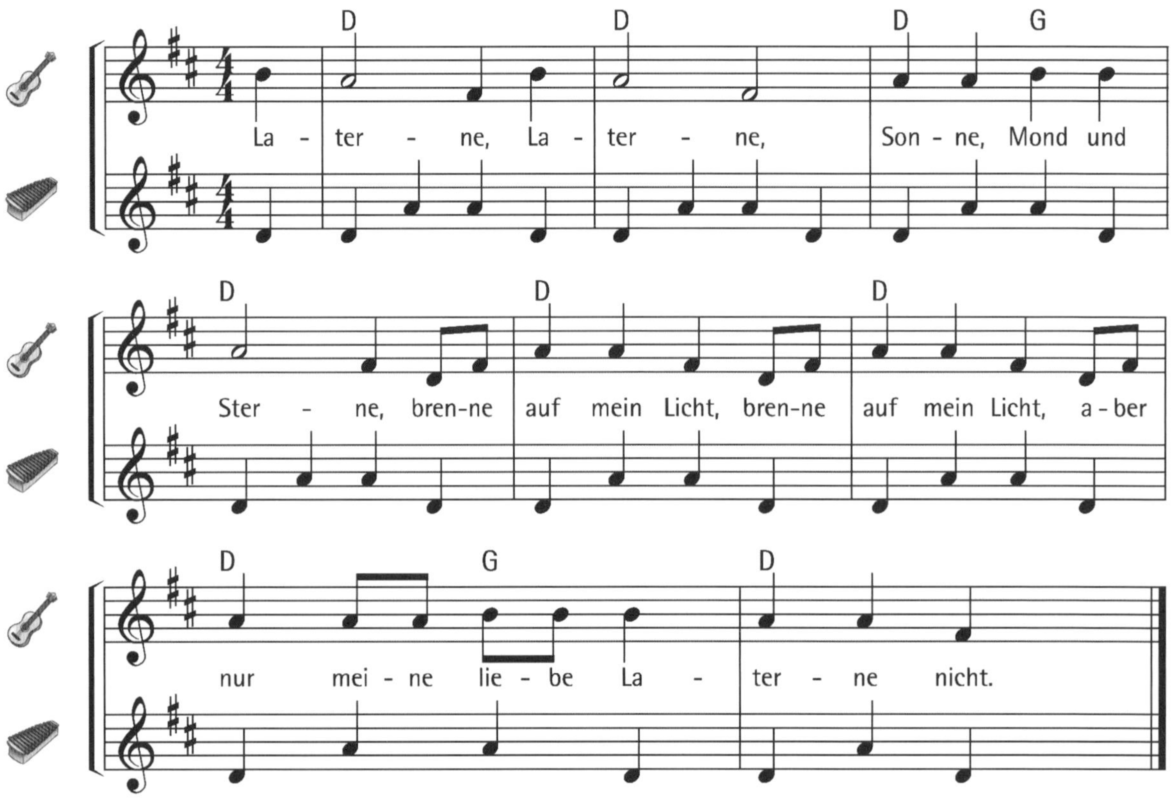

Laterne, Laterne, Sonne, Mond und Sterne.
Brenne auf, mein Licht, brenne auf, mein Licht,
aber nur meine liebe Laterne nicht.

Tipp: Vielleicht spielt ihr in der Kita auch mal unterm Jahr „Laternengehen", eine Gruppe singt und geht im Kreis mit den Laternen, eine Gruppe musiziert ...

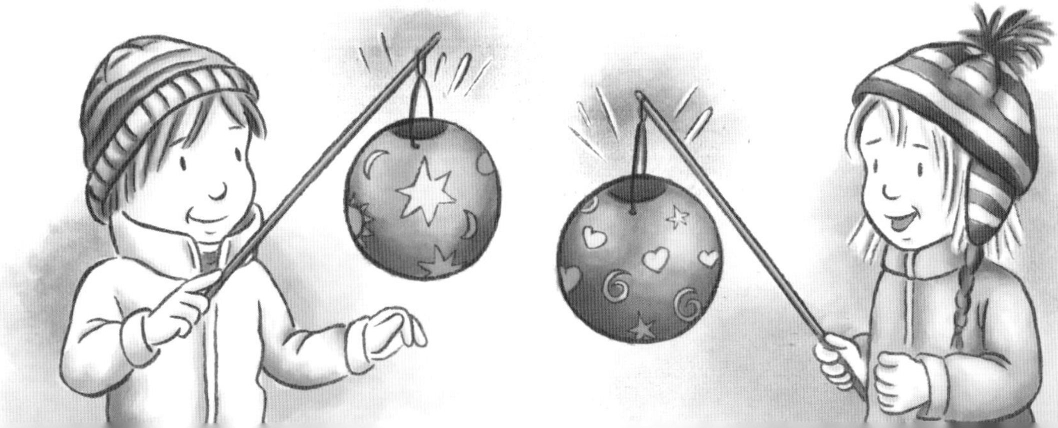

Laternenbastelei

Da ein Laternenlied ohne Laternen nicht so wirklich Spaß macht, können die Kinder ja vorher zusammen eine Runde gemütlich basteln. Das hier vorgeschlagene Modell „Luftballon-Laterne" ist ganz einfach herzustellen, so dass auch die Kleinen mitmachen können.

Material: Luftballon, Plastikschüssel, Tapetenkleister, buntes Transparentpapier, Stock, Schnur, dicker Borstenpinsel, elektrische Lampionbeleuchtung, Schere

Und so geht's: Luftballon aufblasen und zuknoten. Kleister in der Schüssel nach Gebrauchsanweisung anrühren. Transparentpapier in kleinere Stücke reißen. Die Papierstücke in mehreren Lagen mit Tapetenkleister aufkleben: Ballon einpinseln, Papier aufkleben usw. Dabei rund um den Knoten ein gutes Stück frei lassen. Nun muss der Laternenballon ca. zwei Tage trocknen. Danach den echten Ballon zerschneiden und vorsichtig aus der Papierhülle ziehen. Dann eine Schnur an der Öffnung einfädeln und die Beleuchtung daran befestigen.

Wir musizieren zu „Laterne, Laterne"

Tonart: D-Dur
Taktart: 4/4 Takt zum gemütlichen Laternengang

Wir musizieren mit: Gitarre/Ukulele, Xylophon, Glockenspiel, Triangel, Glocken, die mit einem Stäbchen anzuspielen sind ...

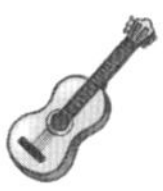

Gitarre/Ukulele

Akkorde: D-Dur, G-Dur
Wir streichen immer, wenn ein Akkord angegeben ist, ganz langsam mit den Fingern über die Saiten.

Gitarrengriffe

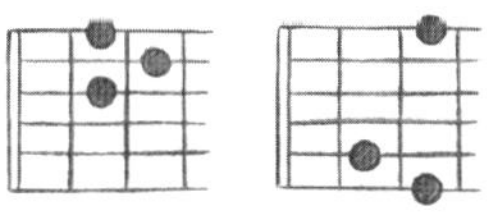

Ukulelegriffe

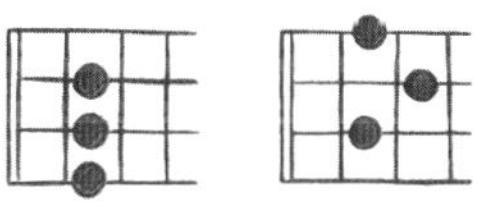

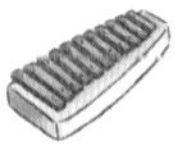

Glockenspiel

Wir bespielen nur die Töne **D**, **A** und entfernen alle anderen Klangstäbe oder markieren sie entsprechend.

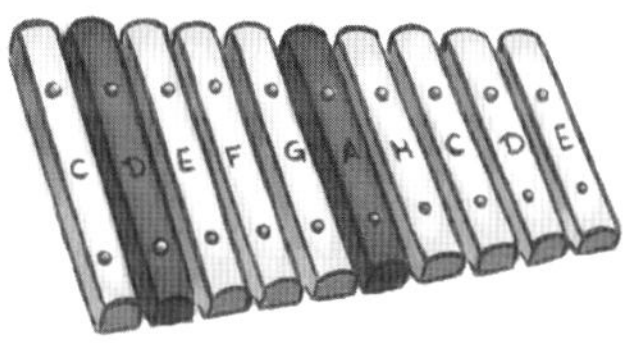

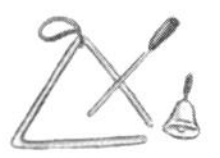

Percussion

Der **Triangel** und die **Glöckchen** spielen immer ganz zart auf die „eins".

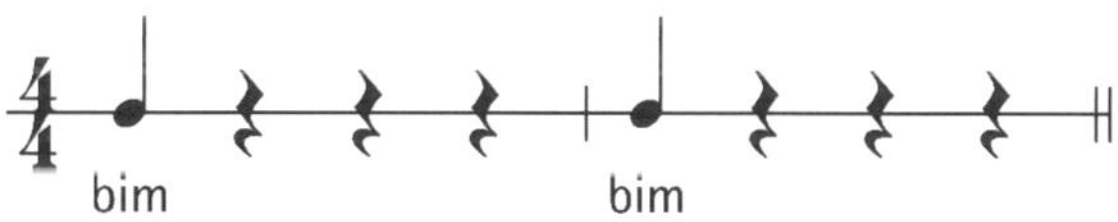

Hinweis zur CD
Als Einleitung haben wir 4 Takte D-Dur gespielt.

Jimba, jimba

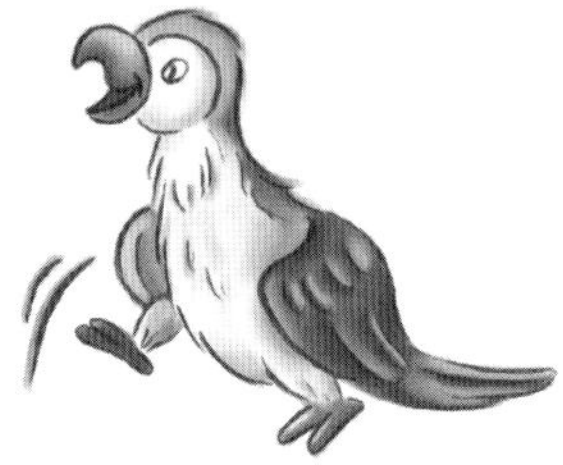

17 und 42 (instr.)

Text & Musik: trad. / Musikbearbeitung: Dorle Ferber

Ein volkstümliches Nonsense-Lied, das Kindern durch die Aneinanderkettung von Silben sehr viel Spaß macht. Da tummeln sich afrikanisch klingende Laute zwischen dem berühmten lalala neben osteuropäischem Sprachklang, und ein Papagei ist auch dabei. Jimba, jimba kann sogar als Kanon gesungen werden.

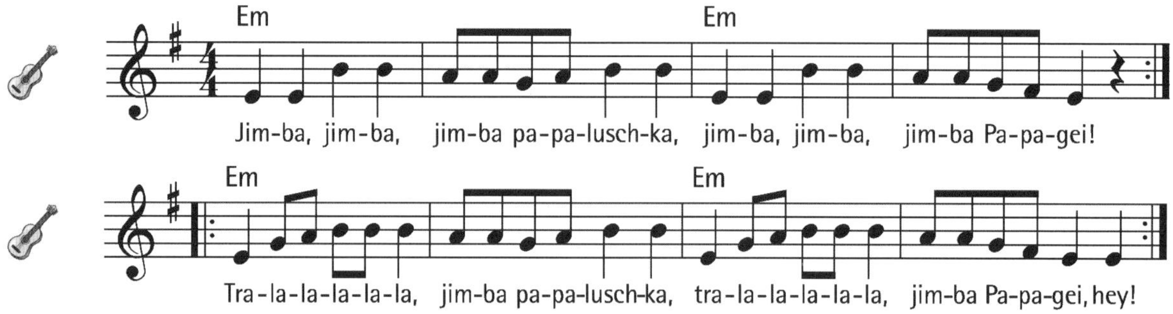

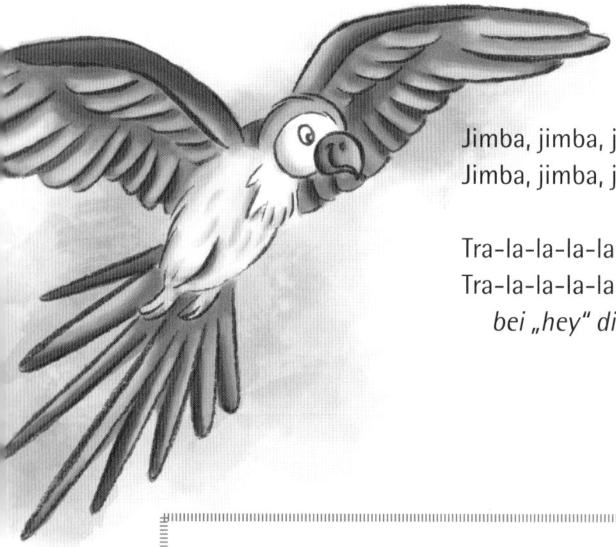

Jimba, jimba, jimba papaluschka.
Jimba, jimba, jimba Papagei!

Tra-la-la-la-la-la, jimba papaluschka,
Tra-la-la-la-la-la, jimba Papagei, hey!
bei „hey" die Hände in die Höhe

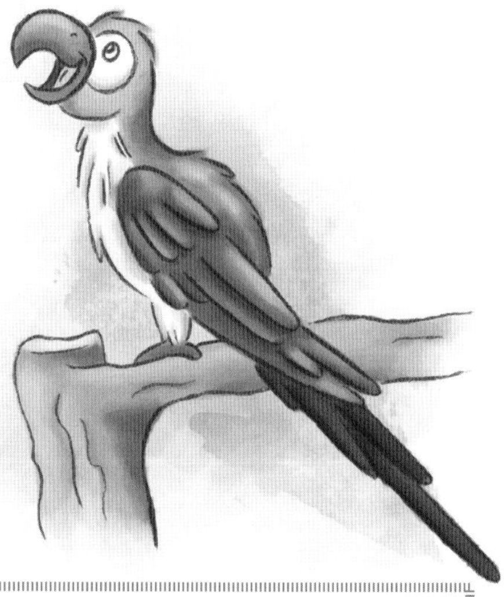

Gesangsspielerei

Dieses Unsinn-Lied bietet die Möglichkeit, in den Wiederholungen jeweils bildhaft stimmlich in ganz verschiedene Szenarien einzusteigen.

Wir können z. B.:

- laut schmetternd wie auf dem Marktplatz singen
- mal zart und vornehm wie bei Hofe ...

Wir können uns dabei vorstellen, wir erzählen von einem Umzug in einem fernen Märchenland oder wir überlegen uns, wie es wohl im Lande Jimba aussehen könnte? Wie wär's mit folgender einleitenden Ansage: *Hochverehrte Damen und Herren, Sie lauschen jetzt dem Jimbalesischen Staatsorchester, bitte rufen Sie davor ganz laut mit uns: „PAPALUSCHKA!!!"*

Wir musizieren zu „Jimba, jimba“

Tonart: e-moll
Taktart: 4/4 Takt, forsch und drauf losgehend!

Wir musizieren mit: Gitarre/Ukulele, Xylophon und/oder Glockenspiel, und allen möglichen Gerätschaften aus der Werkzeug- und Küchenkiste

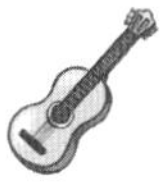

Gitarre/Ukulele

Akkorde: e-moll
Wir streichen immer, wenn ein Akkord angegeben ist, ganz langsam mit den Fingern über die Saiten.

Gitarrengriff **Ukulelegriff**

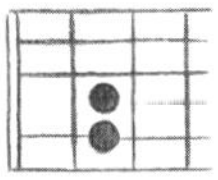

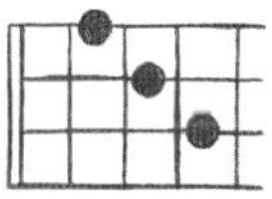

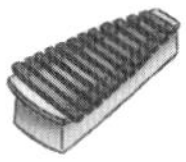

Xylophon/Glockenspiel

Wir bespielen nur die Töne **E**, **H** und entfernen alle anderen Klangstäbe oder markieren sie entsprechend.

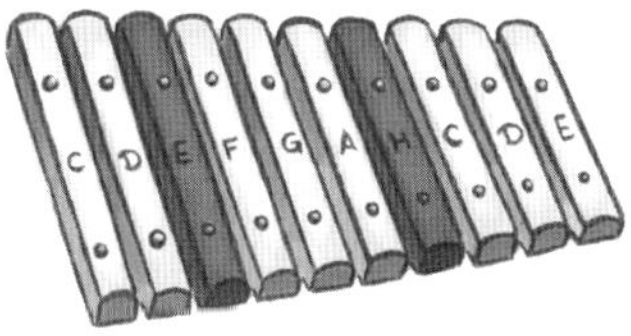

Als Begleitung spielen wir das ganze Lied hindurch immer folgende musikalische Figur.

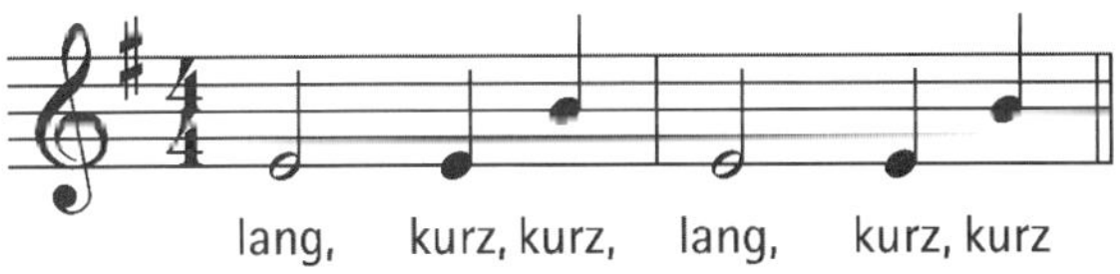

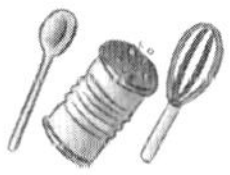

Percussion

Werkzeug- und Küchenkiste
Wir probieren ganz verschiedene Gerätschaften aus und vielleicht begleiten wir von Durchgang zu Durchgang mit ganz verschiedenen Klängen:

- mal mit Schneebesen und Schüsselgeschepper,
- mal nur mit Holzlöffeln,
- mal mit Erbsen gefüllten Dosen,
- mal mit zerknülltem Zeitungspapier, das ihr im Rhythmus aneinander klatscht – ja auch damit können wir seltsame Geräusche ausprobieren!

Wir orientieren uns hierbei am Rhythmus von Xylophon oder Glockenspiel.

Hinweis zur CD
Als Einleitung haben wir 4x unser Xylophon-Begleitmotiv gespielt.

Auf der Mauer, auf der Lauer 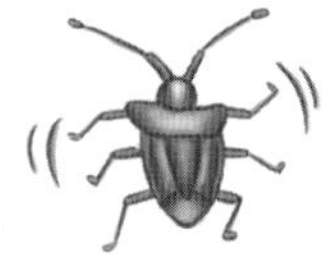 18 und 43 (instr.)

Text & Musik: trad. / **Musikbearbeitung:** Dorle Ferber

Die „Kleine Wanze" begleitet Kinder mit überliefertem Text und Melodie seit Anfang des 20. Jahrhunderts. Obwohl die meisten Kinder von heute zum Glück niemals Bekanntschaft mit echten Wanzen geschlossen haben, ist das Lied nach wie vor überaus beliebt. Das liegt wohl daran, dass es als so genanntes „Lückentext-Lied" durch seine Struktur einen ganz besonderen Reiz ausübt. Bei dieser Art von Liedern werden in vielfältigen Abwandlungen einzelne Buchstaben, Silben, Wörter oder auch ganze Zeilen und Strophen stumm „gesungen".

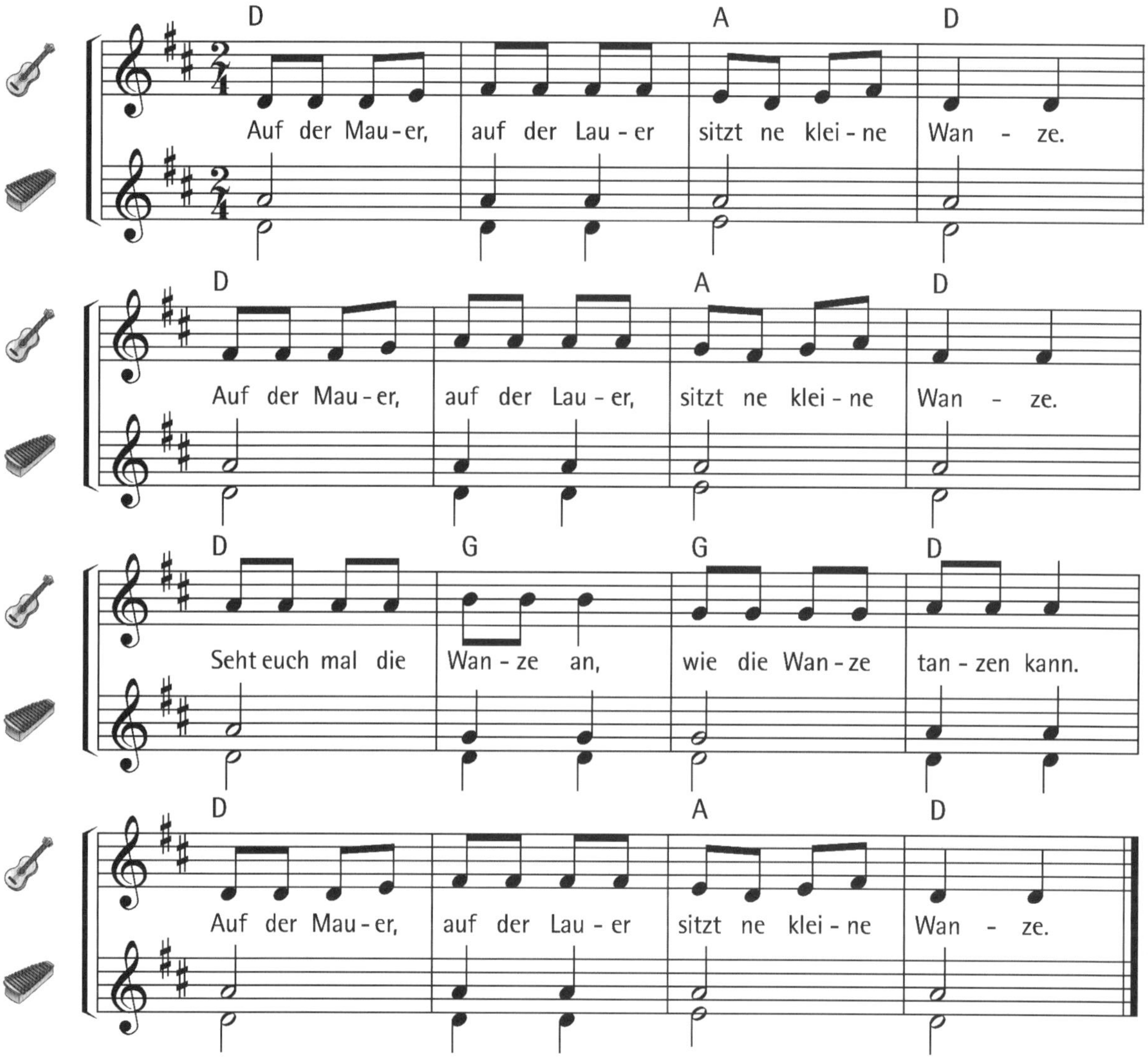

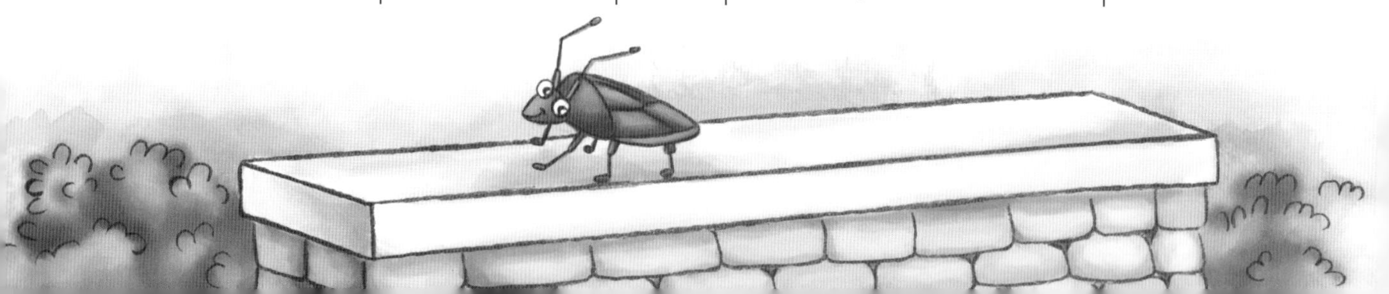

Auf der Mauer, auf der Lauer
Sitzt 'ne kleine Wanze.
Seht euch mal die Wanze an
Wie die Wanze tanzen kann
Auf der Mauer, auf der Lauer
Sitzt 'ne kleine Wanze.

Spielanregung

Hier werden bei jeder Wiederholung der Wörter „Wanze" und „tanzen" einzelne Buchstaben am Wortende weggelassen. So wird aus „Wanz tanz" erst „Wan tan", dann „Wa ta", „W t" bis zum Schluss das Wort komplett wegfällt. Gelingt es, das Lied einmal durchzusingen ohne sich zu verhaspeln?

Mitmachen – Mitlachen! – Und wer sich im Text irrt, gibt ein Pfand ab.

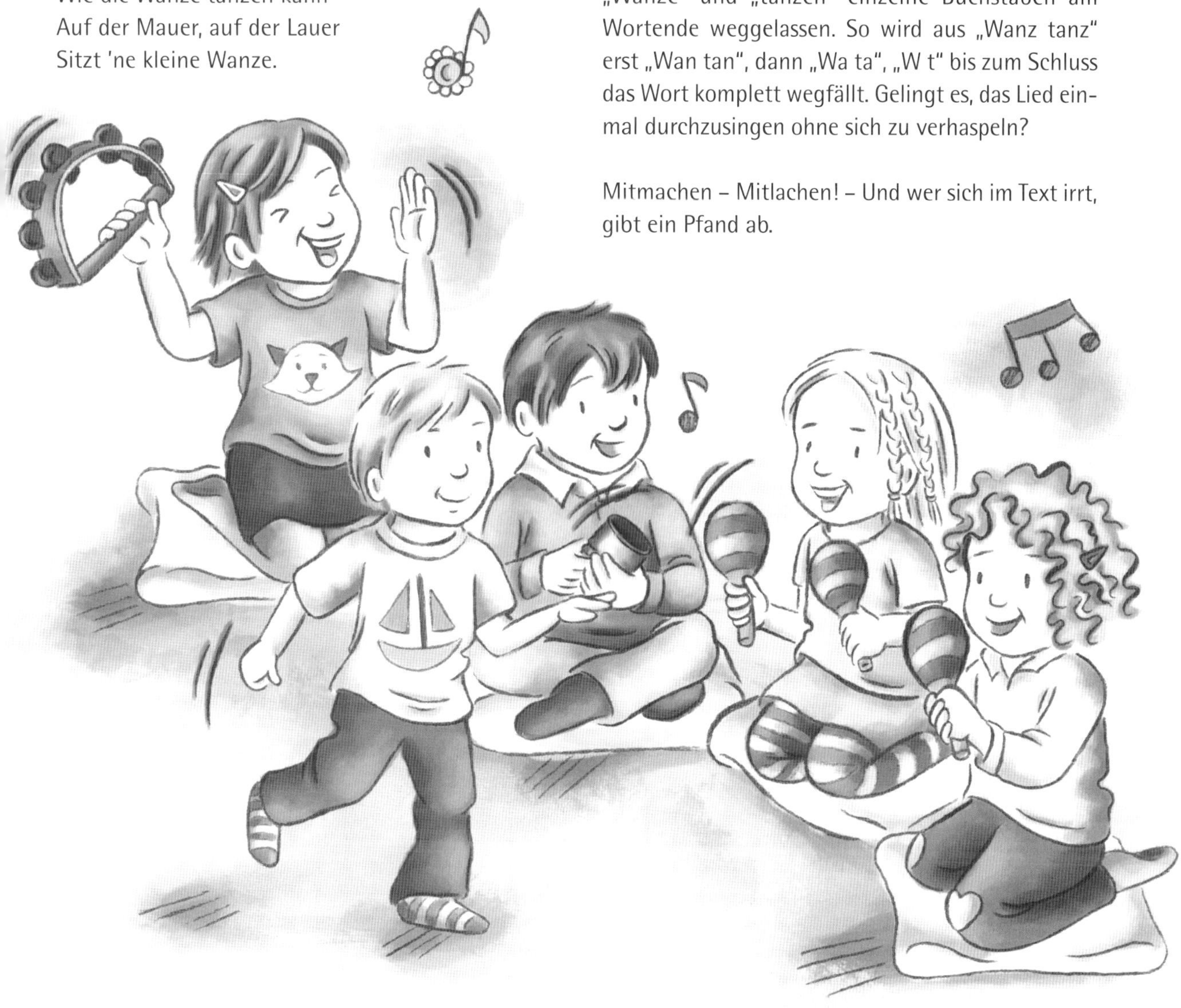

Wanzentänzchen-Kreisspiel

Die Kinder bilden einen Spielkreis.

Ein Kind geht als „kleine Wanze" in die Kreismitte" und führt ein lustiges Wanzentänzchen vor, während die anderen das Lied singen. Nach jeder Strophe setzt sich die jeweilige „kleine Wanze" vor eines der Kreiskinder. Dieses geht dann als neue „kleine Wanze" in die Mitte und tanzt nun auch seinen selbst erfunden Wanzentanz.

Wir musizieren zu „Auf der Mauer …“

Tonart: D-Dur
Taktart: 2/4 Takt im Wanzentanztempo

Wir musizieren mit: Gitarre/Ukulele, Xylophon und allem, was sich schütteln lässt und dabei Geräusche erzeugt!

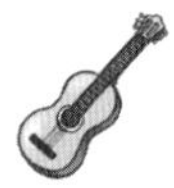

Gitarre/Ukulele

Akkorde: D-Dur, A-Dur, G-Dur
Wir streichen immer, wenn ein Akkord angegeben ist, ganz langsam mit den Fingern über die Saiten.

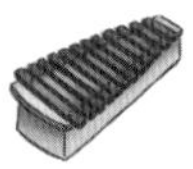

Xylophon

Wir bespielen nur die Töne **D**, **E**, **G**, **A** und entfernen alle anderen Klangstäbe oder markieren sie entsprechend.

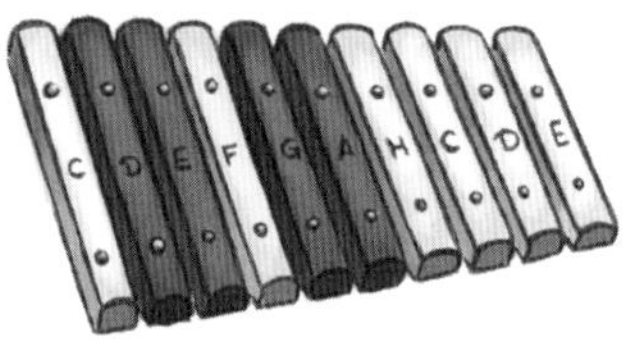

Die Xylophonfigur prägt sich beim Hören der CD gut ein.

Wir können aber auch beim Lernen mitsprechen:

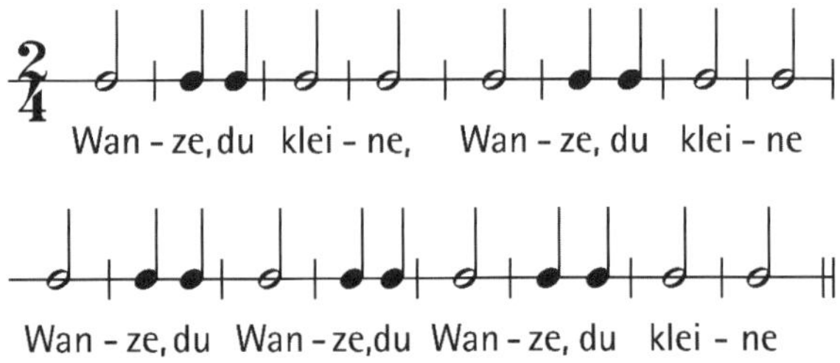

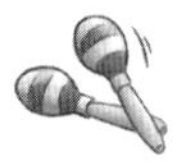

Percussion

Der Schwerpunkt dieses Liedes liegt im Gesang, und dabei ganz besonders auf der gemeinsamen Aufmerksamkeit, die Wörter „Wanze“ und „tanzen“ von Durchgang zu Durchgang am Ende kürzer werden zu lassen. Nachdem diese Worte komplett weggefallen sind, lassen sie sich in weiteren Singrunden auch wieder aufbauen. Dazu darf nach Herzenslust mit kleinen und großen Schüttelinstrumenten geraschelt und gerasselt werden. Sobald aber die Worte „Wanze“ und „tanzen“ vollständig oder unvollständig im Liedtext erscheinen, schweigen die Instrumente.

Hinweis zur CD
Wir haben folgende Einleitungsakkorde gespielt:
2/4 | D | A | D | *pause* |

Drei Chinesen mit dem Kontrabass 音樂

19 und 44 (instr.)

Text & Musik: trad. / Musikbearbeitung: Dorle Ferber

Text und Musik dieses Liedes sind seit dem frühen 20. Jahrhundert mündlich überliefert. Kinder finden die „neuen" Wörter, die durch Veränderung der Vokale entstehen so toll, dass sie meist darauf bestehen, dass das Lied unbedingt mit allen Vokalen durchgesungen werden soll. Zur Sprachförderung ausdrücklich geeignet!

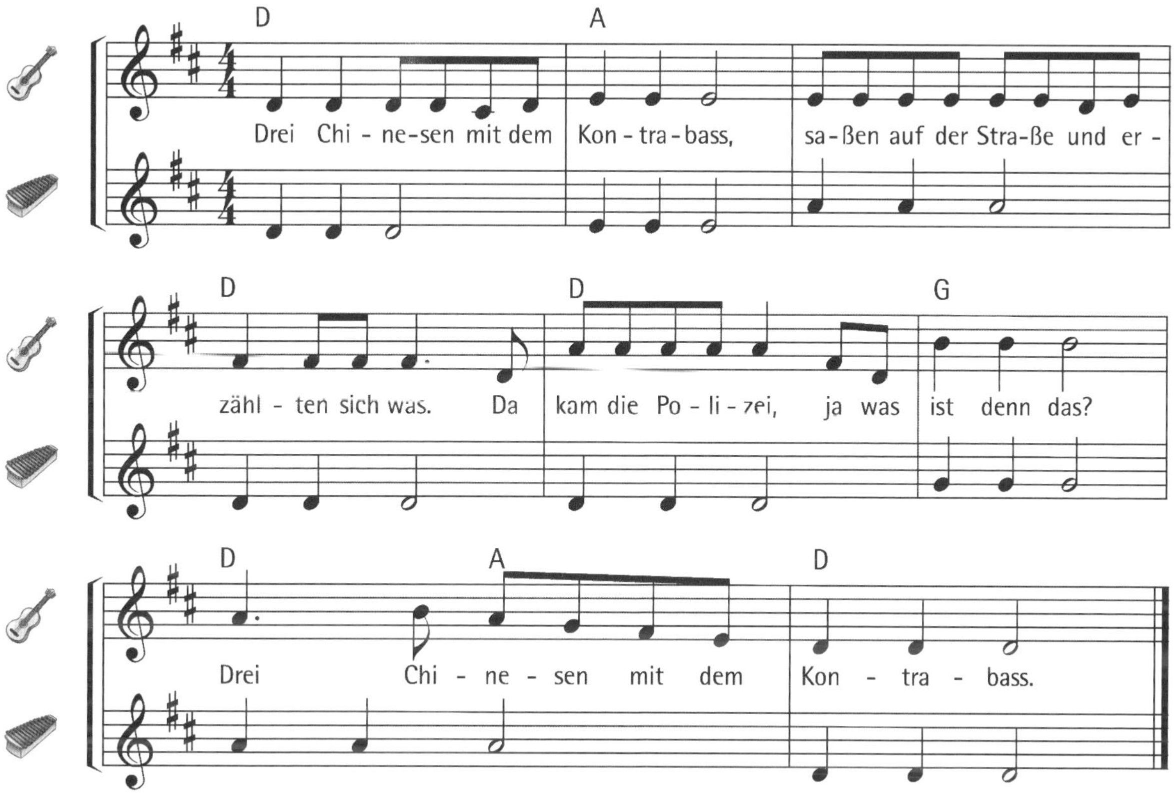

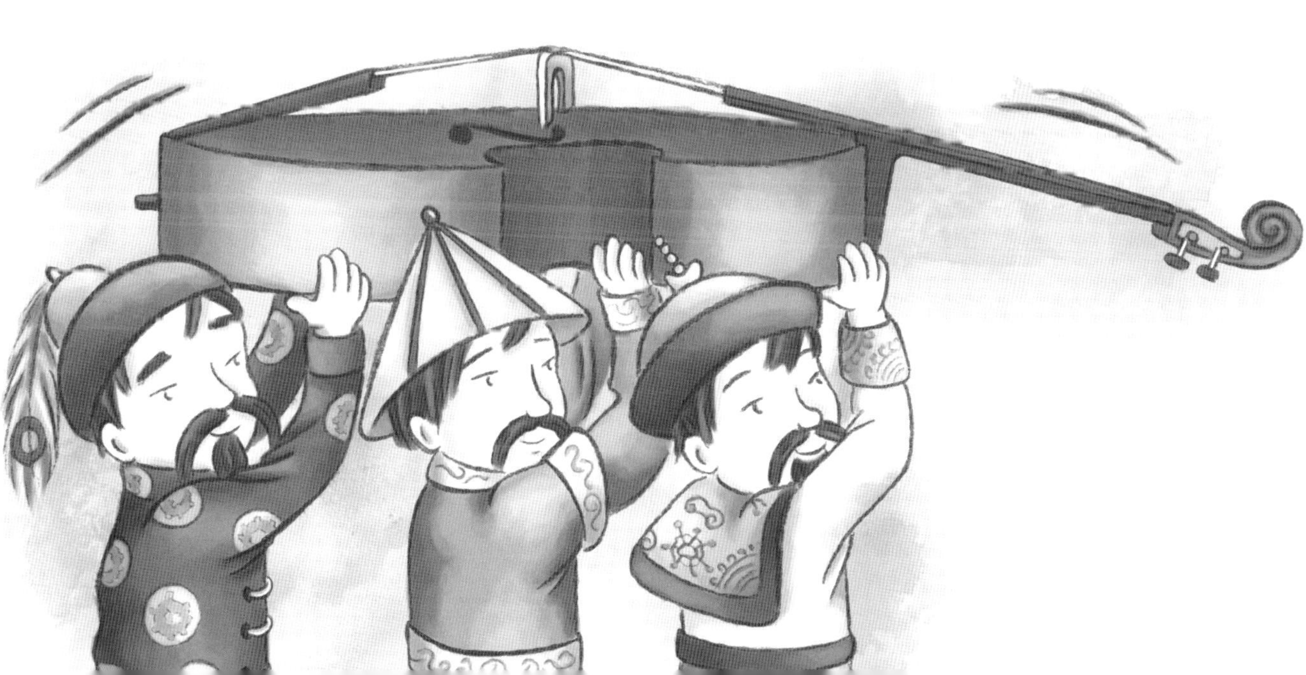

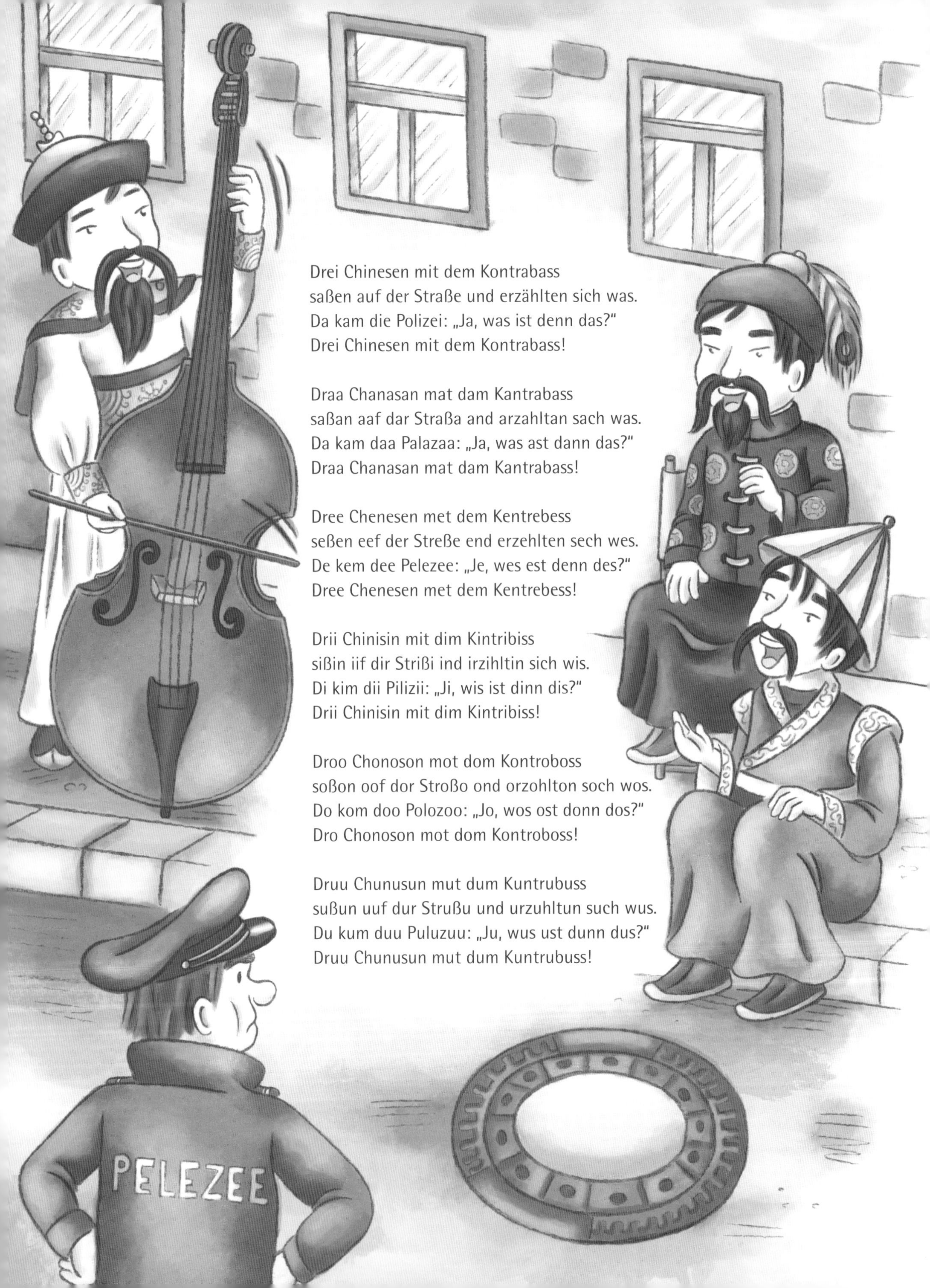

Drei Chinesen mit dem Kontrabass
saßen auf der Straße und erzählten sich was.
Da kam die Polizei: „Ja, was ist denn das?"
Drei Chinesen mit dem Kontrabass!

Draa Chanasan mat dam Kantrabass
saßan aaf dar Straßa and arzahltan sach was.
Da kam daa Palazaa: „Ja, was ast dann das?"
Draa Chanasan mat dam Kantrabass!

Dree Chenesen met dem Kentrebess
seßen eef der Streße end erzehlten sech wes.
De kem dee Pelezee: „Je, wes est denn des?"
Dree Chenesen met dem Kentrebess!

Drii Chinisin mit dim Kintribiss
sißin iif dir Strißi ind irzihltin sich wis.
Di kim dii Pilizii: „Ji, wis ist dinn dis?"
Drii Chinisin mit dim Kintribiss!

Droo Chonoson mot dom Kontroboss
soßon oof dor Stroßo ond orzohlton soch wos.
Do kom doo Polozoo: „Jo, wos ost donn dos?"
Dro Chonoson mot dom Kontroboss!

Druu Chunusun mut dum Kuntrubuss
sußun uuf dur Strußu und urzuhltun such wus.
Du kum duu Puluzuu: „Ju, wus ust dunn dus?"
Druu Chunusun mut dum Kuntrubuss!

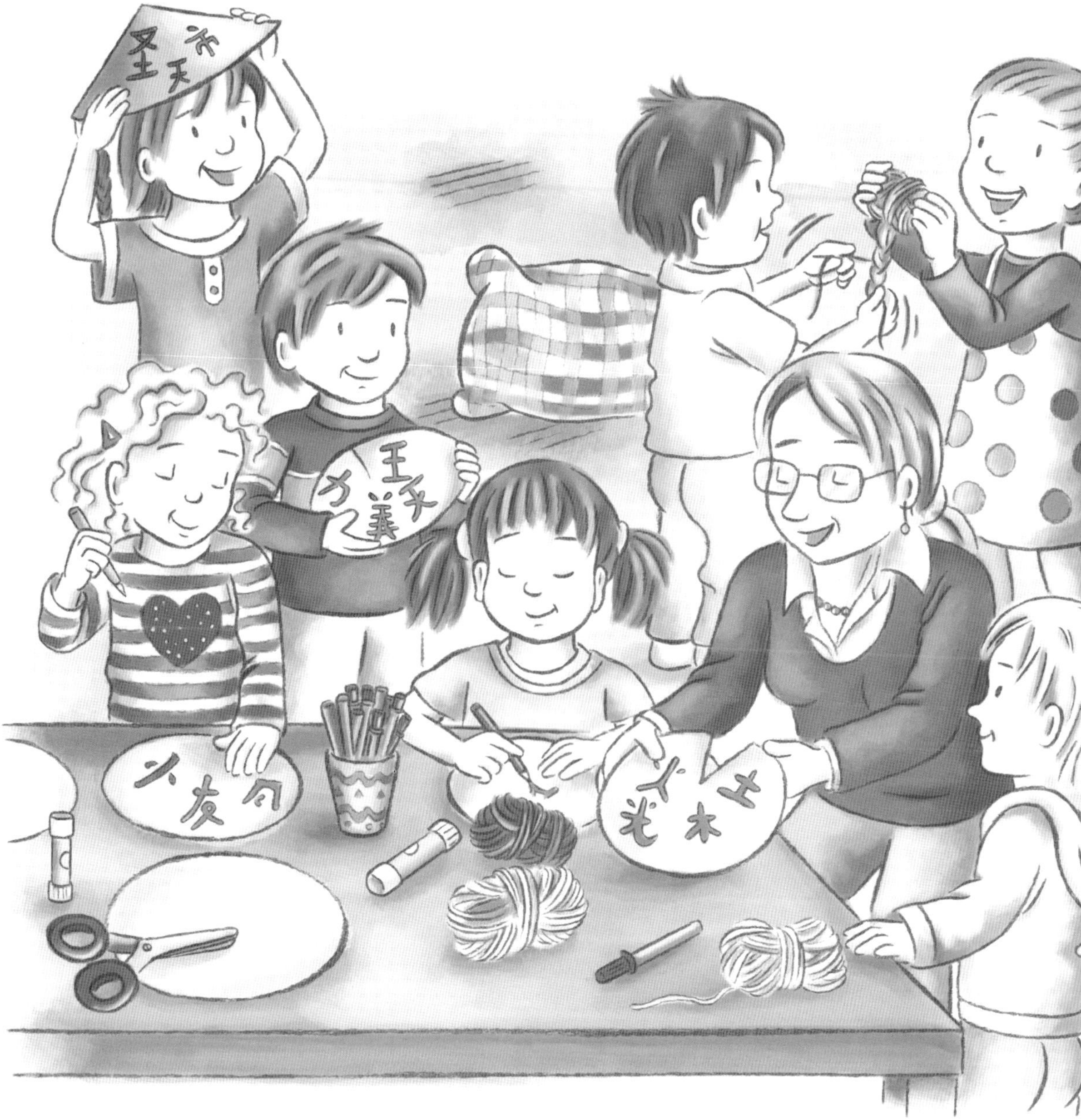

Chinesenhut-Bastelei

Mit der folgenden Anleitung können die Kinder sich für das Singspiel auch selber einen einfachen Chinesenhut basteln.

Material: gelber oder roter Papp-Kreis (z. B. großer Pappteller), Schere, schwarze Wolle, schwarzer Permanent-Filzstift, Klebstoff, Gummiband

Den Pappkreis in einer möglichst geraden Linie bis zur Mitte einschneiden und dann die Enden übereinander schieben und festkleben. Aus Wolle einen Zopf flechten und an den Hut kleben. Mit der Schere zwei Löchlein in die Seiten bohren, ein Gummiband durchziehen und verknoten. Dann mit Filzstift tolle „chinesische" Schriftzeichen auf den Hut malen.

Drei Chinesen-Singspiel

Mit ein wenig Verkleidung lässt sich das Liedchen zusätzlich noch sehr schön pantomimisch begleiten. Das sieht total witzig aus und sorgt für viel Gelächter.

Material: 3 Chinesenhüte (s. u.), 1 Polizeimütze (Verkleidungskiste)

Die Kinder bilden einen Spielkreis.

Drei Kinder übernehmen die Rolle der Chinesen. Sie tragen ihren Chinesenhut und setzen sich nebeneinander in die Kreismitte. Ein Kind geht als Polizist mit Mütze ebenfalls in die Kreismitte.

Die Kreiskinder singen:
Drei Chinesen mit dem Kontrabass
saßen auf der Straße und erzählten sich was.
Die Chinesen plappern dazu auf „Chinesisch", was ihnen halt so einfällt: tschin, hui, dong ...
Die Kreiskinder singen:
Da kam die Polizei
Der Polizist rennt aufgebracht um die „Chinesen" herum und singt ganz empört indem er mit dem Finger droht:
„Ja, was ist denn das?"
Alle Kinder singen zusammen
Drei Chinesen mit dem Kontrabass.

Für die nächste Strophe übernehmen dann vier andere Kinder die Rolle der Chinesen und des Polizisten. Und dann vielleicht das Lied etwas schneller singen – und noch schneller?

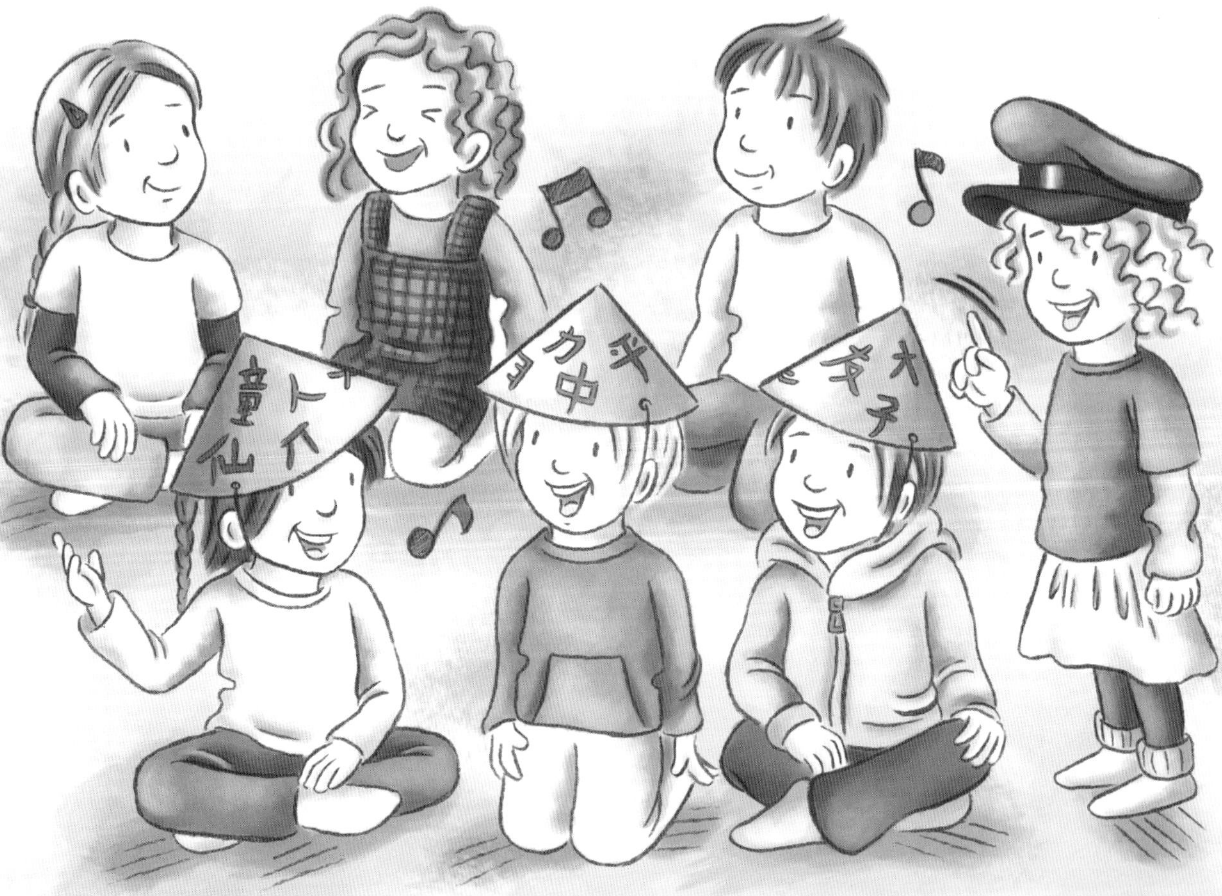

Wir musizieren zu „Drei Chinesen mit dem Kontrabass“

Tonart: D-Dur
Taktart: 4/4 Takt

Wir musizieren mit: Gitarre / Ukulele, Xylophon und einer großen Rahmentrommel

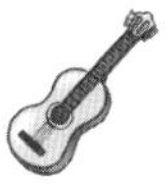

Gitarre / Ukulele

Akkorde: D-Dur, A-Dur, G-Dur
Wir streichen immer, wenn ein Akkord angegeben ist, ganz langsam mit den Fingern über die Saiten.

Gitarrengriffe

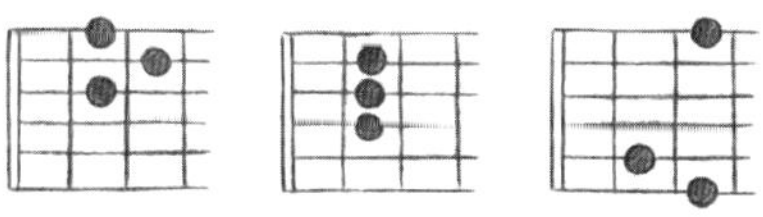

Ukulelegriffe

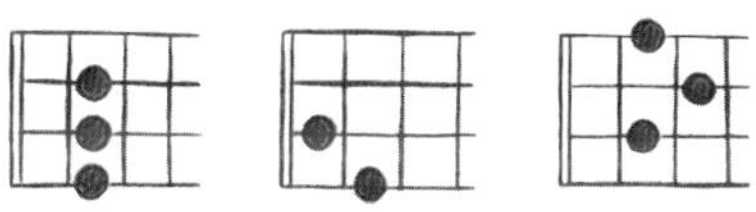

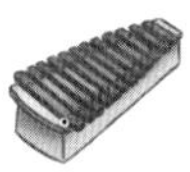

Xylophon

Wir bespielen nur die Töne **D**, **E**, **G**, **A** und entfernen alle anderen Klangstäbe oder markieren sie entsprechend

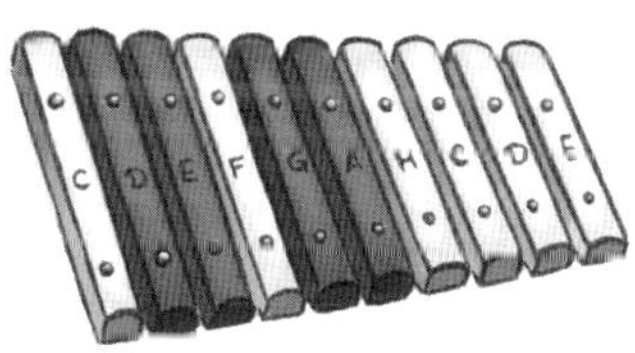

Zum **Lernen** des Xylophon-Rhythmus können wir sprechen oder mitsingen:

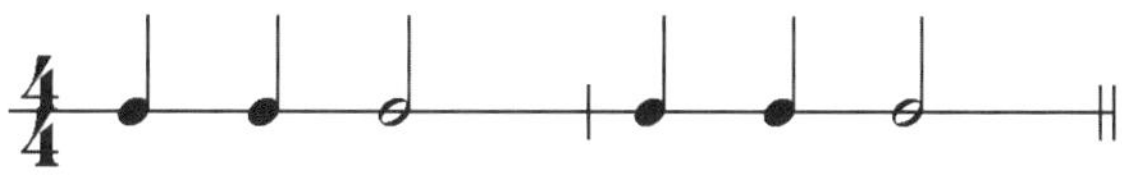

Wir hören das ganz deutlich auf der CD.

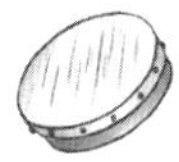

Percussion

Rahmentrommel
Die Rahmentrommel spielen wir mit einem dicken, weichen Filzschlägel an. Unsere Rhythmusfigur geht so:

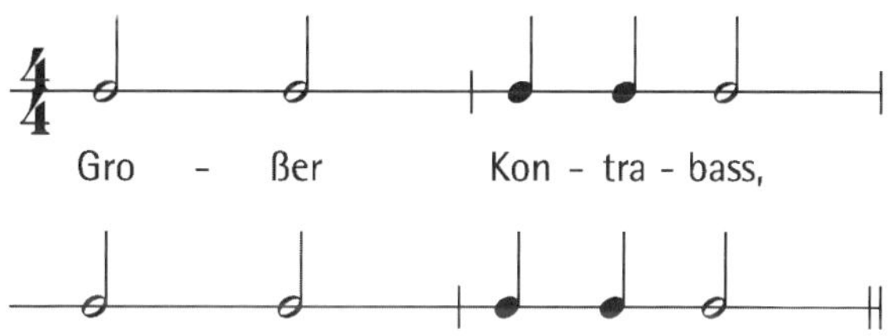

Hinweis zur CD
Wir haben folgende Einleitungsakkorde gespielt:
4/4 | D - A - | D - - - |

Aram sam sam

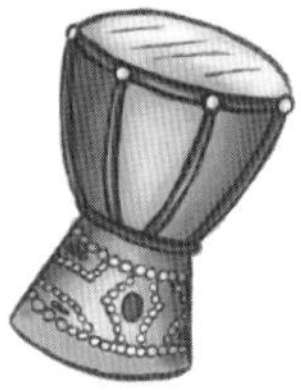

20 und 45 (instr.)

Text & Musik: trad. / Musikbearbeitung: Dorle Ferber

Dieses lustige Bewegungslied stammt anscheinend aus Marokko, aber auch Botswana wird als Ursprung genannt. Auf jeden Fall ist es nicht nur bei uns, sondern auf der ganzen Welt bekannt. Die erregungsbetonten Singsilben „gulli-gulli" werden von den Kindern mit großem Vergnügen skandiert!

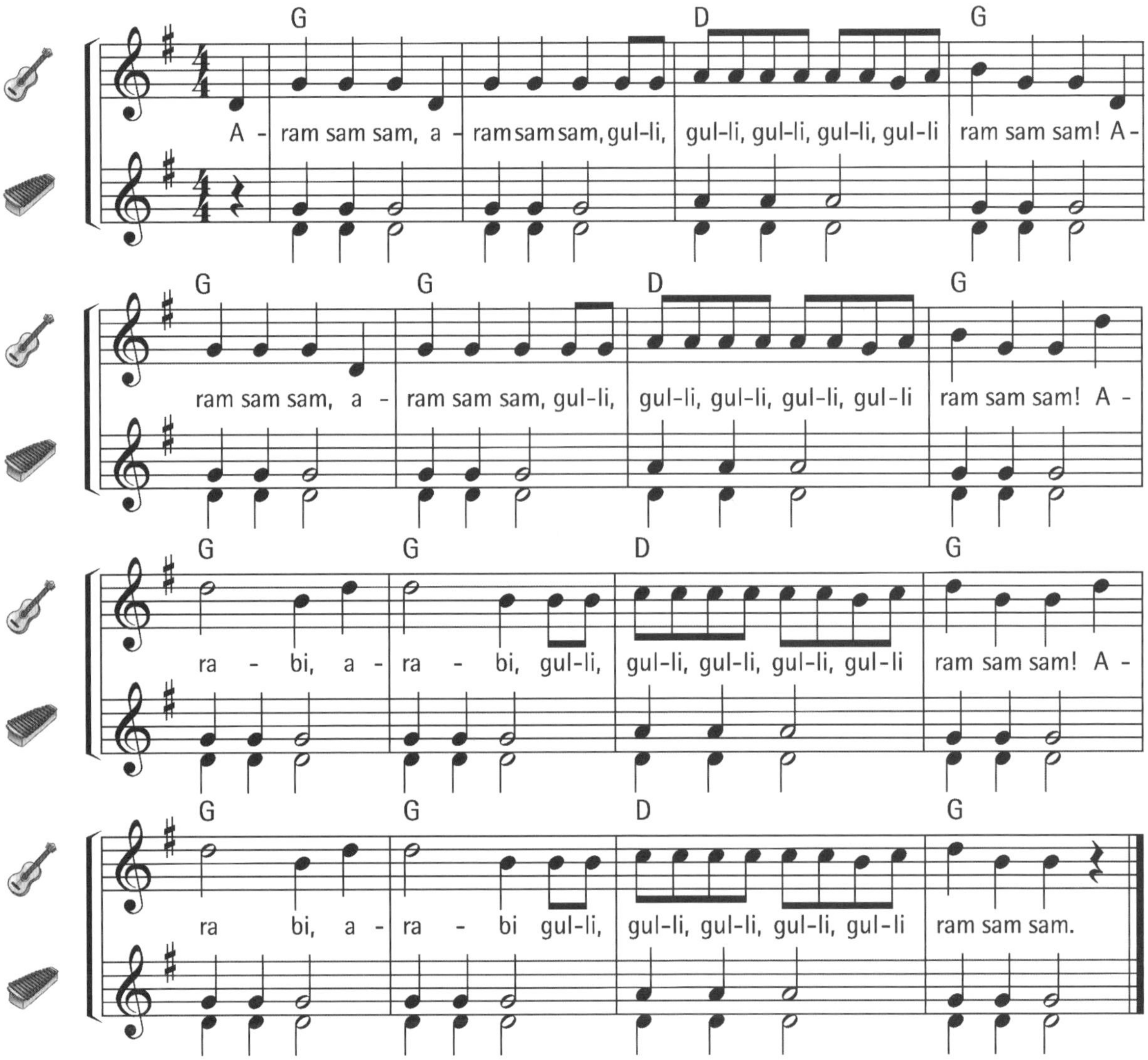

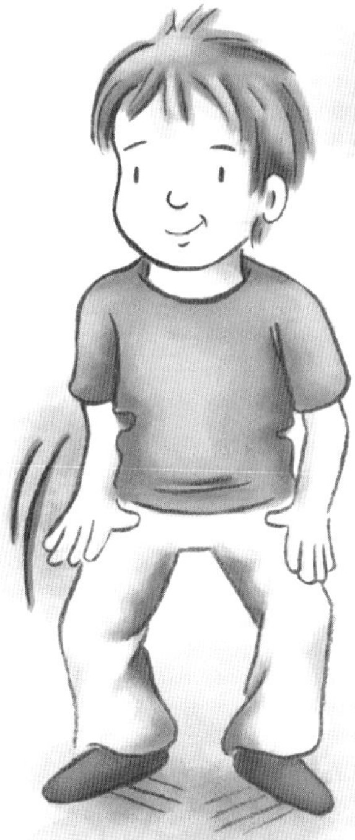

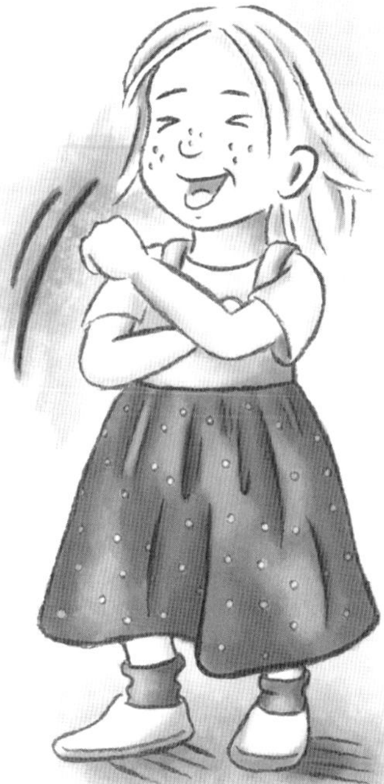

Aram sam sam, aram sam sam,
auf die Oberschenkel klopfen
gulli, gulli, gulli, gulli, gulli,
Arme vor dem Körper anwinkeln und wirbeln
ram sam sam.
auf die Oberschenkel klopfen
Aram sam, sam, aram sam sam,
auf die Oberschenkel klopfen
gulli, gulli, gulli, gulli, gulli,
Arme vor dem Körper anwinkeln und wirbeln
ram sam sam.
auf die Oberschenkel klopfen
Arabi, arabi,
Arme über den Kopf strecken und den Oberkörper nach vorne beugen
gulli, gulli, gulli, gulli, gulli,
Arme vor dem Körper anwinkeln und wirbeln
ram sam sam.
auf die Oberschenkel klopfen
Arabi, arabi,
Arme über den Kopf strecken und den Oberkörper nach vorne beugen
gulli, gulli, gulli, gulli, gulli,
Arme vor dem Körper anwinkeln und wirbeln
ram sam sam.
auf die Oberschenkel klopfen

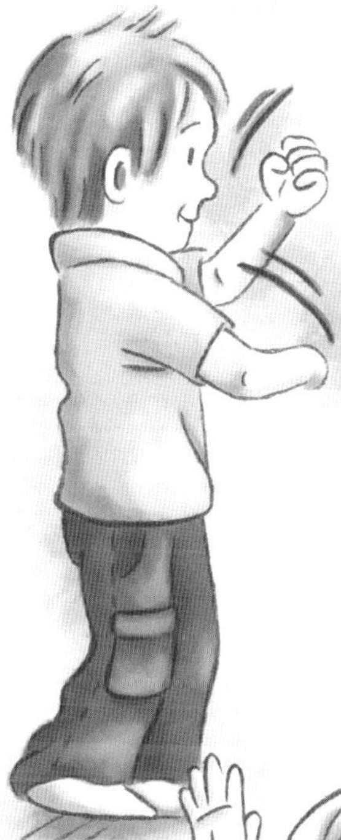

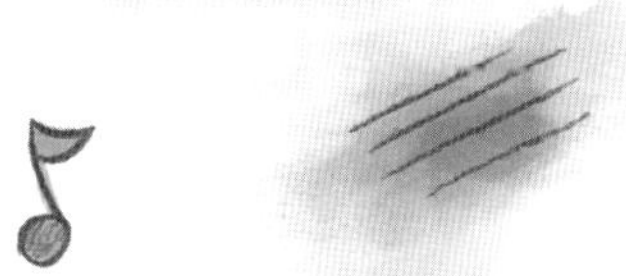

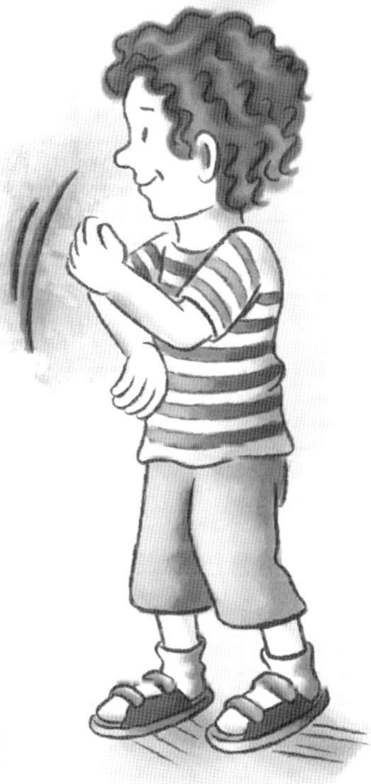

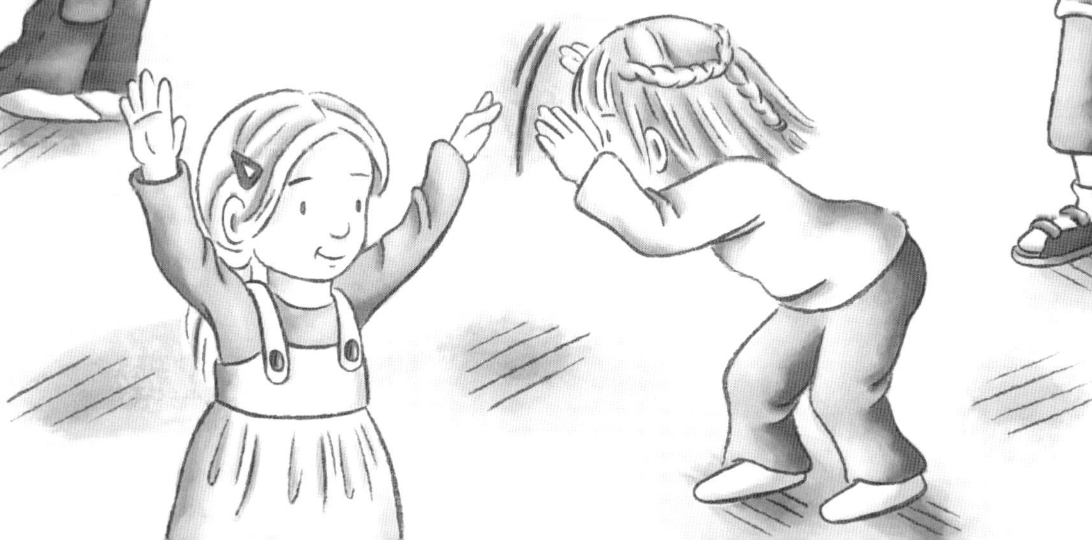

Aram sam sam Bewegungsspiel

Die Kinder sitzen entweder im Kreis auf Stühlen, oder sie hocken sich auf die Knie. Alle singen zusammen das Lied zunächst im gemäßigten Tempo: *Aram sam sam, aram sam sam* ... Das Tempo wird von der Spielleitung ebenso vorgegeben wie die zu jeder Liedzeile angegebenen Bewegungen.

In den nächsten Durchgängen verändert sich das Tempo:

- immer schneller werden
- gaaanz laaangsam
- immer lauter werden, bis hin zum Skandieren
- ganz leise, bis zum „stummen" Gesang bei dem sich nur noch die Lippen bewegen

Und danach die Vokale austauschen:
Irim sim sim irim sim sim gilli gilli gilli gilli gilli rim sim sim usw., orom som som ..., urum sum sum ..., erem sem sem ...

Wir musizieren zu „Aram sam sam"

Tonart: G-Dur
Taktart: 4/4 Takt, langsam beginnen und jede Runde etwas schneller werden ...

Wir musizieren mit: Gitarre / Ukulele, Xylophon, Holzblocktrommel

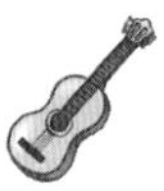

Gitarre / Ukulele

Akkorde: G-Dur, D-Dur
Wir streichen immer, wenn ein Akkord angegeben ist, ganz langsam mit den Fingern über die Saiten.

Gitarrengriffe

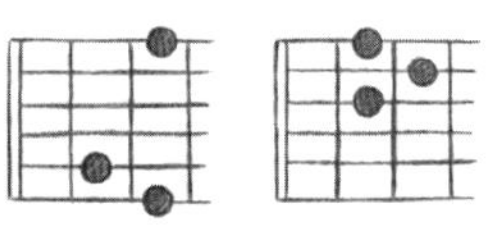

Ukulelegriffe

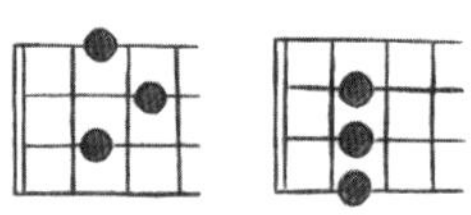

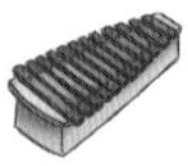

Xylophon

Wir bespielen nur die Töne **D**, **G**, **A** und entfernen alle anderen Klangstäbe oder markieren sie entsprechend.

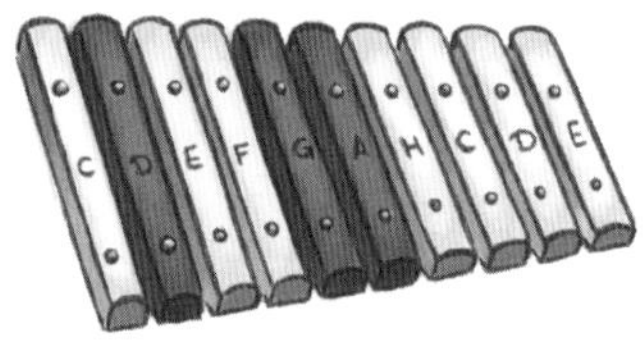

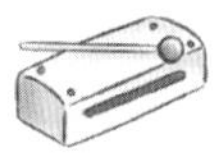

Den Rhythmus vom Xylophon spielen wir auch mit der Holzblocktrommel mit:

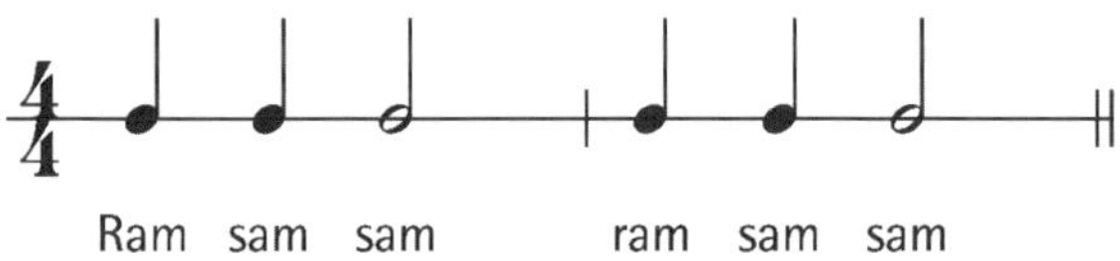

Hinweis zur CD
Wir haben mit dem Klavier auf den Ton G ein einfaches Einleitungs-Motiv aufgenommen. Das lässt sich ganz leicht auf dem Xylophon-Klangstab G spielen.

Ein Loch ist im Eimer

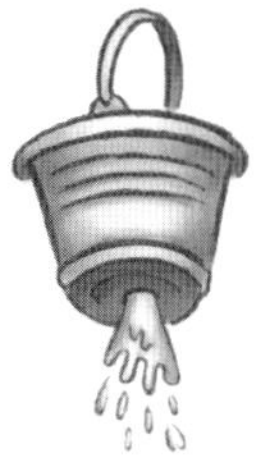

21 und 46 (instr.)

Text & Musik: trad. / Musikbearbeitung: Dorle Ferber

Dieses Scherzlied (ca. 1700/Bergliederbüchlein) ist auch bekannt unter dem Titel: „Wenn der Beltz em Loch hat", „Wenn der Pott aber nu en Loch hat" u. a. m. Die Namen „Heinrich" und „Liese" wurden aus der Textfassung des „Zupfgeigenhansl" übernommen. Eine englische Version mit dem Titel „Hole in the Bucket" wurde 1960 von Harry Belafonte eingespielt.

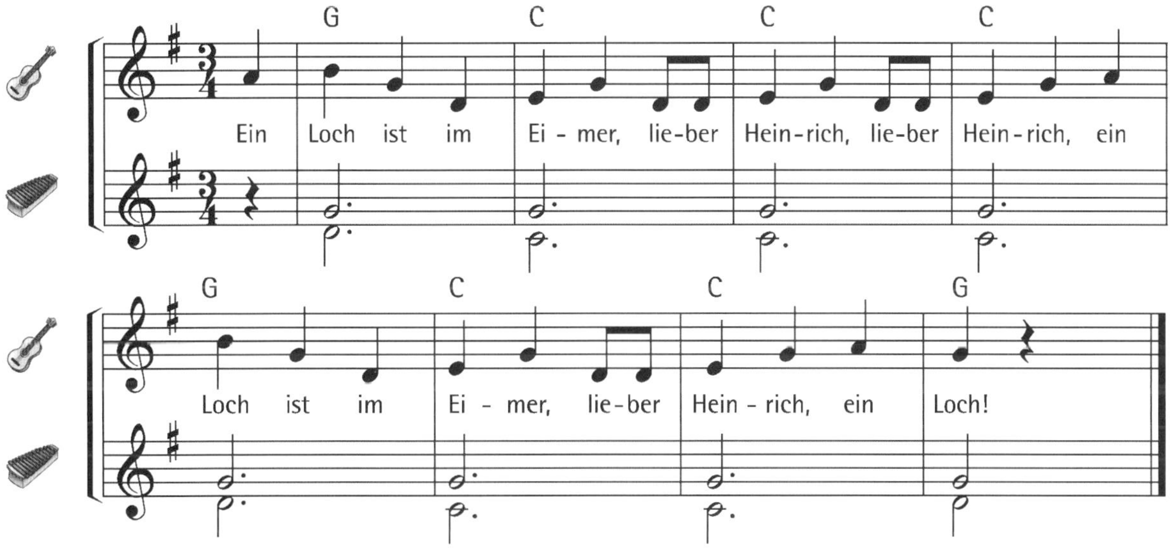

Ein Loch ist im Eimer,
lieber Heinrich, lieber Heinrich.
Ein Loch ist im Eimer, lieber Heinrich – ein Loch!
Liese zeigt vorwurfsvoll auf das Loch im Eimer

Verstopf es, liebe Liese, liebe Liese, liebe Liese.
Verstopf es, liebe Liese, liebe Liese – mach's dicht!
Heinrich macht eine Stopfbewegung mit den Händen

Womit denn, lieber Heinrich,
lieber Heinrich, lieber Heinrich.
Womit denn, lieber Heinrich, lieber Heinrich,
womit?
Liese breitet ratlos die Arme aus

Mit Stroh, liebe Liese, liebe Liese, liebe Liese.
Mit Stroh, liebe Liese, liebe Liese – mit Stroh!
Heinrich reicht Liese das Strohbündel

Das Stroh ist zu lang,
lieber Heinrich, lieber Heinrich.
Das Stroh ist zu lang, lieber Heinrich – zu lang!
Liese schüttelt den Kopf

Dann kürz' es, liebe Liese, liebe Liese, liebe Liese.
Dann kürz' es, liebe Liese, liebe Liese – hack's ab!
Heinrich tut so als würde er etwas abhacken

Womit denn, lieber Heinrich,
lieber Heinrich, lieber Heinrich.
Womit denn, lieber Heinrich, lieber Heinrich,
womit?
Liese breitet ratlos die Arme aus

Mit ner Axt, liebe Liese, liebe Liese, liebe Liese.
Mit ner Axt, liebe Liese, liebe Liese – mit ner Axt!
Heinrich reicht Liese die Axt

Die Axt ist zu stumpf,
lieber Heinrich, lieber Heinrich.
Die Axt ist zu stumpf, lieber Heinrich – zu stumpf.
Liese schüttelt den Kopf

Dann schärf sie, liebe Liese, liebe Liese, liebe Liese.
Dann schärf sie, liebe Liese – mach sie scharf!
Heinrich tut so als würde er eine Klinge wetzen

Womit denn, lieber Heinrich,
lieber Heinrich, lieber Heinrich.
Womit denn, lieber Heinrich, lieber Heinrich, womit?
Liese breitet ratlos die Arme aus

Mit 'nem Stein, liebe Liese, liebe Liese, liebe Liese.
Mit 'nem Stein, liebe Liese, liebe Liese – mit'm Stein!
Heinrich reicht Liese den Stein

Der Stein ist zu trocken,
lieber Heinrich, lieber Heinrich.
Der Stein ist zu trocken, lieber Heinrich – zu trocken.
Liese schüttelt den Kopf

Hol Wasser, liebe Liese, liebe Liese, liebe Liese.
Hol Wasser, liebe Liese, liebe Liese – hol Wasser!
Heinrich schlägt genervt die Hände über dem Kopf zusammen

Womit denn, lieber Heinrich,
lieber Heinrich, lieber Heinrich.
Womit denn, lieber Heinrich,
lieber Heinrich, womit?
Liese breitet ratlos die Arme aus

Mit nem Eimer, liebe Liese, liebe Liese, liebe Liese
Mit nem Eimer, liebe Liese, liebe Liese – im Eimer!
Heinrich reicht Liese wieder den Eimer

Ein Loch ist im Eimer,
lieber Heinrich, lieber Heinrich.
Ein Loch ist im Eimer, lieber Heinrich – ein Loch! ...
Liese schüttelt verzweifelt den Kopf

Übrigens: Das Lied ist eine Verdeutlichung des so genannten Münchhausen-Trilemmas. Bei diesem Trilemma besteht eine Aussage, welche begründet werden muss. Allerdings muss diese zweite Aussage erneut begründet werden, und danach die nächste, etc. Zum Schluss dieser mehr oder weniger langen Argumentationskette landet man dann wieder bei der ursprünglichen Aussage.

Singspiel mit Loch im Eimer

Material: 1 Eimer mit Loch im Boden, 1 Bündel Stroh, 1 Spielzeugaxt, 1 Stein

Das Lied lässt sich pantomimisch hübsch begleiten. Dazu übernimmt ein Kind die Rolle von Heinrich und eines spielt die Liese. Oder: Die zwei Kinder setzen ihre richtigen Namen ein!

Wir musizieren zu „Ein Loch ist im Eimer“

Tonart: G-Dur
Taktart: 3/4 Takt, schön auf 1, 2, 3 zählen ...

Wir musizieren mit: Gitarre/Ukulele, Xylophon, Topf oder Blechschüssel

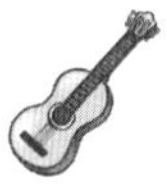

Gitarre/Ukulele

Akkorde: G-Dur, C-Dur
Wir streichen immer, wenn ein Akkord angegeben ist, ganz langsam mit den Fingern über die Saiten.

Gitarrengriffe

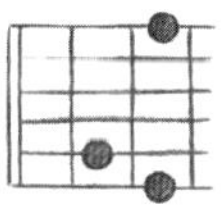

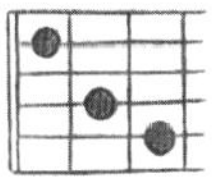

Ukulelegriffe

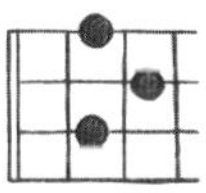

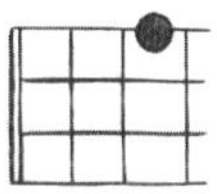

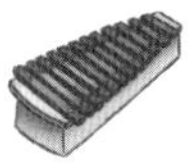

Xylophon

Wir bespielen nur die Töne **C**, **D**, **G** und entfernen alle anderen Klangstäbe oder markieren sie entsprechend. Die Xylophonstimme könnt ihr auch zu zweit an einem Instrument spielen.

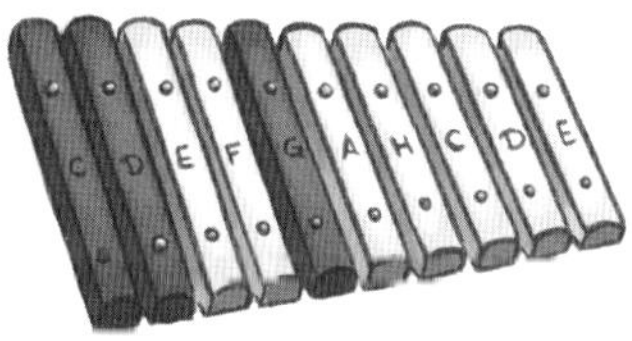

Tipp: Die Xylophonstimme ist eine ganz gemütliche – hört sie euch auf der CD an!

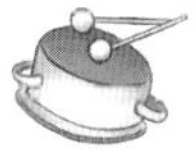

Percussion

Zur Begleitung für dieses lustige Lied suchen wir uns was Schönes aus der Küchenkiste aus, eine große Blechschüssel oder einen Topf. Wir schauen mal, was uns dafür am besten gefällt, legen Topf oder Schüssel umgekehrt auf eine Unterlage und klopfen mit den Fingern drauf oder nehmen einen Filzschlägel. Dann spielen wir durchgehend folgende Rhythmusfigur:

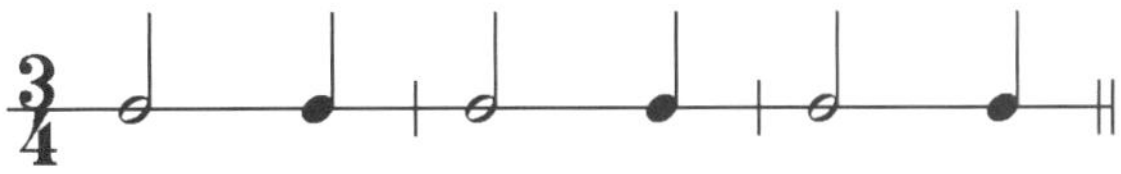

lang kurz lang kurz lang kurz

Hinweis zur CD
Wir haben folgende Einleitungsakkorde gespielt:
3/4 | G | C | G | G |

Die Wissenschaft hat festgestellt

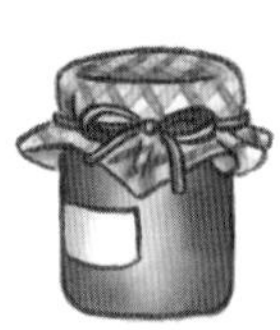

22 und 47 (instr.)

Text & Musik: trad. / Musikbearbeitung: Dorle Ferber

Ein lustig freches, mündlich überliefertes Lied, das Kindern super gut gefällt, denn sie lieben freche Texte! Ein guter Beweis für die Popularität dieses Gassenhauers sind seine unzählige Textvarianten: „... dass Coca Cola Gold enthält ..." o.Ä. Sie können also auch hier munter selber weitere Strophen dichten. Dieses Lied bietet außerdem einen guten Anlass, mit den Kindern über Essgewohnheiten zu sprechen oder es in ein Projekt rund um das Thema Ernährung zu integrieren.

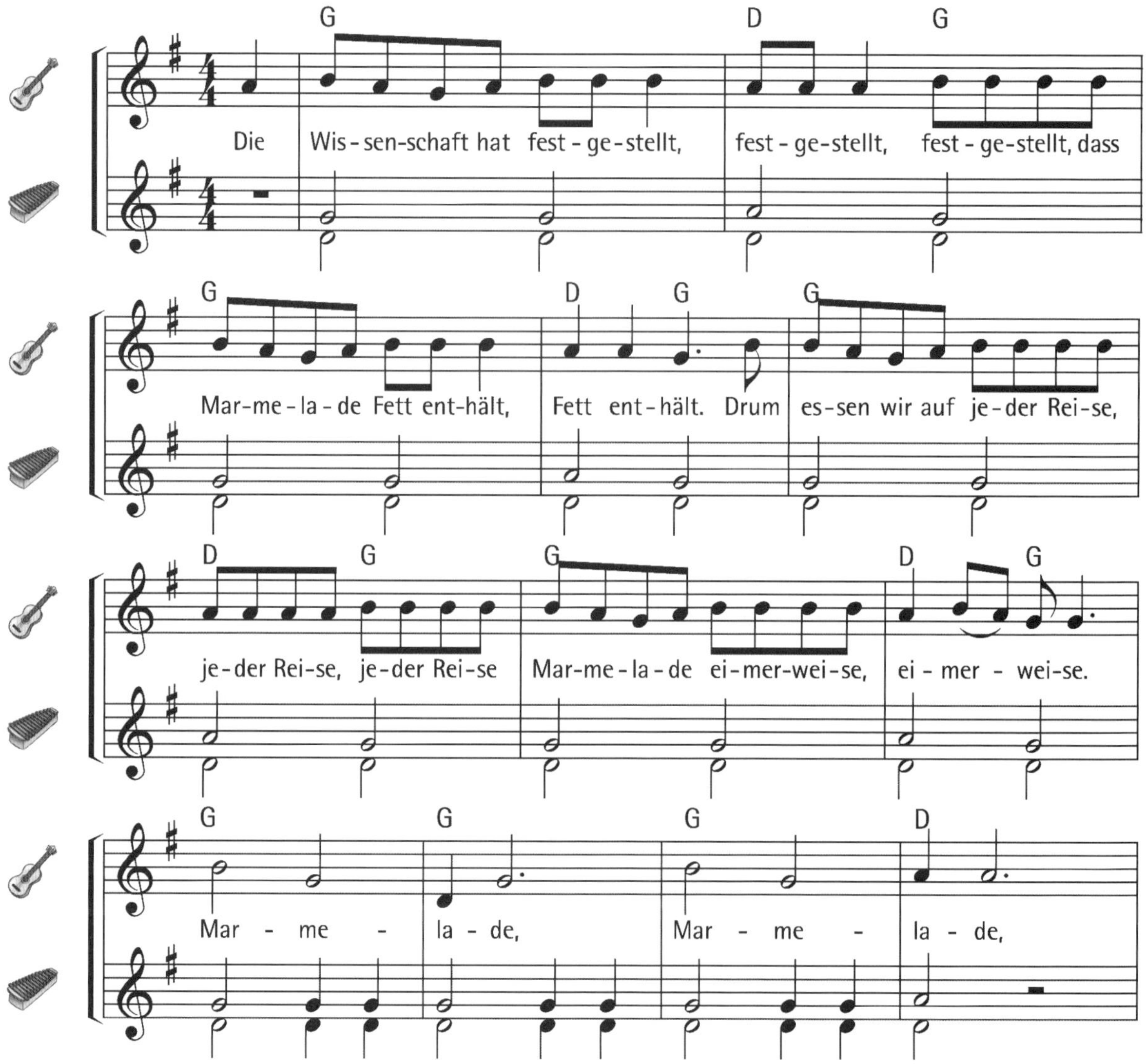

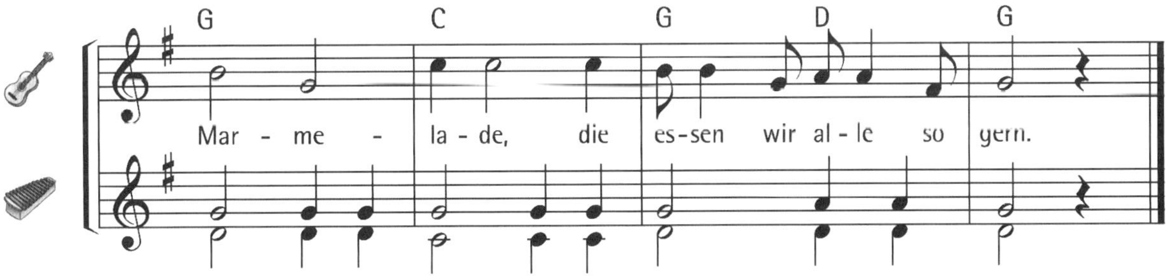

Die Wissenschaft hat festgestellt, festgestellt, festgestellt
Dass Marmelade Fett enthält. Fett enthält
Drum essen wir auf jeder Reise, jeder Reise, jeder Reise
Marmelade eimerweise. Eimerweise
Marmelade, Marmelade, Marmelade
Die essen wir alle so gern

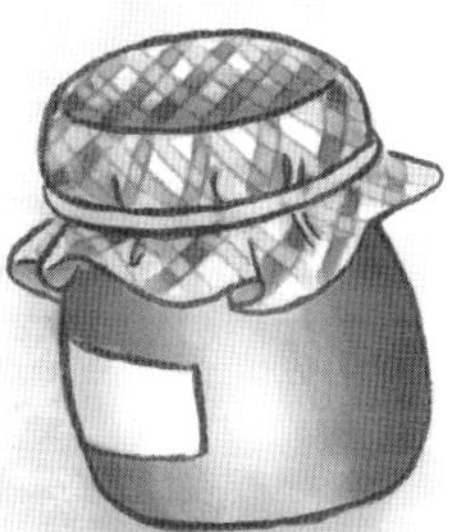

Die Wissenschaft hat festgestellt, festgestellt, festgestellt
Dass Knackwurst gar kein Fleisch enthält, Fleisch enthält
Drum essen wir auf jeder Reise, jeder Reise, jeder Reise
Heiße Knackwurst meterweise, meterweise
Heiße Knackwurst, heiße Knackwurst, heiße Knackwurst
Die essen wir alle so gern

Die Wissenschaft hat festgestellt, festgestellt, festgestellt
Dass Wasser kleine Blubbs enthält, Blubbs enthält
Drum schlabbern wir auf jeder Reise, jeder Reise, jeder Reise
Blubberwasser literweise, literweise
Blubberwasser, Blubberwasser, Blubberwasser
Das schlabbern wir alle so gern

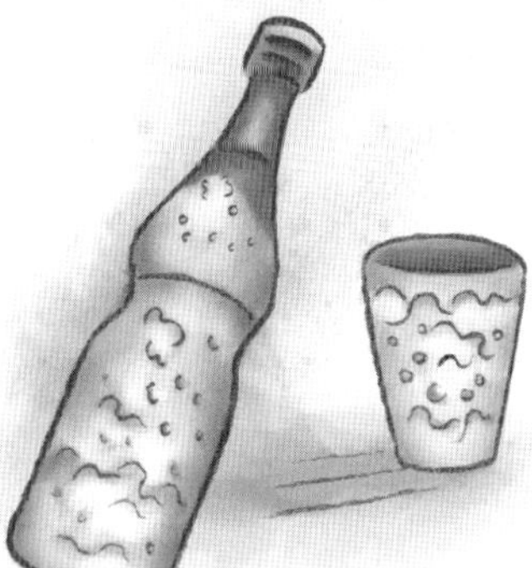

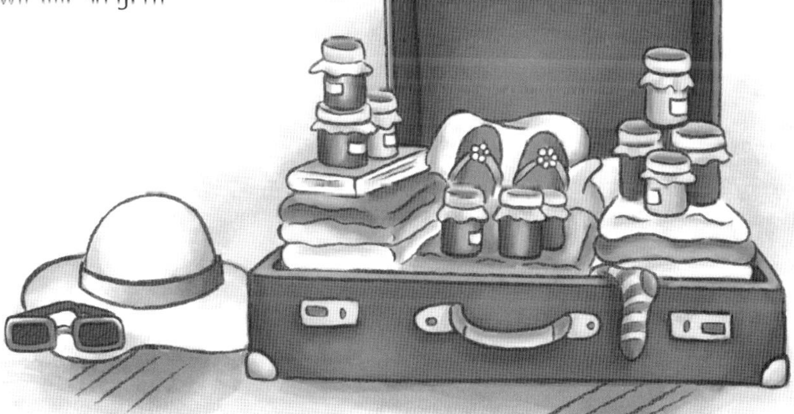

Wir musizieren zu „Die Wissenschaft hat festgestellt“

Tonart: G-Dur
Taktart: 4/4 Takt, flott nach vorn ...

Wir musizieren mit: Gitarre / Ukulele, Xylophon und einem Schellenkranz

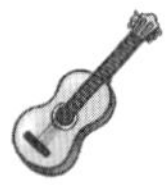

Gitarre / Ukulele

Akkorde: G-Dur, D-Dur, C-Dur
Wir streichen immer, wenn ein Akkord angegeben ist, kräftig mit den Fingern über die Saiten.

Gitarrengriffe

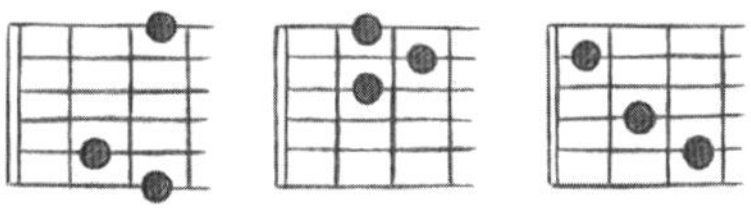

Ukulelegriffe

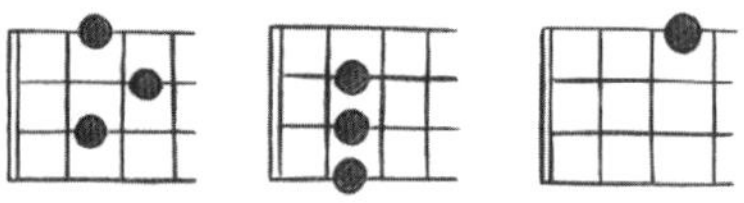

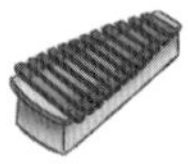

Xylophon

Wir bespielen nur die Töne **C, D, G, A** und entfernen alle anderen Klangstäbe oder markieren sie entsprechend. Die Xylophonstimme könnt ihr auch zu zweit an einem Instrument spielen.

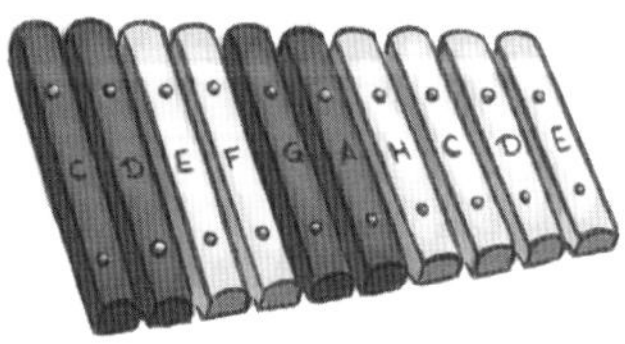

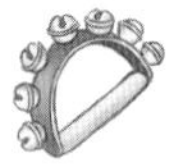

Percussion

Der **Schellenkranz** schweigt zu Beginn des Liedes und setzt kräftig ein bei „Marmelade“. Bis zum Ende darf er nach Herzenslust geschüttelt werden. Ihr könnt damit den Rhythmus des gesungenen Textes unterstützen oder gemeinsam mit dem Xylophon spielen:

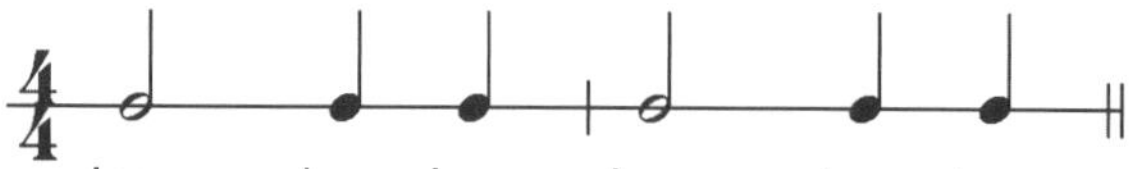

Wenn es von vorne wieder losgeht, schweigt der Schellenkranz erst mal wieder. Vielleicht findet ihr noch eine andere Möglichkeit?

Hinweis zur CD
Wir haben folgende Einleitungsakkorde gespielt:
4/4 | G D | G |

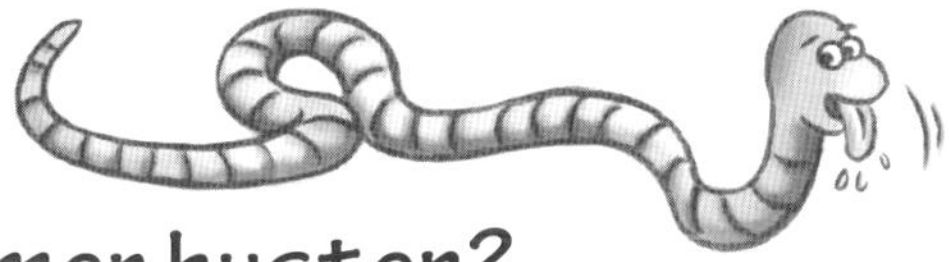

Hörst du die Regenwürmer husten?

23 und 48 (instr.)

Text & Musik: trad. / Musikbearbeitung: Dorle Ferber

Ein echter Kindergarten-Evergreen. Diese Regenwürmer sind bei den Kindern immer sehr beliebt. Sie „husten", „lachen" und „niesen" mit Begeisterung zum Lied und werden des damit verbundenen Bewegungsspiels auch nach etlichen Durchgängen nicht müde.

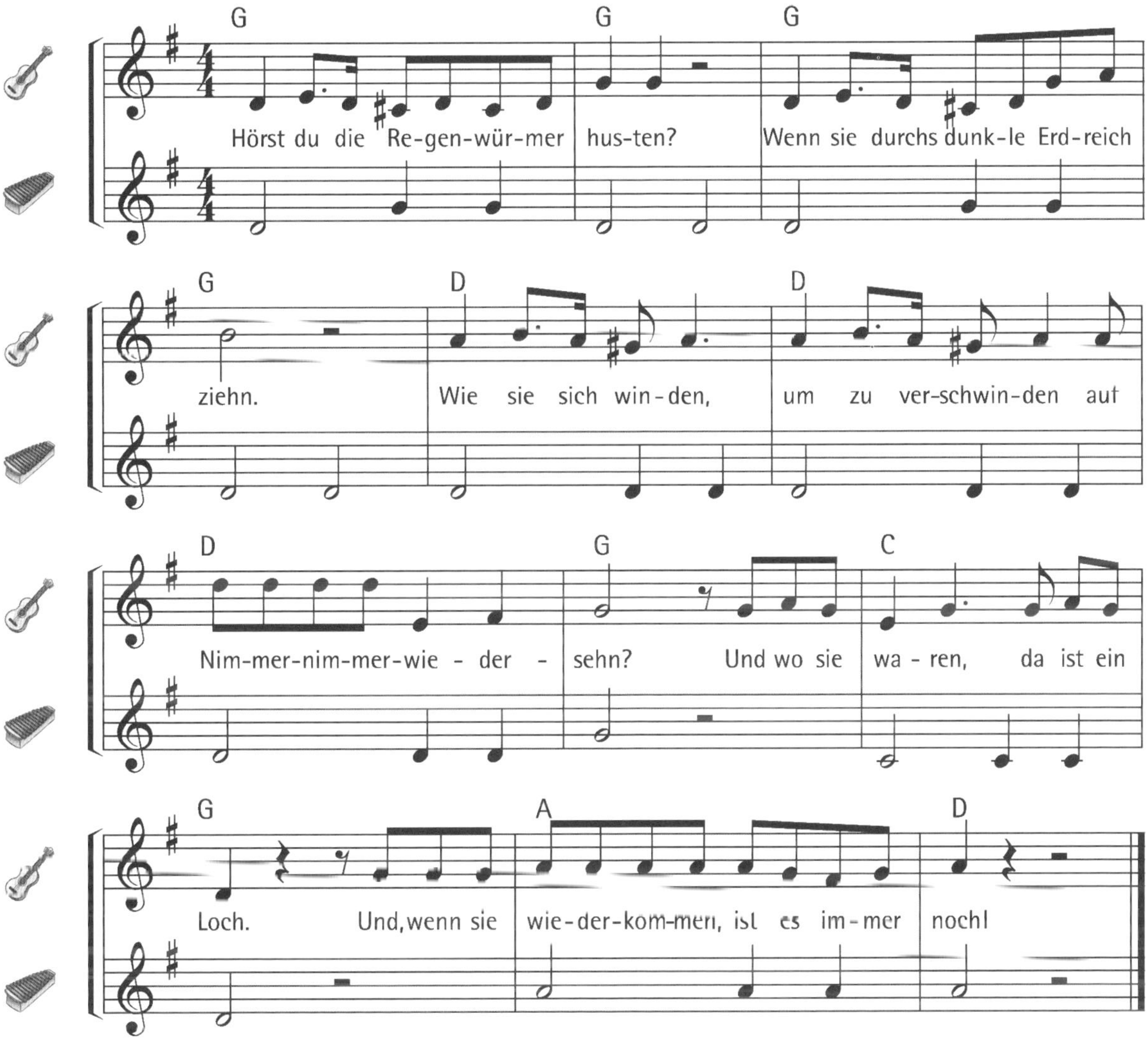

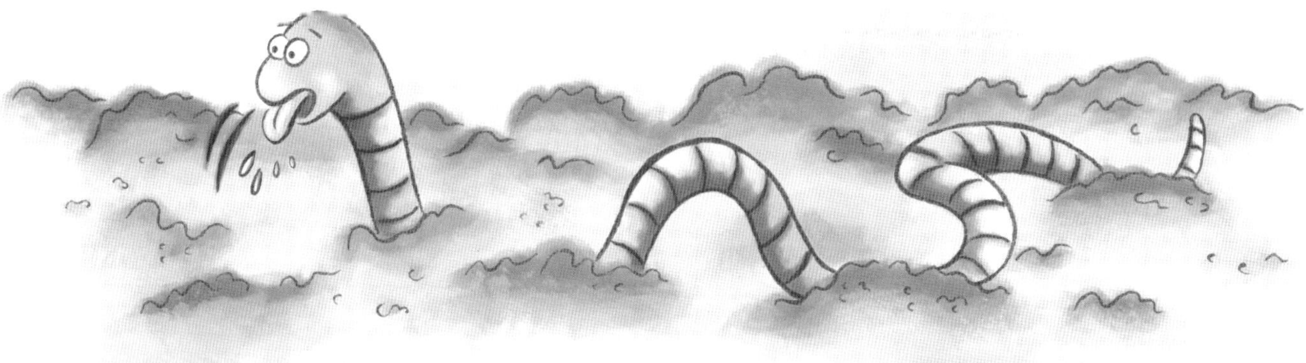

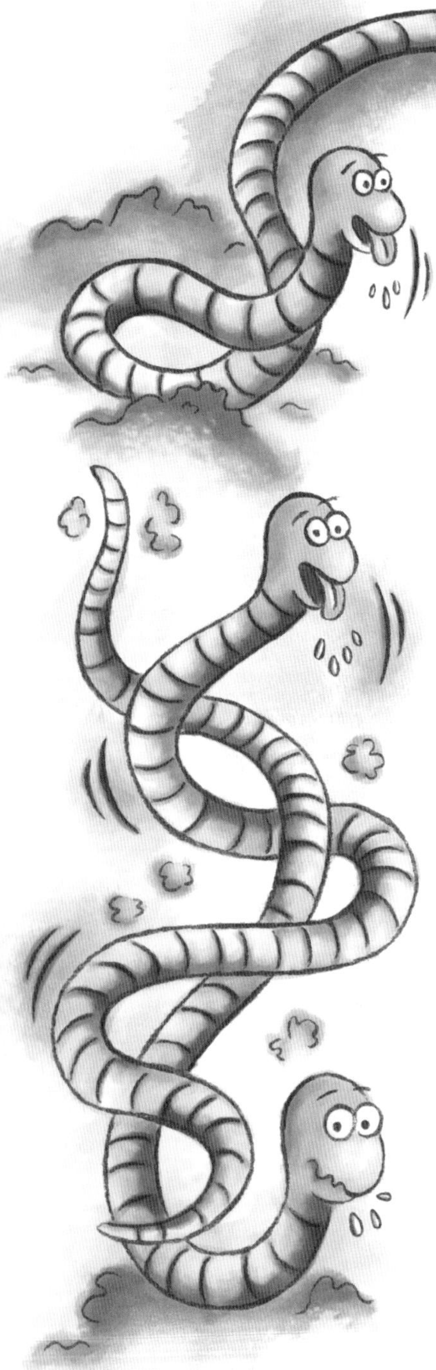

Hörst du die Regenwürmer husten
alle: „ahem, ahem"
Wenn sie durchs dunkle Erdreich ziehn
ziehende Bewegung mit den Händen
Wie sie sich winden, um zu verschwinden
Wellenbewegung mit einer Hand
Auf Nimmernimmerwiedersehn?

Und wo sie waren, da ist ein Loch
Daumen und Fingerspitzen einer Hand zu einem „Loch" zusammenfügen
Und wenn sie wiederkommen, ist es immer noch!
Zeigefinger der anderen Hand von unten nach oben durch das Loch führen

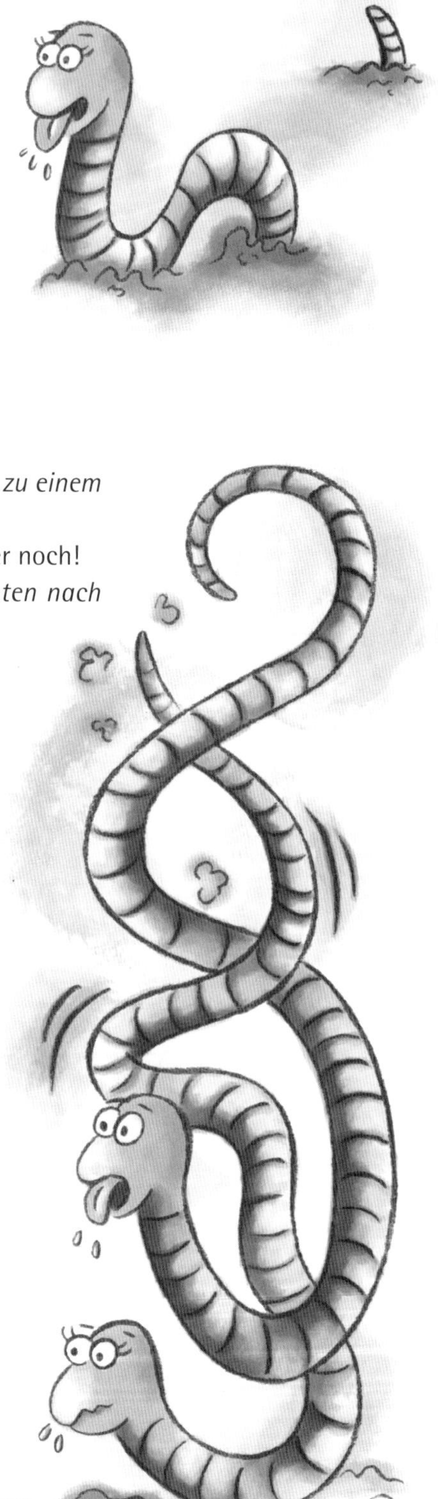

Hörst du die Regenwürmer kichern?
alle: „hihi, hihi"
Wie sie durchs dunkle Erdreich ziehn
ziehende Bewegung mit den Händen
Wie sie sich winden, um zu verschwinden
Wellenbewegung mit einer Hand
Auf Nimmernimmerwiedersehn?

Und wo sie waren ...

Hörst du die Regenwürmer niesen?
alle: „hatschi hatsch"
Wie sie durchs dunkle Erdreich ziehn
ziehende Bewegung mit den Händen
Wie sie sich winden, um zu verschwinden
Wellenbewegung mit einer Hand
Auf Nimmernimmerwiedersehn.

Und wo sie waren ...

Auf in die nächste Runde:
Hörst du die Regenwürmer husten ...

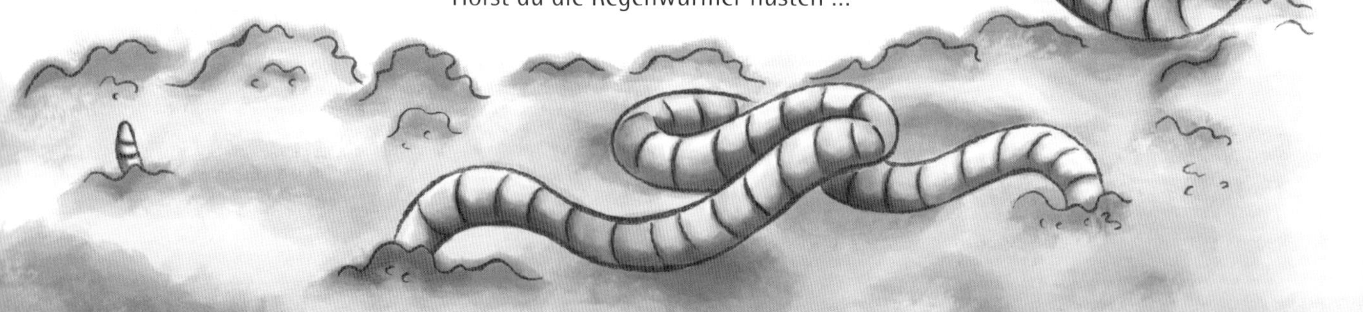

Wir musizieren zu „Hörst du die Regenwürmer husten?"

Tonart: G-Dur
Taktart: 4/4 Takt, ein gutes Regenwurmwandertempo

Wir musizieren mit: Gitarre/Ukulele, Xylophon, Becken und großem Karton

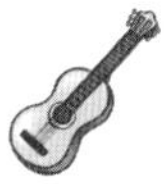

Gitarre/Ukulele

Akkorde: G-Dur, D-Dur, C-Dur, A-Dur
Wir streichen immer, wenn ein Akkord angegeben ist, kräftig mit den Fingern über die Saiten.

Gitarrengriffe

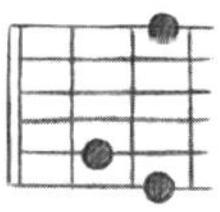 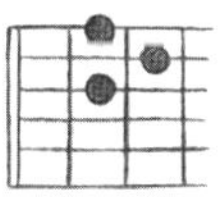 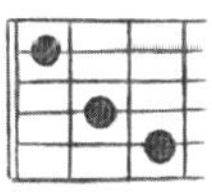 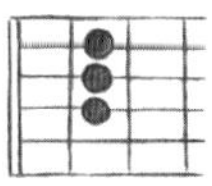

Ukulelegriffe

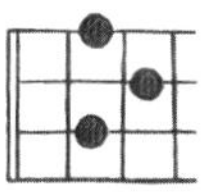 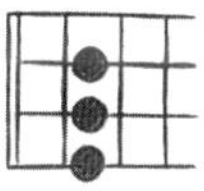 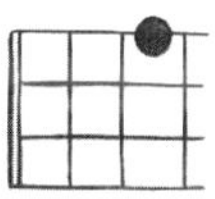 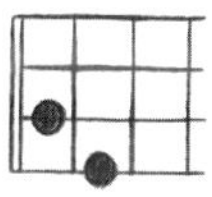

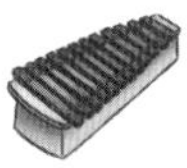

Xylophon

Wir bespielen nur die Töne **C**, **D**, **G**, **A** und entfernen alle anderen Klangstäbe oder markieren sie entsprechend.

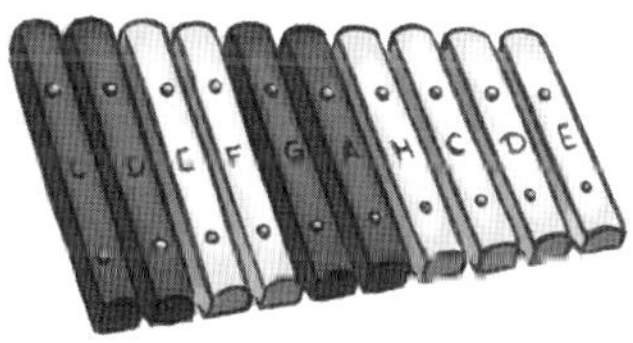

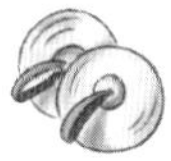

Percussion

Das **Becken** spielen wir zu Beginn jedes Takts zart mit einem Filzschlägel an. Das könnt ihr ganz deutlich auf der CD hören.

Probiert mal einen großen **Karton** als Rhythmustrommel aus, vielleicht nehmt Ihr zum Anschlagen einen weichen dicken Filzschlägel, klingt das nicht wie das tiefe Erdreich?

Die Regenwürmer ziehen mit folgender Rhythmusbegleitung durchs Erdreich:

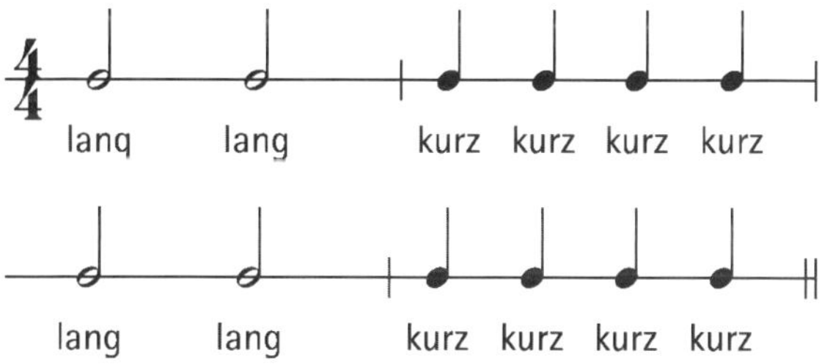

Hinweis zur CD
Wir haben folgende Einleitungsakkorde gespielt:
4/4 | G - D - | G - - - |

Was müssen das für Bäume sein

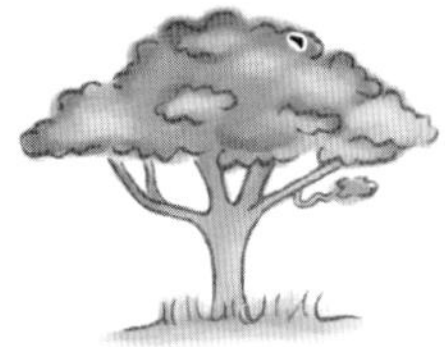

24 und 49 (instr.)

Text & Musik: trad. / Musikbearbeitung: Dorle Ferber

Dieses Kinderlied gehört zu den beliebtesten Spielliedern. Besonders unsere Textvariationen sorgen bei Kindern immer wieder für große Heiterkeit. Der träge, stapfende Rhythmus sorgt dafür, dass sich schon die Allerkleinsten in riesige „Jumbos" verwandeln. Als Bewegungsspiel besonders geeignet.

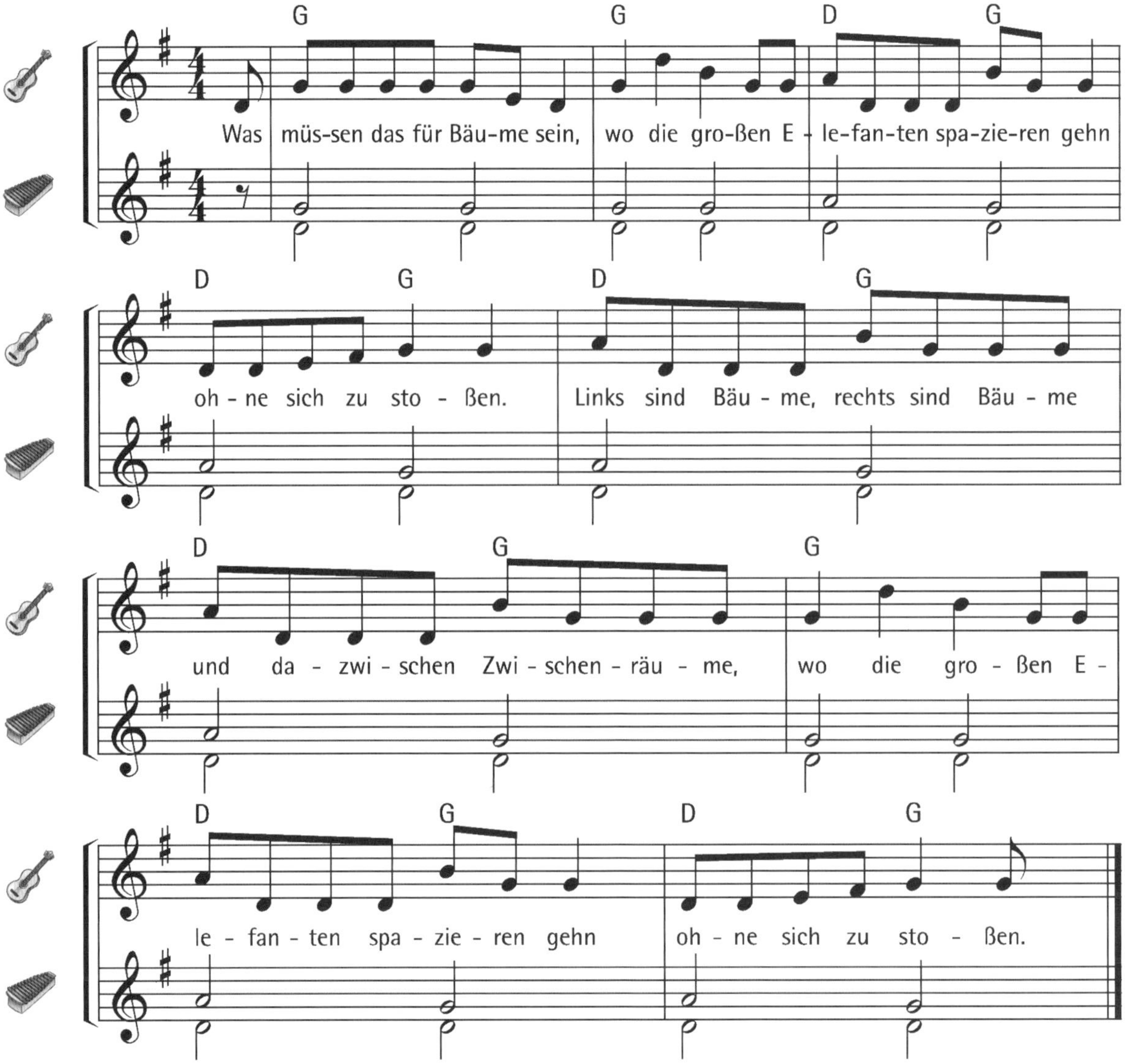

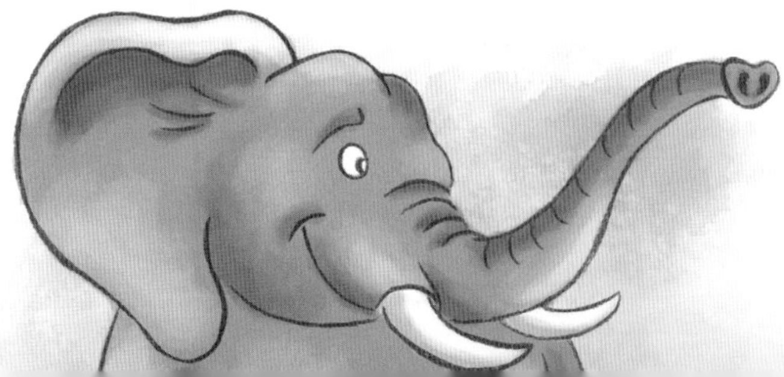

Was müssen das für Bäume sein	*Arme hoch in die Luft strecken*
Wo die großen	*mit den Armen einen großen Kreis in die Luft malen*
Elefanten spazieren gehn	*auf der Stelle marschieren*
Ohne sich zu stoßen?	*mit beiden Ellbogen nach außen stoßen*
Links sind Bäume	*Arme nach links ausstrecken*
Rechts sind Bäume	*Arme nach rechts ausstrecken*
Und dazwischen Zwischenräume	*Hände aneinander nach vorne strecken und dann die Hände auseinander bewegen*
Wo die großen	*mit den Armen einen großen Kreis in die Luft malen*
Elefanten spazieren gehen	*auf der Stelle marschieren*
Ohne sich zu stoßen	*mit beiden Ellbogen nach außen stoßen*

Was müssen das für Flüsse sein	*mit den Händen Wellenbewegungen zeigen*
Wo die großen	*mit den Armen einen großen Kreis in die Luft malen*
Elefanten baden gehn	*mit den Armen Schwimmbewegungen zeigen*
Ohne Badehosen	*frech mit dem Popo wackeln*
Links sind Flüsse	*Arme in Wellenbewegung nach links*
Rechts sind Flüsse	*Arme in Wellenbewegung nach rechts*
Und dazwischen Bambusbüsche	*mit den Armen einen kleinen Kreis in die Luft malen*
Wo die großen	*mit den Armen einen großen Kreis in die Luft malen*
Elefanten baden gehen	*mit den Armen Schwimmbewegungen zeigen*
Ohne Badehosen	*frech mit dem Popo wackeln*

Was müssen das für Brücken sein	*mit den Händen einen großen Brückenbogen zeigen*
Wo die großen	*mit den Armen einen großen Kreis in die Luft malen*
Elefanten spazieren gehn	*auf der Stelle marschieren*
Ohne sich zu bücken	*in die Knie gehen*
Rechts sind Brücken	*mit den Händen einen großen Brückenbogen nach rechts zeigen*
Links sind Brücken	*mit den Händen einen großen Brückenbogen nach links zeigen*
Und dazwischen große Lücken	*Arme vor dem Körper auseinander breiten*
Wo die großen	*mit den Armen einen großen Kreis in die Luft malen*
Elefanten spazieren gehn	*auf der Stelle marschieren*
Ohne sich zu bücken	*in die Knie gehen*

Was müssen das für Berge sein	*mit den zusammengelegten Fingerspitzen vor dem Kopf einem „Berg" zeigen*
Wo die großen	*mit den Armen einen großen Kreis in die Luft malen*
Elefanten klettern gehen	*Kletterbewegung mit angezogenen Knien auf der Stelle*
Ohne abzustürzen	*Geste des Erschreckens mit Hand vor dem Mund: huch.*
Links sind Berge	*mit den Fingerspitzen links vom Körper einen „Berg" zeigen*
Rechts sind Berge	*mit den Fingerspitzen rechts vom Körper einen „Berg" zeigen*
In der Mitte tanzen Zwerge	*auf der Stelle tanzen*
Wo die großen	*mit den Armen einen großen Kreis in die Luft malen*
Elefanten klettern gehen	*Kletterbewegung mit angezogenen Knien auf der Stelle*
Ohne abzustürzen	*Geste des Erschreckens mit Hand vor dem Mund: huch*

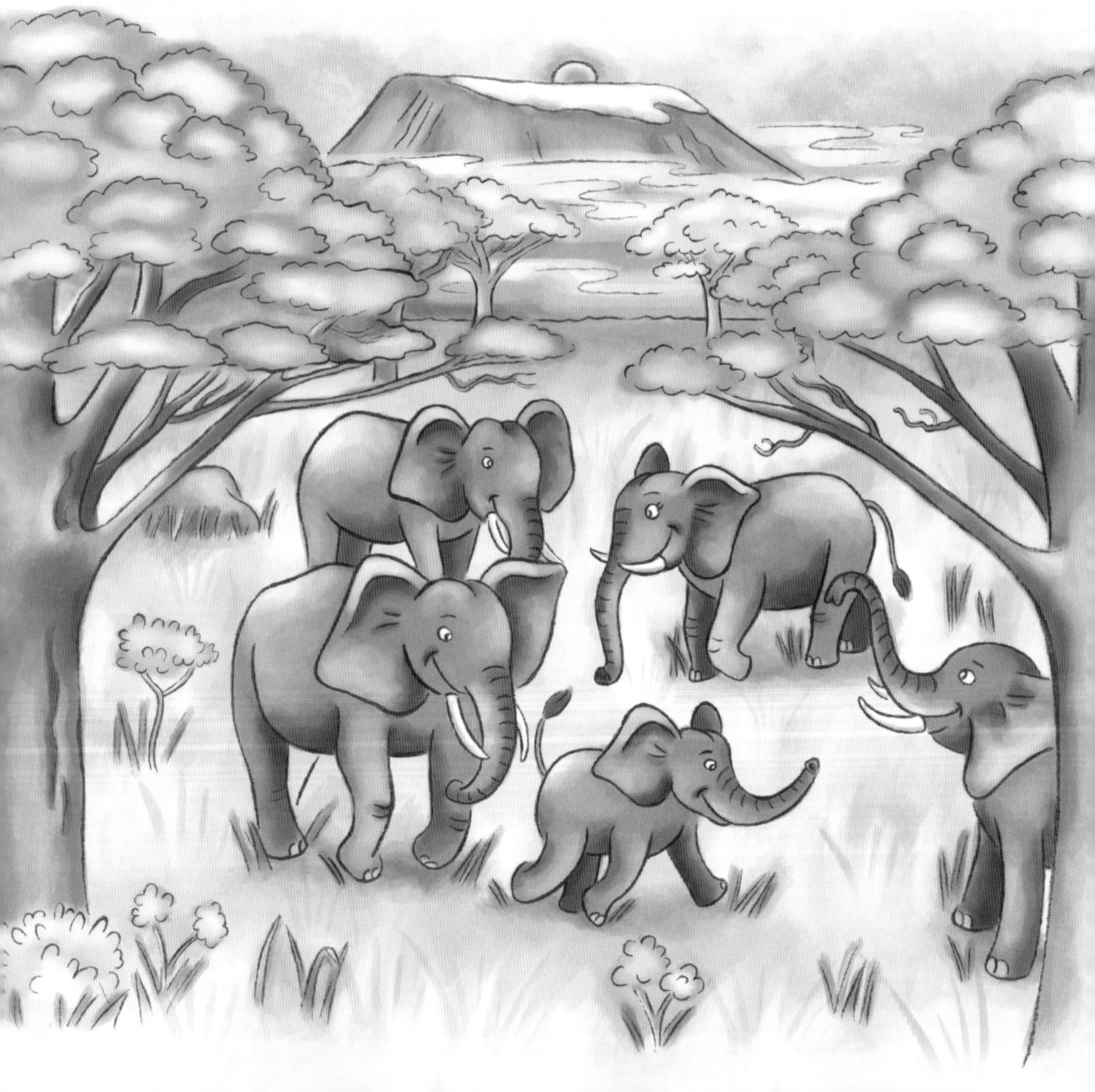

Wir musizieren zu „Was müssen das für Bäume sein?“

Tonart: G-Dur
Taktart: 4/4 Takt, ein nicht zu langsames Elefanten-Spaziertempo

Wir musizieren mit: Gitarre/Ukulele, Xylophon und allen möglichen Holzklängen (Holzblocktrommel, Stöckchen etc.)

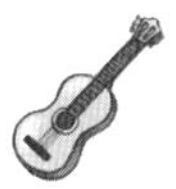

Gitarre/Ukulele

Akkorde: G-Dur, D-Dur
Wir streichen immer, wenn ein Akkord angegeben ist, ganz langsam mit den Fingern über die Saiten.

Gitarrengriffe

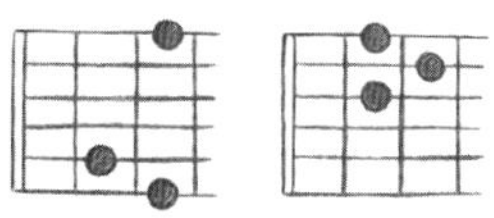

Ukulelegriffe

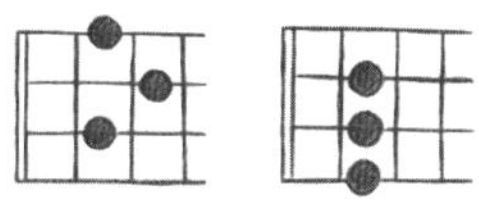

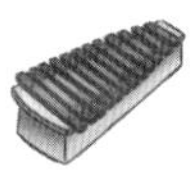

Xylophon

Wir bespielen nur die Töne **D**, **G**, **A** und entfernen alle anderen Klangstäbe oder markieren sie entsprechend. Die Xylophonstimme könnt ihr auch zu zweit an einem Instrument spielen.

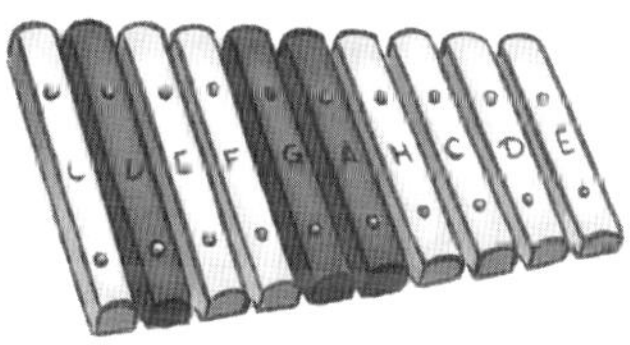

Das Xylophon spielt große, gemütliche Elefantenschritte – das könnt ihr ganz deutlich auf der CD hören.

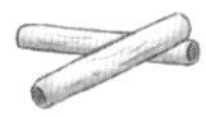

Percussion

Die **Holzklänge** bewegen sich eher im „Menschen-Gang-Tempo“ und begleiten durchgehend:

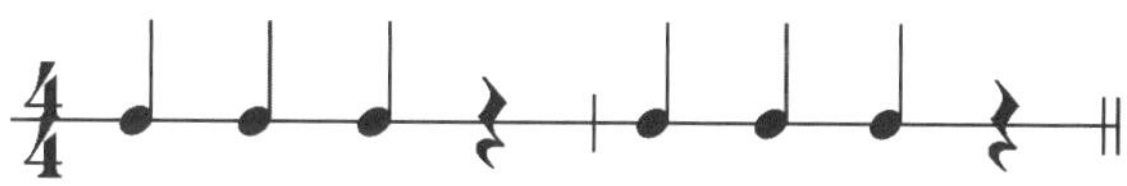

tok tok tok tok tok tok

Hinweis zur CD
Wir haben folgende Einleitungsakkorde gespielt:
4/4 | D *pause* D | G - - - |

1, 2, 3, das Spielen ist vorbei

25 und 50 (instr.)

Text & Musik: trad. / Musikbearbeitung: Dorle Ferber

Dieses Aufräumlied hilft beim Klar-Schiff-machen. Gesungen wird es entweder nach der Melodie von „A, B, C, die Katze lief im Schnee" oder nach der Melodie des ebenso berühmten Liedes „Ri-ra-Rutsch, wir fahren mit der Kutsch."

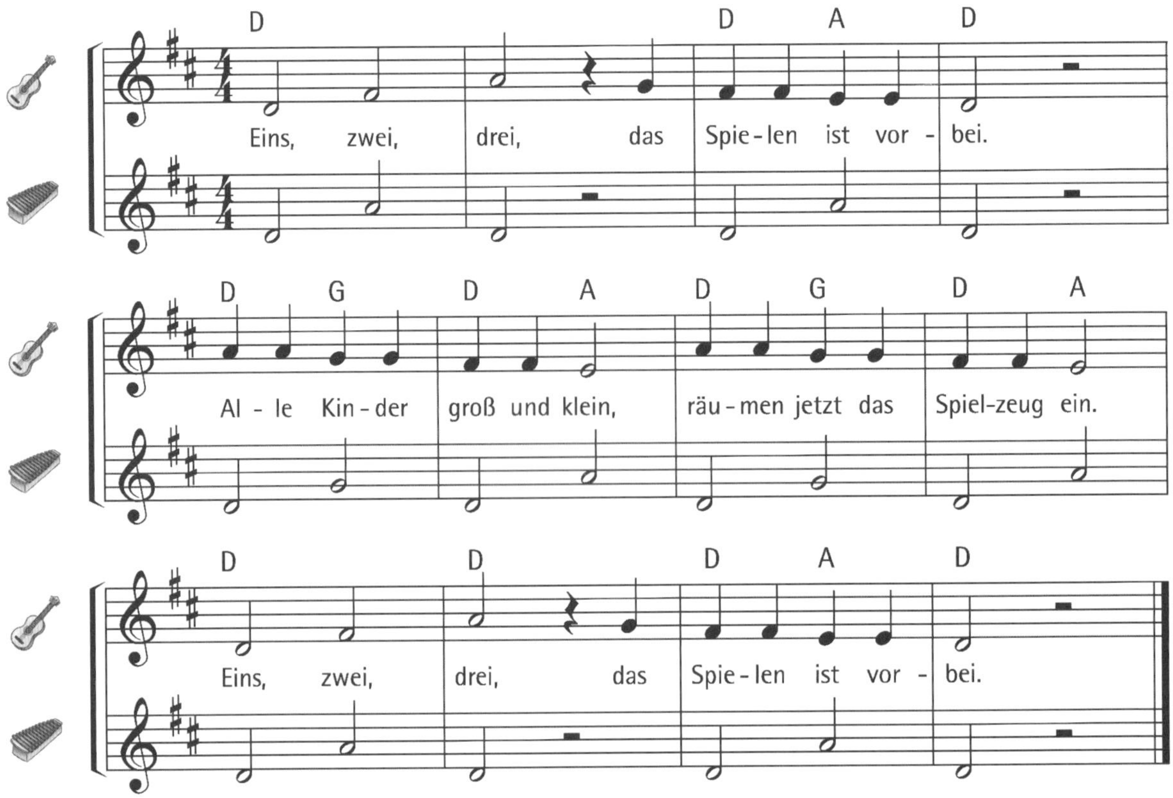

1, 2, 3 das Spielen ist vorbei
Alle Kinder, groß und klein
Räumen jetzt das Spielzeug ein
1,2,3 das Spielen ist vorbei.

1,2,3, das Spielen ist vorbei
Auf dem Tisch und auf dem Boden
Wird nun alles aufgehoben
1, 2, 3 das Spielen ist vorbei

flitze flutze flatz
alles an seinen Platz.

Oder:
1, 2, 3, das Spielen ist vorbei
Alle Kinder räumen ein
Ganz egal ob groß, ob klein
1, 2, 3, das Spielen ist vorbei!

Oder:
... alle Kinder groß und klein,
auch das kleine Stachelschwein.
(Besonders die Kleinen finden das total witzig!)

Spielanregung

Die Kinder werden in zwei Gruppen aufgeteilt.

- Zuerst singt Gruppe 1 das Lied, und Gruppe 2 räumt im Takt zur Musik auf.
- Und dann singt Gruppe 2, während Gruppe 1 aufräumt.

Wir musizieren zu „1, 2, 3, das Spielen ist vorbei"

Tonart: D-Dur
Taktart: 4/4 Takt, gemütlich

Wir musizieren mit: Gitarre/Ukulele, Xylophon, Holzblocktrommel

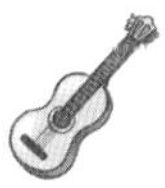

Gitarre/Ukulele

Akkorde: D-Dur, A-Dur, G-Dur
Wir streichen immer, wenn ein Akkord angegeben ist, ganz langsam mit den Fingern über die Saiten.

Gitarrengriffe

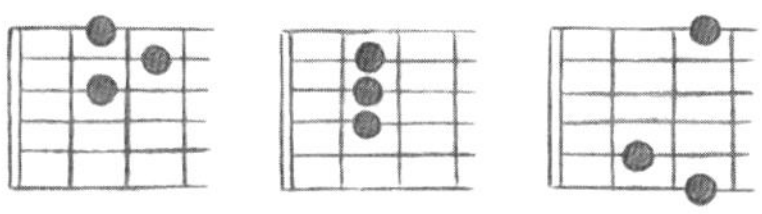

Ukulelegriffe

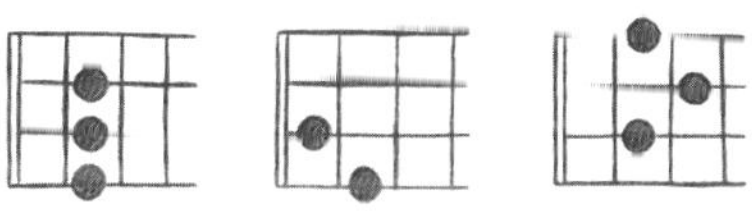

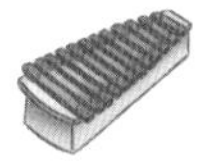

Xylophon

Wir bespielen nur die Töne **D**, **G**, **A** und entfernen alle anderen Klangstäbe oder markieren sie entsprechend.

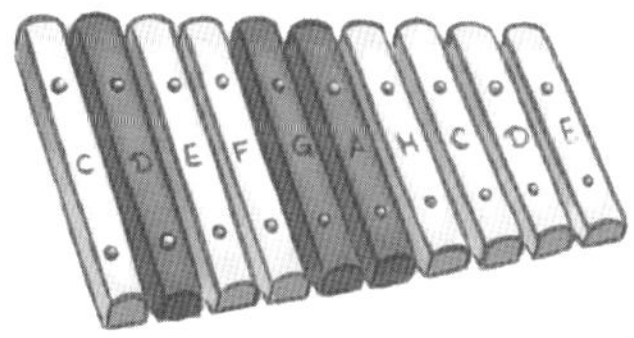

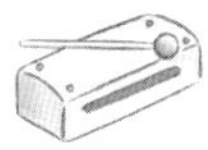

Percussion

Mit der **Holzblocktrommel** spielen wir durchgehend ganz gemütlich folgende Rhythmusfigur:

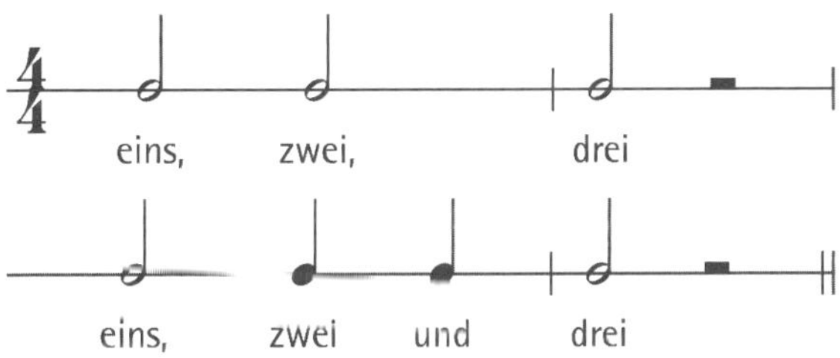

Hinweis zur CD
Wir haben als Einleitung die erste Zeile des Liedes instrumental gespielt.

Anhang

Grifftabelle Gitarre

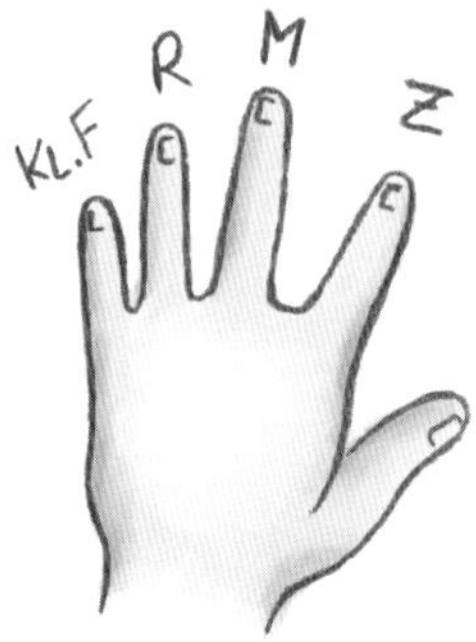

Die Saiten heißen:

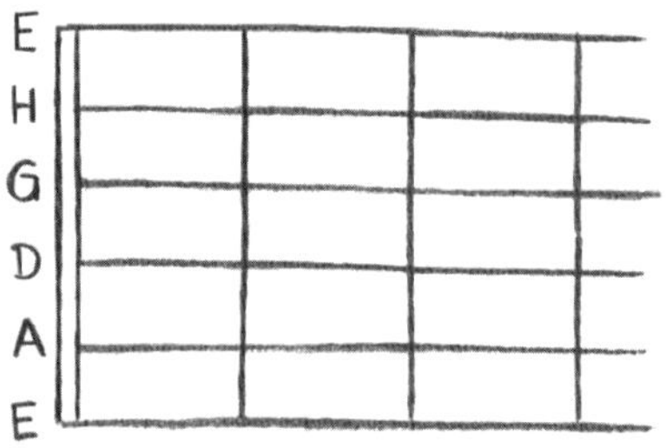

C-Dur:

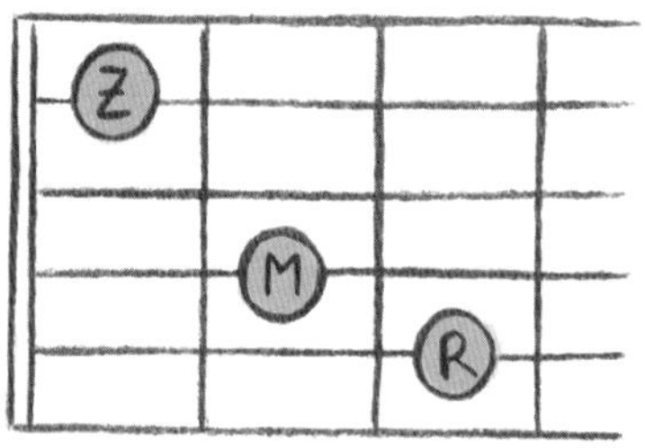

G-Dur:

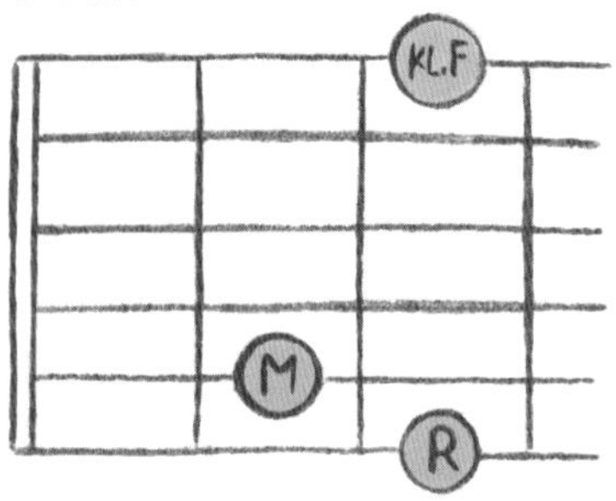

D-Dur:

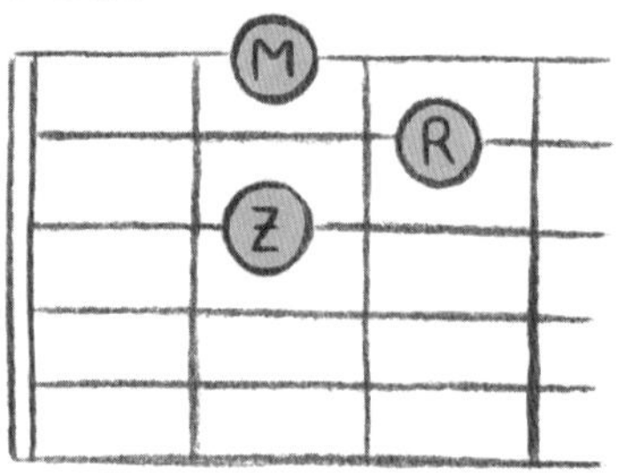

A-Dur:

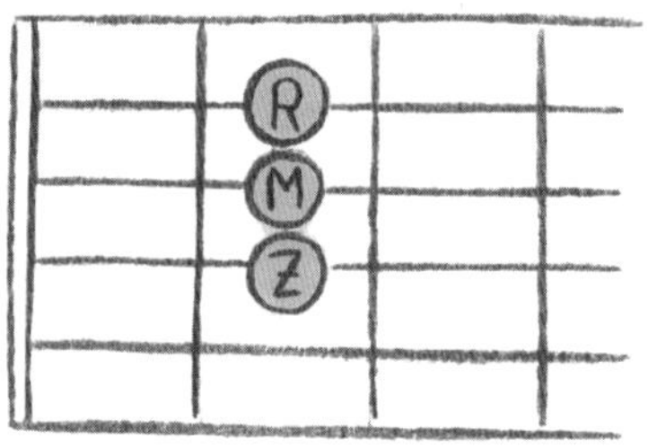

e-moll:

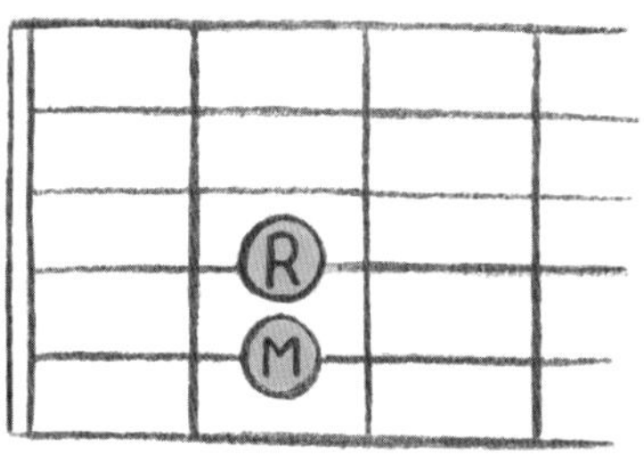

a-moll:

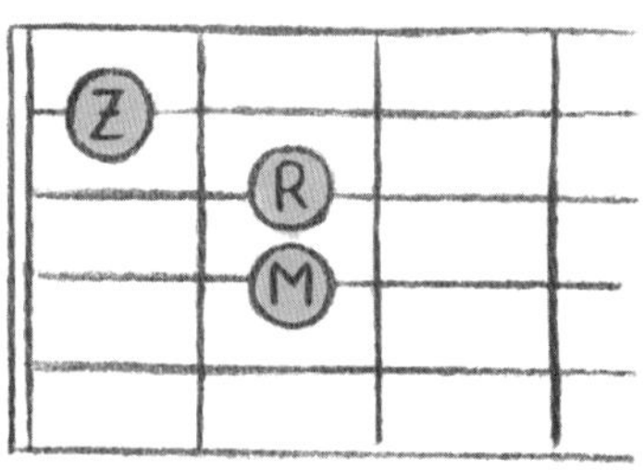

Grifftabelle Ukulele

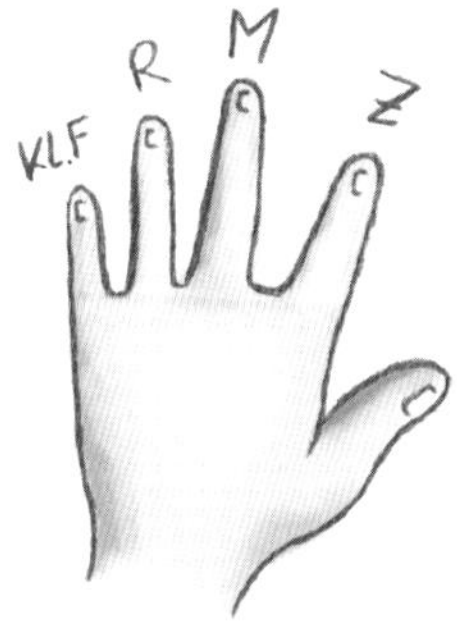

Die Saiten heißen:

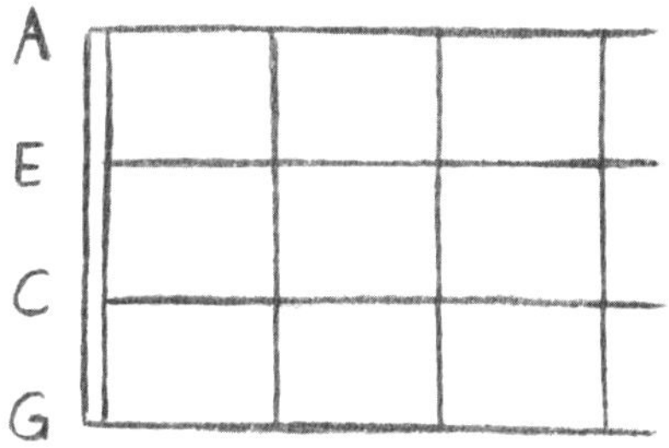

In Notenschrift:

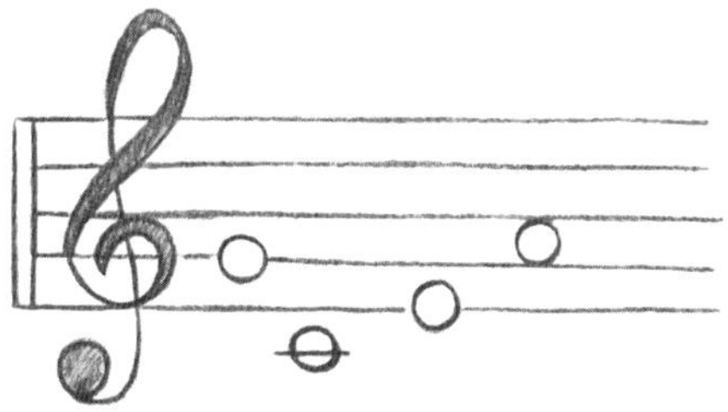

C-Dur:

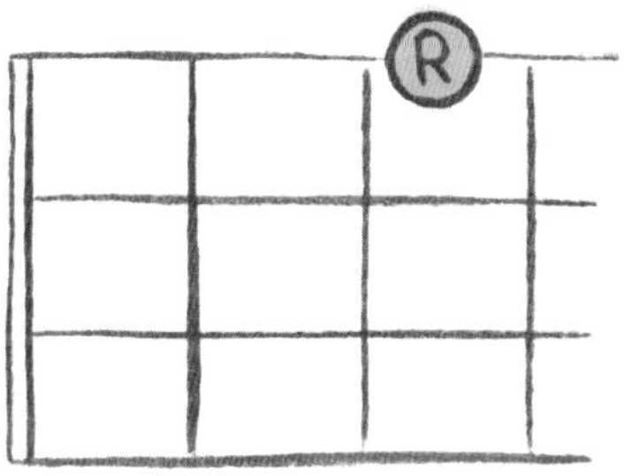

G-Dur:

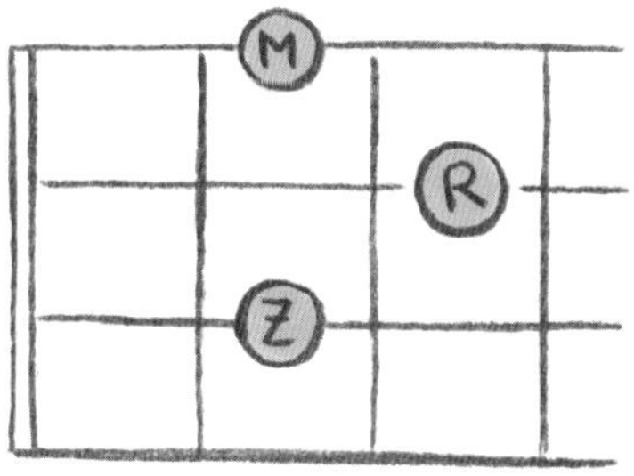

D-Dur:

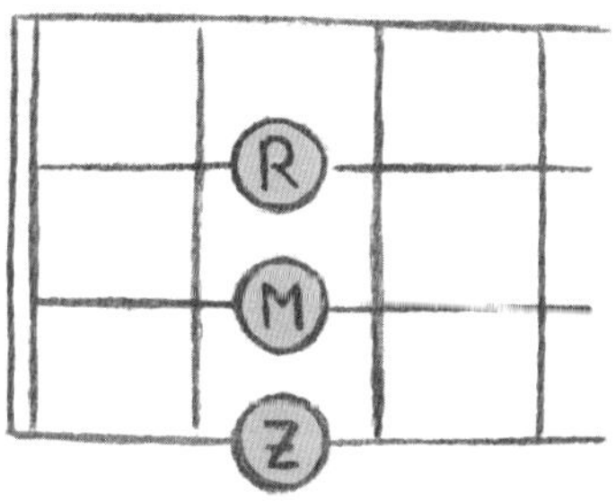

A-Dur:

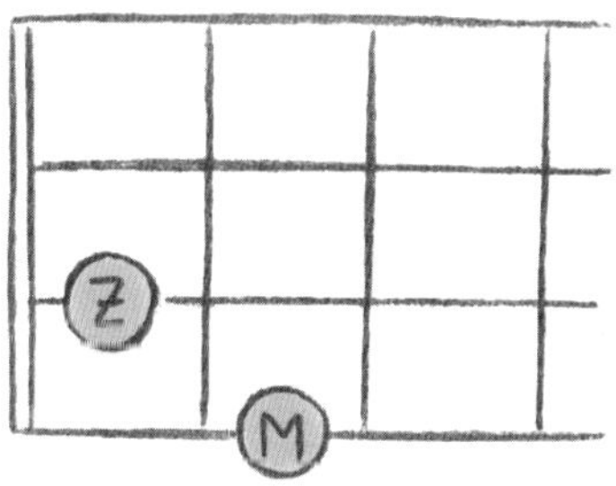

e-moll:

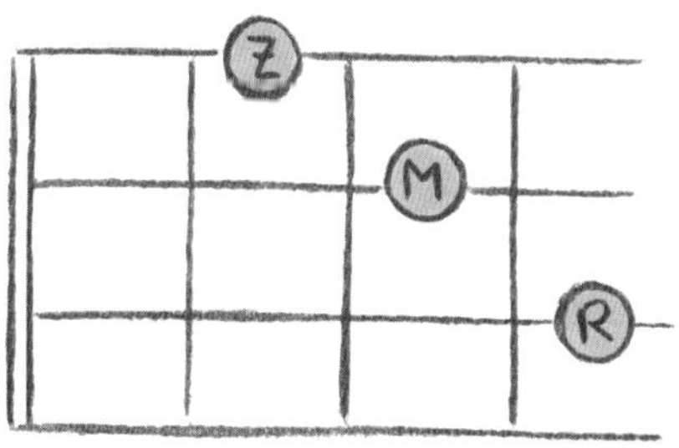

a-moll:

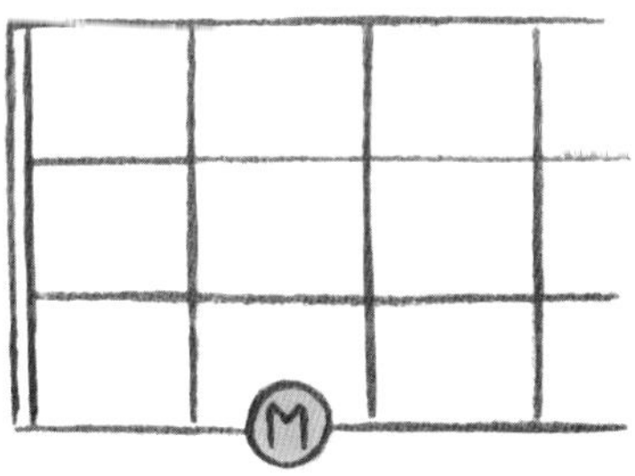

Xylophon

Xylophon oder Glockenspiel und die von uns verwendeten Töne:

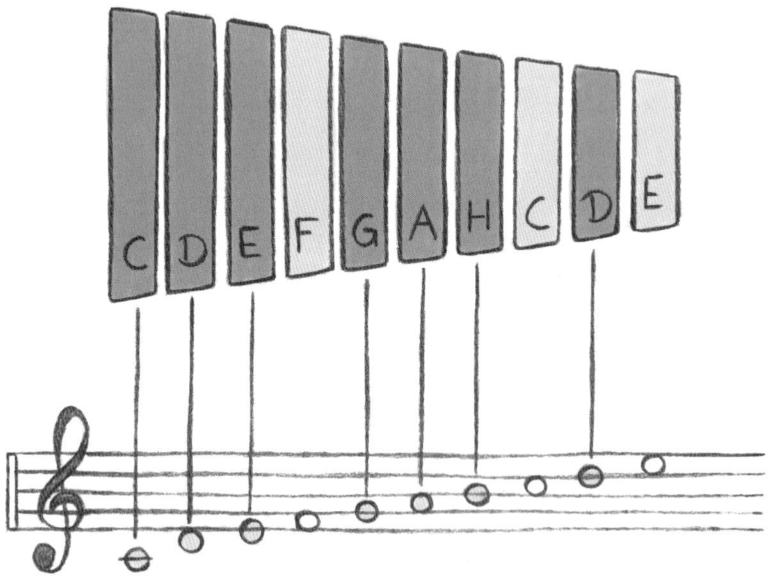

Man kann im Fachhandel auch einzelne klingende Stäbe kaufen:

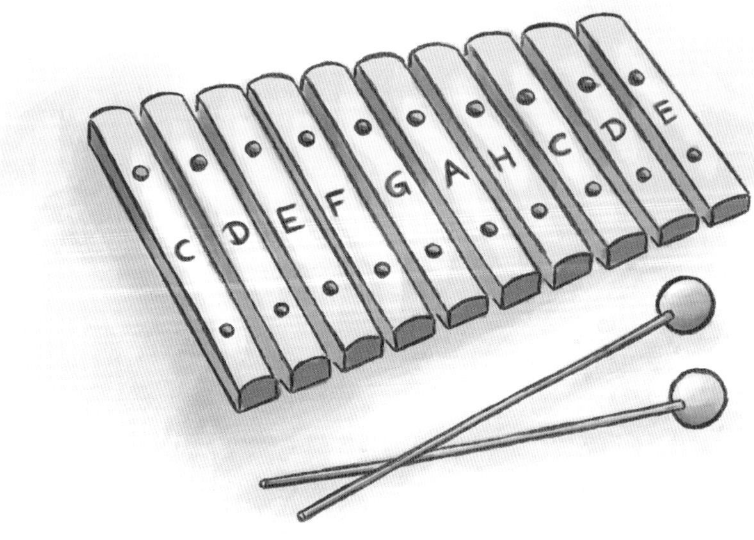

Die AutorInnen · Die Illustratorin

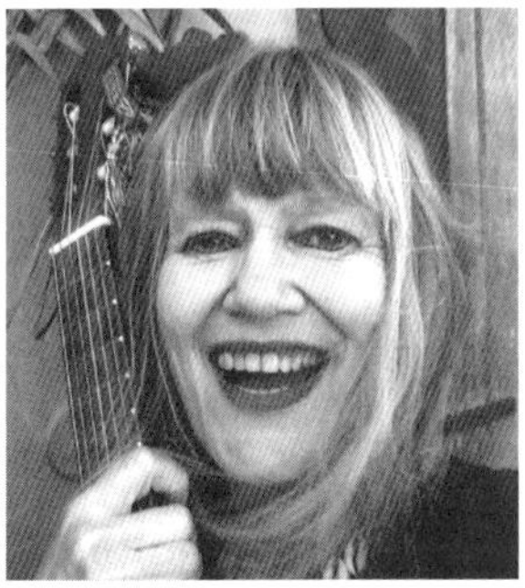

Dorle Ferber
Die studierte Musikpädagogin ist Sängerin, Geigerin, Komponistin, Chorleiterin sowie Autorin und lebt am Bodensee. Sie komponiert Lieder, Musik für Ensembles oder Chor und seit einigen Jahren schreibt sie mit wachsender Freude Kinderlieder, oft in kreativer Partnerschaft mit Hartmut E. Höfele, mit dem sie auch gerne live für Kinder musiziert. Einfühlsam, mitreißend und stets voller Ideen arbeitet sie künstlerisch mit Kindern und Erwachsenen, sie leitet Chöre, freie Singgruppen und Workshops. Themenfelder sind Wahrnehmung, Atem, Körper, Stimme, elementares und freies Musizieren oder Klänge erfinden.

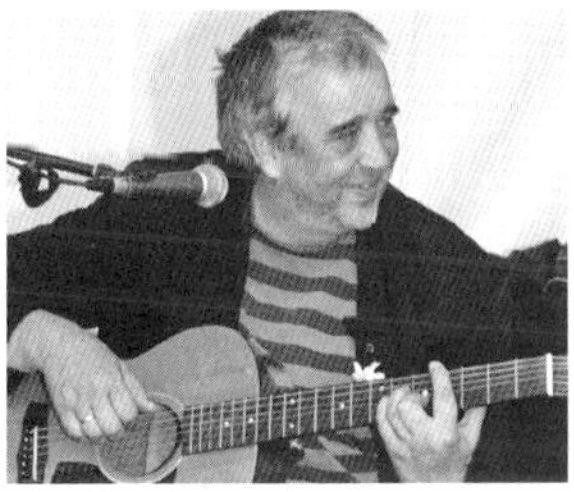

Hartmut E. Höfele
Er weiß, was er tut, weil er erfühlt, was Kinder brauchen ...
Er ist Musikproduzent, Sound-Collagist, Liedermacher und Kinderbuchautor. Er sammelte wertvolle Erfahrungen im sozialpädagogischen Bereich in der Kinder- und Jugendgruppenarbeit beim Jugendwerk der Arbeiterwohlfahrt Nordbaden. Er gründete das Kindermusiktheater Firlefanz, erdenkt, erfühlt und produziert regelmäßig Musik, Hörspiele und Bücher für Kleinste und Größere.

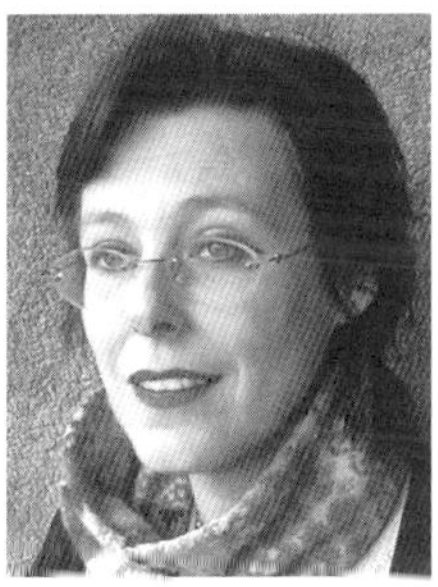

Susanne Steffe
Susanne Steffe lebt und arbeitet in Weinheim an der Bergstraße. Seit vielen Jahren klimpert sie mit großer Begeisterung auf dem Buchstabenklavier und hat bei verschiedenen Verlagen zahlreiche schöne Kinderliedertexte, zauberhafte Gedichte, lustige Kinderhörspiele, kürzere und längere fantasievolle Geschichten sowie Bücher mit spielpädagogischen Inhalten zu allen möglichen Themen veröffentlicht. Sie schreibt außerdem Artikel für Kindergarten-Fachzeitschriften und ist Mit-Herausgeberin einer Musikzeitschrift für die Grundschule.

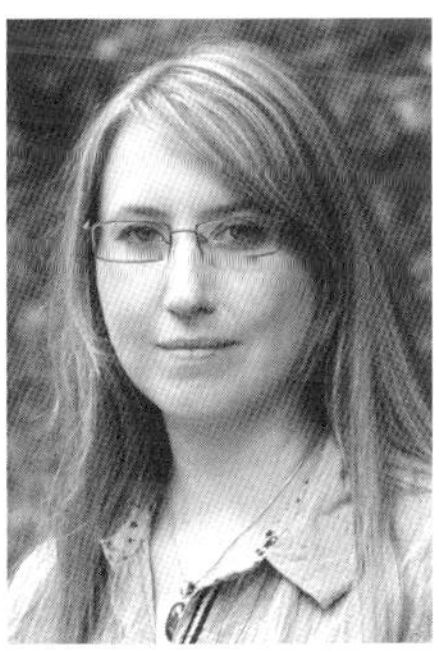

Irene Brischnik
Irene Brischnik hat durch ihren Großvater zur Illustration gefunden. Nach langjähriger Berufstätigkeit als Grafikerin in einem Verlag hat sie sich 2010 ihren Lebenstraum erfüllt und sich als Illustratorin selbstständig gemacht. Der Schwerpunkt ihrer Arbeit liegt im Kinder- und Schulbuchbereich. Für den Ökotopia Verlag hat sie „Rassel-Kürbis & Strohhalm-Flöte, Kreative Kiga-Instrumente zum Basteln und Musikmachen" illustriert. Sie lebt mit ihrer Familie in Weiz (Österreich).

Infos zur CD

Unsere sorgfältig produzierte CD ist als Praxis-CD zu den Liedern im Buch gedacht. Sie möchte Lust wecken auf das „selber Musizieren" und dann auch beim Erlernen von Liedern und Begleitungen kompetente Unterstützung anbieten. Abgesehen davon eignet sich diese CD auch einfach zur akustischen Begleitung diverser Kita-Beschäftigungen wie Malen usw. Einfach laufen lassen. Vielleicht entstehen ja auf diese Weise sogar Bilder zu einem Lied? Während des Anhörens lassen sich vor allem die beigefügten Spielanleitungen und Spielfiguren der verschiedenen Instrumente verfolgen. Jedes Lied ist einmal mit und einmal ohne Gesang auf der CD zu finden.

Für die Umsetzung in der Praxis von Notierungen und Aufnahmen gilt, ähnlich wie beim Kochen nach Rezept: Wenn man die Zutaten genau kennt und weiß wie sie riechen, schmecken und was sie bewirken, darf man abwandeln oder einzelne Zutaten durch andere ersetzen. Wer zum Beispiel schon Gitarre spielen kann, darf also das rhythmische Schema der Gitarrenakkorde gerne verändern oder andere rhythmische Begleitfiguren ausprobieren. Den Percussions-Rhythmusfiguren im Buch sind oft Sing- oder Sprechsilben beigegeben. Diese haben wir zwar nicht aufgenommen, sie lassen sich aber beim Hören auf die Instrumentalsätze rasch zuordnen und leicht erschließen. Alle Rhythmusfiguren können auch zuerst mit den Kindern geklatscht werden, damit der Rhythmus in die Hände und über diese dann in den Körper geht. Und selbstverständlich ist es möglich, eine Rhythmusfigur auch mit einem ganz anderen Rhythmusinstrument als dem in der Musizieranleitung vorgegebenen auszuprobieren. Begleitfiguren können auch, wenn nötig, noch weiter vereinfacht oder vom rhythmischen Grundmuster ausgehend verändert werden. Das gilt ebenso für die Begleitungen auf dem Stabspiel. Eine weitere Möglichkeit: Nur das Stabspiel als musikalische Stütze spielen und die Kinder singen oder spielen dazu z. B. die Bewegungsspiele. Auch kleine Rhythmus-Sessions ohne Gesang lassen sich aus den Rhythmusfiguren bauen. Liedmelodien dürfen auch mal gemeinsam gesummt oder auf eine Silbe gesungen werden.

Ziel bei alledem ist stets das eigenständige Musizieren in der Gruppe ohne die mitlaufende CD. Das verleiht letztendlich beim Spielen mehr Freiheit und lässt auch Tempoveränderungen oder Unterbrechungen zu. Sie können ein Lied zu Beginn etwas langsamer als auf der CD eingespielt ausprobieren. Wenn Sie es dann gut hinbekommen, wählen Sie eine schnellere Ausgangsgeschwindigkeit. So lassen sich nicht nur Zwischenspiele, sondern ganze Lieder nach Lust und Laune spontan verlängern. Vor allem aber fördert es bei allen, die mitspielen und singen, ob Groß oder Klein, das musikalische Miteinander, das aufeinander Hören und Reagieren, das miteinander Singen und Lachen. Musik entsteht und lebt in der Gemeinschaft, in der Gruppe.

Wir wünschen viel Spaß, angefangen beim „Katzentapp-tapp" bis zu „1, 2, 3, das Spielen ist vorbei!"

Trackliste

Gesang

Nr.	Titel	Dauer
1.	Katzen Tapp-Tapp	01:22
2.	Kleiner Esel Wackelohr	01:20
3.	Der Hockequakespringfrosch	01:09
4.	Wawawatschi Nilpferd	01:41
5.	Tock-tock-tock	01:14
6.	Guten Morgen	01:13
7.	Die Rassel-Klapperschlange	01:15
8.	Ene mene fit	01:36
9.	Wir wollen keinen Streit	01:10
10.	Du gehst neben mir	00:47
11.	Hört ihr leis die Glöckchen bimmeln?	00:59
12.	Jedes Ding hat seinen Platz	00:54
13.	Auf Wiedersehn	01:13
14.	Tante aus Marokko	01:13
15.	Meine Oma fährt ...	02:17
16.	Laterne, Laterne	01:24
17.	Jimba, jimba	01:09
18.	Auf der Mauer, auf der Lauer	02:20
19.	Drei Chinesen mit dem Kontrabass	02:04
20.	Aram sam sam	01:56
21.	Ein Loch ist im Eimer	04:00
22.	Die Wissenschaft hat festgestellt	01:51
23.	Hörst du die Regenwürmer husten	01:40
24.	Was müssen das für Bäume sein	02:09
25.	1, 2, 3, das Spielen ist vorbei	01:50

Instrumental

Nr.	Titel	Dauer
26.	Katzen Tapp-Tapp (instr.)	01:23
27.	Kleiner Esel Wackelohr (instr.)	01:20
28.	Der Hockequakespringfrosch (instr.)	01:09
29.	Wawawatschi Nilpferd (instr.)	01:10
30.	Tock-tock-tock (instr.)	00:49
31.	Guten Morgen (instr.)	00:41
32.	Die Rassel-Klapperschlange (instr.)	00:45
33.	Ene mene fit (instr.)	00:52
34.	Wir wollen keinen Streit (instr.)	00:43
35.	Du gehst neben mir (instr.)	00:48
36.	Hört ihr leis ... (instr.)	00:31
37.	Jedes Ding hat seinen Platz (instr.)	00:54
38.	Auf Wiedersehn (instr.)	00:48
39.	Tante aus Marokko (instr.)	00:39
40.	Meine Oma fährt ... (instr.)	00:42
41.	Laterne, Laterne (instr.)	00:30
42.	Jimba, jimba (instr.)	00:37
43.	Auf der Mauer, auf der Lauer (instr.)	00:27
44.	Drei Chinesen ... (instr.)	00:44
45.	Aram sam sam (instr.)	00:48
46.	Ein Loch ist im Eimer (instr.)	00:31
47.	Die Wissenschaft ... (instr.)	00:36
48.	Hörst du ... (instr.)	00:30
49.	Was müssen das für Bäume sein (instr.)	00:38
50.	1, 2, 3, das Spielen ist vorbei (instr.)	00:30

Gesamt 58:51

Die Mitwirkenden

DADA-ODEN STUDIO Musikproduktion
Aufnahmen: Mai bis September 2014, Hartmut E. Höfele

Die **Texte** der neuen Lieder Nr. 1–13 sind von **Susanne Steffe** und **Hartmut E. Höfele**, alle **Vertonungen** bzw. die Bearbeitungen der populären Lieder im Sinne elementaren Musizierens sind von **Dorle Ferber**.

Auf der CD zu hören sind: Hartmut E. Höfele: Gesang, Gitarre · **Dorle Ferber:** Gesang, Gitarre, Xylophon, Tasten · **Tobias Escher:** Marimba, Glockenspiel, Percussion, Tasten (www.tobias-escher.de) · **Leona Unrath:** Gesang · **Mathis Salazar, Nele Swoboda, Jon Swoboda:** Chorstimmen

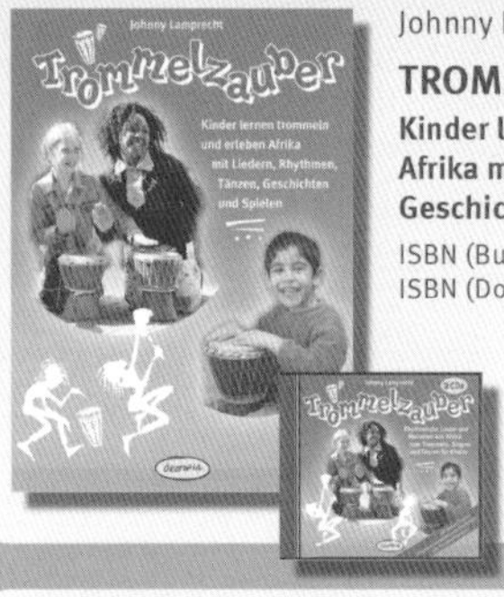

Johnny Lamprecht

TROMMELZAUBER

Kinder lernen trommeln und erleben Afrika mit Liedern, Rhythmen, Tänzen, Geschichten und Spielen

ISBN (Buch) 978-3-936286-86-1
ISBN (Doppel-CD) 978-3-936286-87-8

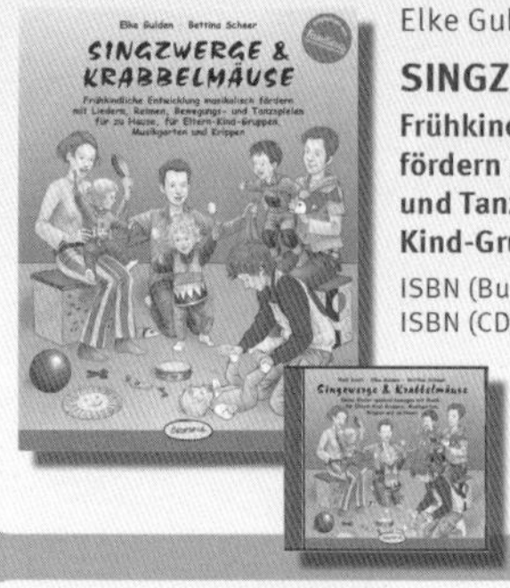

Elke Gulden, Bettina Scheer

SINGZWERGE & KRABBELMÄUSE

Frühkindliche Entwicklung musikalisch fördern mit Liedern, Reimen, Bewegungs- und Tanzspielen für zu Hause, für Eltern-Kind-Gruppen, Musikgarten und Krippen

ISBN (Buch) 978-3-936286-36-6
ISBN (CD) 978-3-936286-37-3

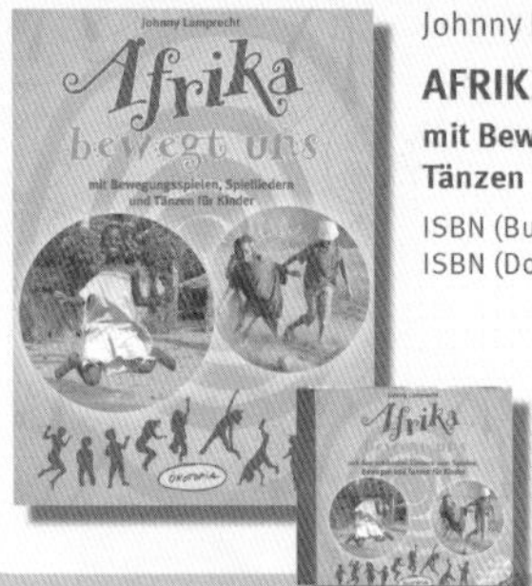

Johnny Lamprecht

AFRIKA BEWEGT UNS

mit Bewegungsspielen, Spielliedern und Tänzen für Kinder

ISBN (Buch) 978-3-86702-084-8
ISBN (Doppel-CD) 978-3-86702-085-5

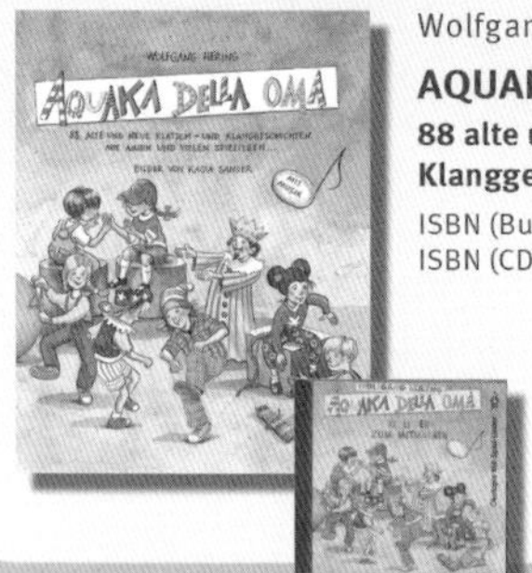

Wolfgang Hering

AQUAKA DELLA OMA

88 alte und neue Klatsch- und Klanggeschichten

ISBN (Buch) 978-3-931902-30-8
ISBN (CD) 978-3-931902-31-5

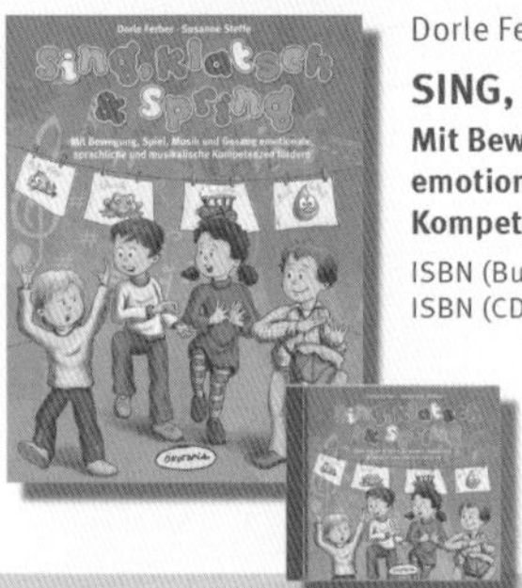

Dorle Ferber, Susanne Steffe

SING, KLATSCH & SPRING

Mit Bewegung, Spiel, Musik und Gesang emotionale, sprachliche und musikalische Kompetenz fördern

ISBN (Buch) 978-3-86702-117-3
ISBN (CD) 978-3-86702-118-0

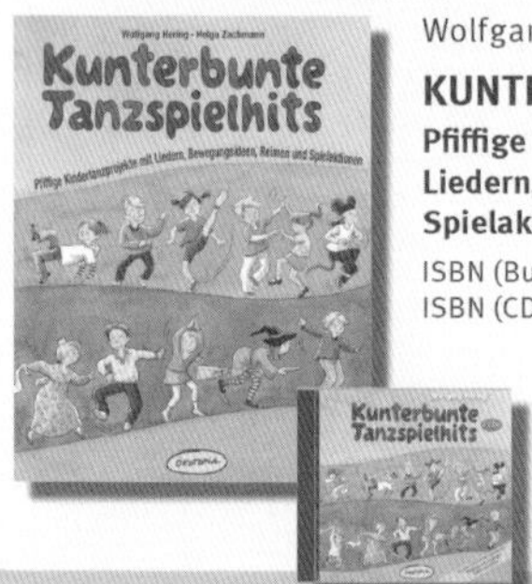

Wolfgang Hering, Helga Zachmann

KUNTERBUNTE TANZSPIELHITS

Pfiffige Kindertanzprojekte mit Liedern, Bewegungsideen Reimen und Spielaktionen

ISBN (Buch) 978-3-86702-048-0
ISBN (CD) 978-3-86702-049-7

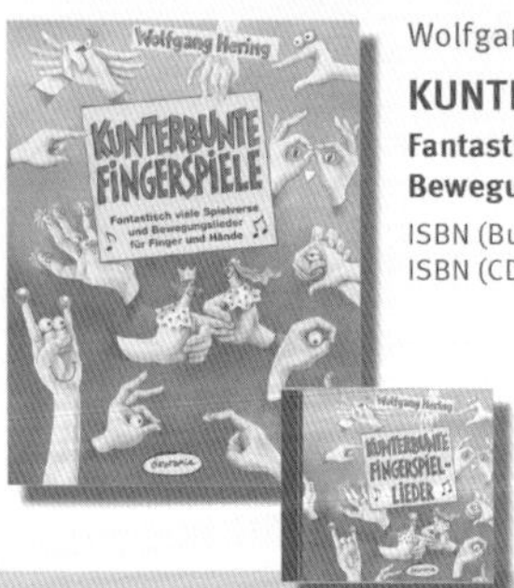

Wolfgang Hering

KUNTERBUNTE FINGERSPIELE

Fantastisch viele Spielverse und Bewegungslieder für Finger und Hände

ISBN (Buch) 978-3-936286-98-4
ISBN (CD) 978-3-936286-99-1

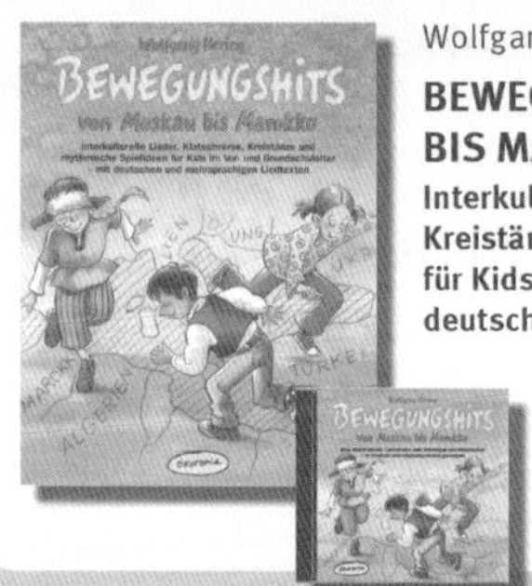

Wolfgang Hering

BEWEGUNGSHITS VON MOSKAU BIS MAROKKO

Interkulturelle Lieder, Klatschverse, Kreistänze und rhythmische Spielideen für Kids im Vor- und Grundschulalter – mit deutschen und mehrsprachigen Liedtexten

ISBN (Buch) 978-3-936286-81-6
ISBN (CD) 978-3-936286-82-3

Fordern Sie unseren kostenlosen Magalog an!
Besuchen Sie den Onlineshop mit Lese- & Hörproben, kostenlosen Liedtexten, Terminen, Schnäppchen & vielen, vielen Infos ...

www.oekotopia-verlag.de

Bleiben Sie in Kontakt

ÖKOTOPIA